Sauerland fotografieren –

Der Foto-Reiseführer zu den schönsten Motiven

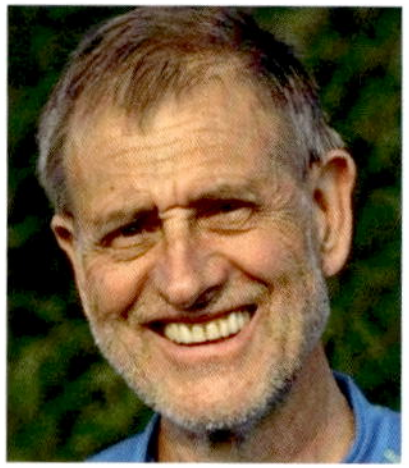

KARL-JOSEF KLEIN unterrichtete bis zu seiner Pensionierung am Kaufmännischen Berufskolleg in Menden/Sauerland. An den Wochenenden fotografierte er auf zahlreichen Wanderungen das Sauerland, das er in seiner Vielfalt kennen und lieben gelernt hat. Viele seiner Bilder wurden bereits in der WDR-Sendung »Lokalzeit Südwestfalen« und in der »Westfalenpost« gezeigt. Außerdem hielt er für die Siebengebirgsgruppe der DAV-Abteilung Siegburg Foto-Vorträge über seine Touren in den Allgäuer Alpen.

Karl-Josef Klein

SAUERLAND FOTOGRAFIEREN

Der Foto-Reiseführer zu den schönsten Motiven

Karl-Josef Klein

Lektorat: Boris Karnikowski
Lektoratsassistenz: Anja Weimer
Copy-Editing: Kerstin Grebenstein, *www.buch-fuer-buch.de*
Satz: Anna Diechtierow
Herstellung: Stefanie Weidner, Frank Heidt
Umschlaggestaltung: Anna Diechtierow, unter Verwendung von Fotos des Autors
Druck und Bindung: mediaprint solutions GmbH, 33100 Paderborn

Bibliografische Information der Deutschen Nationalbibliothek
Die Deutsche Nationalbibliothek verzeichnet diese Publikation in der Deutschen Nationalbibliografie; detaillierte bibliografische Daten sind im Internet über *http://dnb.d-nb.de* abrufbar.

ISBN:
Print 978-3-86490-851-4
PDF 978-3-96910-601-3
ePub 978-3-96910-602-0
mobi 978-3-96910-603-7

Wieblinger Weg 17
69123 Heidelberg

5 4 3 2 1 0

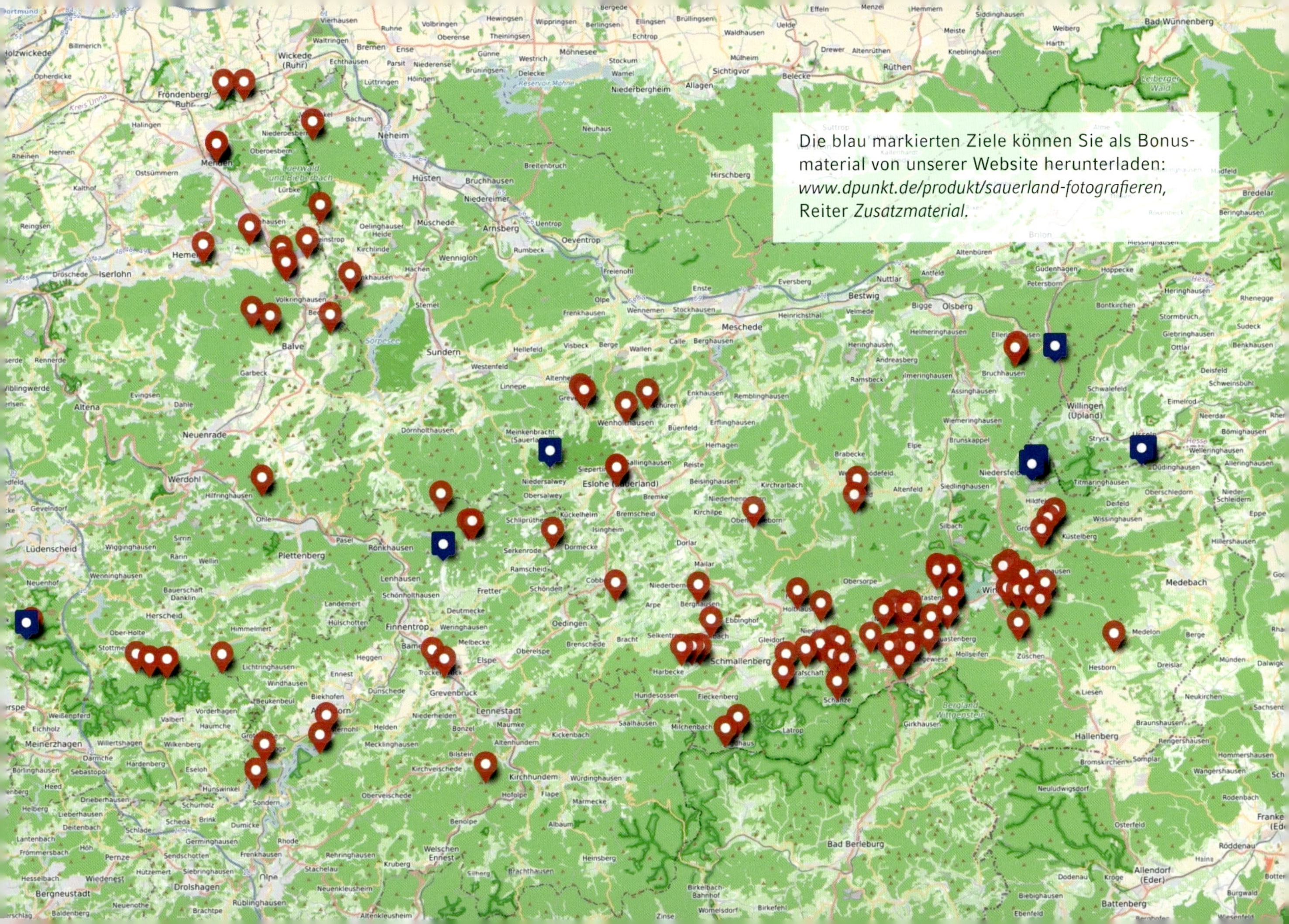

Die blau markierten Ziele können Sie als Bonusmaterial von unserer Website herunterladen: *www.dpunkt.de/produkt/sauerland-fotografieren*, Reiter *Zusatzmaterial*.

INHALTSVERZEICHNIS

EINLEITUNG 4
Über das Sauerland und diesen Fotoscout

TOUR 1 NÖRDLICHES SAUERLAND 15
Menden im Sauerland | Menden-Asbeck | Hemer-Riemke Spaziergang am Klärteich | Felsenmeer Hemer | Balve, Waldroute in Binolen | Sieben Jungfrauen | Bärlauchfunde | Rundweg A0 | Märzenbecher-Wanderung | Balve-Eisborn | Orlebachtal | Fröndenberg, Kiebitzwiesen | Wildwald Voßwinkel | Sundern-Hövel | Wildewiese

TOUR 2 DIE HOMERT RUND UM ESLOHE 77
Grevenstein | Dormecke | Eslohe | Bracht-Herschede | Wenholthausen-Oesterberge | Wörden | Faulebutter | Sauerlandblick

TOUR 3 EBBEGEBIRGE 97
Märzenbecher im Herveler Bruch | Ebbemoore an der Nordhelle | Teiche am Sauerländer Höhenflug | Einblicke im Fichtenwald | Aussichten an der Nordhelle | Grevenbrück – Breiter Hagen | Bärlauchblüte | Hohe Bracht | Listertalsperre | Biggetalsperre | Kaskade am Jubach

TOUR 4 | ROTHAARGEBIRGE NORD ... 123
Molbeckeweg | Schmantelrundweg | Kreuzbergweg | Schluchtenpfad | Hesborner Weg | Grönebach | Feldstein und Goldstein

TOUR 5 | ROTHAARGEBIRGE SÜD ... 149
EXKURS Sternenfotografie ... 152

Kahler Asten | Sonnenuntergang am Kahlen Asten | Altastenberg, Bergwiesenpfad | Renauwiese und Renautal | Lenneplätze | Langewiese | Hoheleye | Aussichtsplattform Burg Rappelstein

EXKURS Sonnenauf- und Sonnenuntergang fotografieren und bearbeiten ... 164

TOUR 6 | SCHMALLENBERGER SAUERLAND ... 175
St. Cosmas und Damian | Rotwildgehege Bödefeld | Ohlenbach | Westfeld, Lennegrund | Kahler Asten-Steig | Antoniussteig | Schwedensteig-Heidenstraße | Oberkirchen | Hexenkessel | Hartmecketal | Oberhenneborn | Holthausen | Wormbach | Werpe | Rund um den Beerenberg | Berghausen | Grafschaft | Schanze | Jagdhaus | Almert

INDEX ... 226

Einleitung

Über 30 Jahre habe ich mit meiner Familie in Menden im Sauerland gelebt, bevor ich aus privaten Gründen ins Rheinland zog. Auf zahlreichen Wanderungen habe ich mit meiner Ehefrau und unserem Hund das Sauerland erkundet und lieben gelernt. Viele schöne Erinnerungen verbinde ich mit diesen Touren.

Jetzt im fortgeschrittenen Alter verbringen meine Frau und ich noch immer viel Zeit im Sauerland. Wer einmal die freien Aussichten in der Homert, im Ebbegebirge oder im Rothaargebirge erlebt hat, wird immer wieder gern in diese Region zurückkehren.

Auch aus fotografischer Sicht kann ich das Sauerland empfehlen. Im Herbst, Winter oder Frühjahr heben sich die Nebelschleier aus dem Tal und verzaubern die Sicht auf das Land der tausend Berge. Die Sonne geht unter, färbt den Horizont tiefrot und verfärbt mit ihrem weichen Licht die Berge und Wälder. Ruhig plätschert der Bach in kleinen Kaskaden zu Tal. Im Tal schlängelt er sich durch blumenreiche Wiesen. Es sind diese Erinnerungen, die zu diesem kleinen Fotoführer geführt haben.

Durch den Orkan Kyrill sind 2007 viele Freiflächen im Sauerland entstanden. Deshalb beschreibe ich in diesem Fotoscout viele Fotopunkte, die abseits der Hauptrouten liegen. Beispielhaft möchte ich hier eine meiner Lieblingsstellen aufführen. Oberhalb von Menden-Asbeck haben Sie eine herrliche Aussicht in die Homert Richtung Hemer. Die Sonne geht genau in

Unrasierter Helmling
Olympus OMD E-M1 MIII · 60 mm ·
f/5.6 · 60 mm · 1/6 s · ISO 200

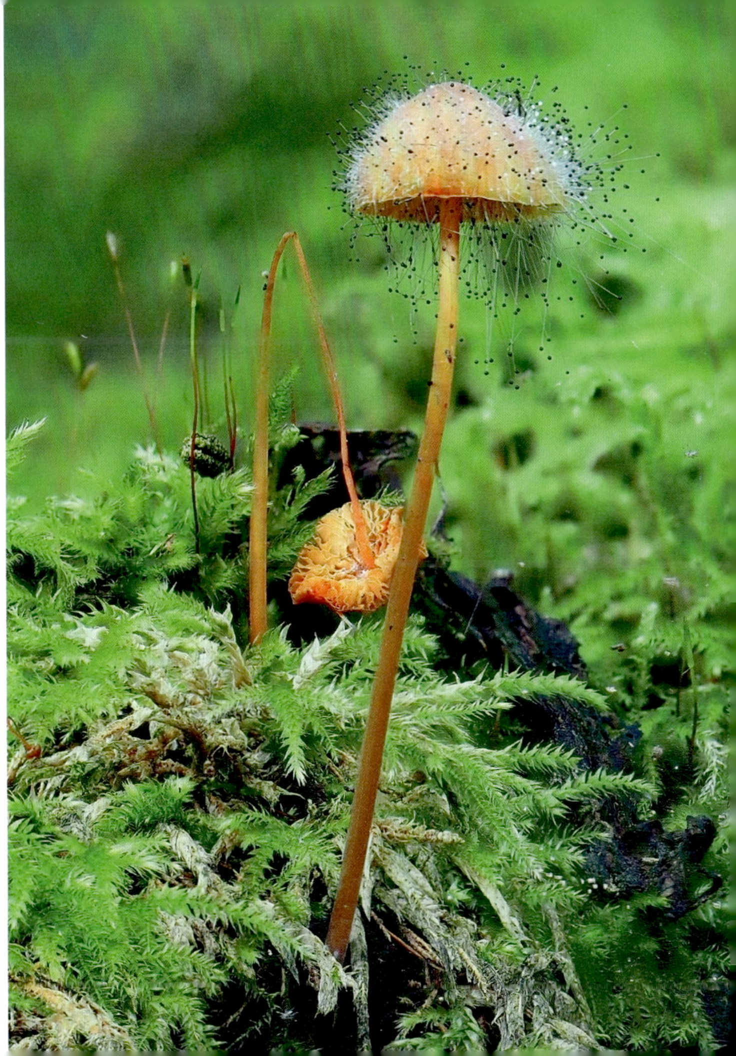

Blickrichtung unter. Im Herbst, Frühjahr und Winter gesellt sich häufig noch Nebel dazu. Das ergibt fantastische Fotos mit einer exzellenten Lichtstimmung.

So haben sich im Laufe der Zeit viele Fotos aus dem Sauerland auf meiner Festplatte angesammelt. Natürlich wurden auch die Kameras in über zehn Jahren häufiger ausgewechselt und alte durch technisch weiterentwickelte Kameras ersetzt. Die Technik schritt fort und mit ihr die Möglichkeiten, Fotoideen umzusetzen. Wollte man früher bodennahe Aufnahmen machen, ging das nur mit Bodenkontakt. Heute legt man die Kamera auf den Boden, schwenkt den Monitor entsprechend und wählt den Bildausschnitt. Die gymnastische Übung entfällt.

ÜBER DAS SAUERLAND UND DIESEN FOTOSCOUT

So ganz genau lässt sich das »Land der tausend Berge« – es sind tatsächlich 2711! – nicht abgrenzen. Die Grenzen zum Siegerland sind fließend und lassen eine genaue Zuordnung nicht zu.

In den Jahren 1961 bis 1965 wurden im Sauerland die Naturparks Arnsberger Wald, Ebbegebirge, Homert und Rothaargebirge eingerichtet. Die drei Naturparks Ebbegebirge, Homert und Rothaargebirge wurden anno 2015 zum Naturpark Sauerland – Rothaargebirge zusammengefasst. Der Naturpark Arnsberger Wald blieb bestehen.

Im Jahr 2007 hat der Orkan Kyrill mit brachialer Gewalt im Sauerland gewütet und weite Waldflächen verwüstet. Das war schlimm für die Waldbauern, aber für Fotografen war es ein Segen. Es entstanden viele Freiflächen, die weite Blicke in das Land der tausend Berge erlauben. Noch heute prägen die Verwüstungen des Orkans weite Flächen des Sauerlandes.

Prägend für das Land der tausend Berge sind die Buchenwälder. Gerade im Herbst lohnen sich Wanderungen im Schmallenberger Sauerland, das mit bunt gefärbten Mischwäldern aufwartet. Viele schützenswerte Pflanzen wie Herbstzeitlose oder Knabenkräuter weist diese Region auf. Aber auch seltene Tierarten wie die ausgewilderten Wisente seien hier erwähnt. Im Frühjahr duftet im Wald der Bärlauch und wartet darauf, geerntet zu werden.

Im Sommer laden die vielen Talsperren zum Baden ein. Der Sommer ist aber gleichzeitig die Zeit der zahlreichen Schützenfeste. Jedes Dorf hat seinen Schützenverein und natürlich einen Schützenkönig. Aber auch andere Bräuche wie das Maibaumaufstellen und die Osterfeuer werden im Sauerland begangen.

Viele schmucke Fachwerkdörfer sind in den Tälern und den Höhen angesiedelt. Davon zeugen die vielen Goldmedaillen, die den Dörfern beim Wettbewerb »Unser Dorf soll schöner werden« in diesem Teil von Nordrhein-Westfalen verliehen wurden.

»Wenn man die Berge sehen kann, regnet es bald. Kann man sie nicht sehen, regnet es schon.« Dieses im Sauerland gern verwendete geflügelte Wort beschreibt das Wetter dort recht gut. Allerdings kann das Wetter regional auch sehr unterschiedlich geprägt sein. Es kann Ihnen passieren, dass es bei Ihnen regnet und einen Kilometer weiter die Sonne scheint. Im Herbst werden Sie in den Tallagen häufiger Nebel haben, während oben auf den Bergen die Sonne scheint. Inversionswetterlagen sind im Herbst und Winter nicht selten. Diese Wetterlagen bilden die Grundlage für stimmungsvolle Fotos.

In dieser Landschaft können Sie Ruhe und auch Einsamkeit genießen. Erholen Sie sich vom Stress des Alltags, nehmen Sie die Natur in sich auf und gehen Sie in Ruhe Ihrem Hobby nach. Es lohnt sich, im Land der tausend Berge unterwegs zu sein.

Damit Sie schnell die Vorzüge dieser Landschaft erleben können, gebe ich in diesem Fotoscout die

Koordinaten für die Location bzw. für den Beginn einer Rundwanderstrecke an. Alternativ können Sie die QR-Codes am Seitenrand Sie mit Ihrer Smartphone-Kamera scannen und dann mit Google Maps dorthin navigieren. Anschließend beschreibe ich die Wege zu den Fotopunkten. Auf den Rundstrecken ergeben sich dann sicherlich noch andere sehenswerte Motive. Der SGV (Sauerländischer Gebirgsverein) pflegt die Auszeichnung der Wege vorbildlich. Deswegen möchte ich an dieser Stelle die vielen ehrenamtlichen Helfer loben, die mit Farbeimern durch den Wald gehen und die Wege markieren. Vielen Dank dafür!

Die Touren sind so zusammengefasst, dass Sie von einem Ausgangspunkt aus ohne allzu lange Fahrzeiten auskommen. Bedenken Sie, dass für Sonnenaufgangsfotos ein frühes Aufstehen notwendig ist und dann die Fahrzeit hinzukommt. Mindestens eine halbe Stunde vor Sonnenaufgang sollten Sie schon am Fotopunkt sein. Optimal wäre ein Erkunden des Platzes am Vortag.

Im Sauerland steht Ihnen die SauerlandCard zur Verfügung, wenn Sie die Kurtaxe entrichtet haben. Dann können Sie die öffentlichen Verkehrsmittel kostenlos nutzen. Die Fahrzeiten erfahren Sie im Internet unter der Adresse *www.rlg-online.de/fahrtplaene-angebote/fahrplanauskunft.php* und für den Wanderbus unter *www.schmallenberger-sauerland.de/informieren/schmallenberger-sauerland-card/*.

Wenn Sie zur Nordhelle im Ebbegebirge fahren möchten, benutzen Sie die A45 und fahren in Meinerzhagen ab und halten sich Richtung Valbert. Das Ebbegebirge liegt Ihnen hier zu Füßen. Bevorzugen Sie das Hochsauerland, fahren Sie über die A46 nach Winterberg. Hier erwartet Sie das Rothaargebirge. Die

Mitte des Sauerlandes in der Gegend um Eslohe erreichen Sie über die A46. Ab Meschede fahren Sie über die B55 nach Eslohe.

Unterkünfte sind im Sauerland in großer Zahl vorhanden. Wenn NRW und Holland zusammen Ferien haben, wird es allerdings sehr eng, denn das Sauerland ist für viele Holländer sehr attraktiv. Deswegen sollte man rechtzeitig in Winterberg oder Schmallenberg reservieren.

Folgende Ausgangspunkte kann ich Ihnen empfehlen:
TOUR 1 → Balve-Eisborn oder Menden
TOUR 2 → Eslohe oder Wenholthausen
TOUR 3 → Valbert
TOUR 4 → Winterberg oder Altastenberg
TOUR 5 → Schmallenberg

Das Sauerland bietet das ganze Jahr hindurch Fotomotive. Allerdings empfehle ich Ihnen einen Besuch des Sauerlandes im Frühjahr, wenn Märzenbecher und Bärlauch blühen. Auch der Frühsommer mit den blühenden Bergwiesen um Altastenberg eignet sich für eine Fotoreise. Im Herbst färben sich die Mischwälder bunt und die roten Fliegenpilze leuchten in der Sonne. Dann haben die Landschaftsfotografen Hauptsaison. Der Winter verzaubert die Landschaft auf dem Kahlen Asten. Geht dann die Sonne morgens leuchtend rot auf, steht einem stimmungsvollen Foto nichts mehr im Weg.

Ihre Kamera liegt schon verpackt im Fotorucksack? Die Objektive sind sicher untergebracht? Das Stativ ist an der Seite oder hinten am Fotorucksack befestigt?

Helmling
Olympus OMD E-M1 MIII ·
60 mm · f/5.6 · 1/15 s · ISO 200

Meine Ausrüstung setzt sich wie folgt zusammen:

- MFT-Kamera Olympus OMD E-M1 MIII
- Objektive:
  - 12-mm-Festbrennweite f/2.0
  - 17-mm-Festbrennweite f/1.8
  - 12–40 mm f/2.8
  - 12–100 mm f/4
  - 60 mm f/2.8
  - 100–400 f/4
- Mikrofasertuch für Brille und Objektive
- Graufilter der Stufen ND8 und ND64
- Grauverlaufsfilter der Stufe GND16
- Polfilter
- Adapterringe für das Steckfiltersystem
- Stativ
- Fotorucksack mit Regenhaube
- Stirnlampe

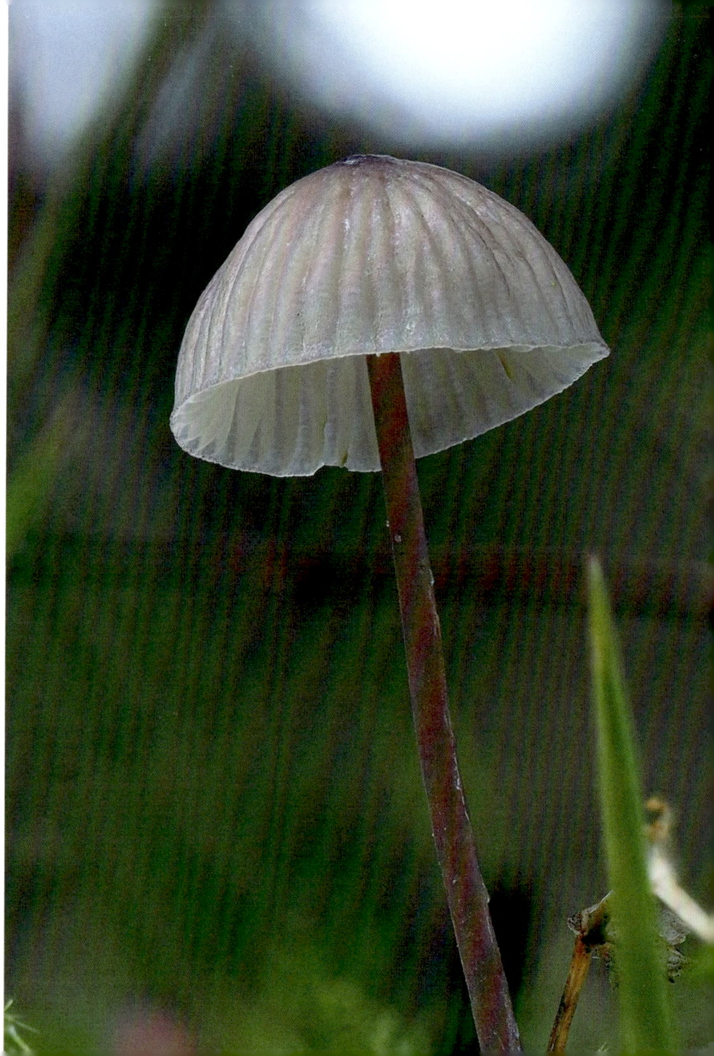

- ein zweiter Akku und eine zweite Speicherkarte
- ein Eisstiel (dazu gleich mehr)

Das schwere Teleobjektiv kommt nur in den Rucksack, wenn Tiere zu fotografieren sind. Einige Kameras – so auch meine – können einen ND-Filter simulieren. Sollte Ihre Kamera das nicht können, empfehle ich Ihnen ein Filterstecksystem mit entsprechenden Adaptern. Mit einem derartigen System vermeiden Sie Vignettierungen bei besonders weitwinkligen Objektiven. Außerdem können Sie Grauverlaufsfilter in der Senkrechten nach oben oder unten verschieben und so den Dynamikumfang besser ausgleichen und anpassen. Das können Sie bei einem Filter, den Sie vor das Objektiv schrauben, nicht.

Ansonsten empfehle ich wetterfeste Kleidung und hohe Wanderschuhe. Verpflegung sollte auch immer dabei sein.

Gerade bei Regenwetter habe ich schon herrliche Makroaufnahmen von Blumen gemacht. An Regentagen sollten Sie deshalb den Regenschirm nicht vergessen.

Sie werden sich sicherlich fragen, warum man einen Eisstiel dabeihaben sollte? Versuchen Sie einmal, einen Sonnenstern ohne Flares (Sonnenflecken) zu fotografieren. Das ist mir nur in Ausnahmefällen gelungen. Deshalb fotografiere ich ein Foto mit Sonnenstern und Flares vom Stativ. Beim zweiten Foto vom Stativ decke ich die Sonne mit dem Eisstiel ab und erhalte so ein Foto ohne Sonnenflecken. In Gimp lege ich die beiden Fotos als Ebenen übereinander und radiere über die Fläche mit dem Sonnenstern. So bekomme ich ein Foto mit Sonnenstern und ohne Sonnenflecken (diese Technik erläutere ich genauer ab Seite 155).

In der Landschaftsfotografie hängt viel vom Wetter ab. Studieren Sie deshalb am Vortag die Wettervorhersage.

Sonnenuntergang oberhalb von Menden-Asbeck
Olympus E-M5 · 12–40 mm · f/11 · 1/20 s · ISO 200

Eine kalte klare Nacht verspricht am Morgen meist Dunst in den Tälern, während auf den Bergen die Sonne scheint. Dann können Sie hervorragende Fotos mit nach Hause nehmen.

Auf meinem Smartphone habe ich noch einige Apps installiert, die für Fotografen nützlich sein können. *Fototool* für Android bzw. *PhotoPills* für iOS kann ich Ihnen empfehlen. Mit diesen Apps können Sie unter anderem die Schärfentiefe berechnen und sie geben Ihnen auch astronomische Daten an, wie z. B. die Zeitpunkte des Auf- bzw. Untergangs von Sonne und Mond sowie den Beginn und das Ende der goldenen Stunde und der blauen Stunde.

Die App *Rolleimoments* bietet einen Location-Planer, der Ihnen den Beginn der nautischen und der bürgerlichen Dämmerung sowie der blauen Stunde anzeigt.

Nach dem Fotografieren müssen Sie die Fotos bearbeiten. Wenn Ihnen dazu die geeignete Software fehlt und Sie nur über ein kleines Budget verfügen, empfehle ich Ihnen das Programm *Darktable*. Sie können es kostenlos aus dem Internet herunterladen. Zu diesem Programm ist auch ein Buch im dpunkt.verlag erschienen mit dem Titel »So geht das in Darktable 3« (ISBN 978-3-86490-681-7). Dieses Programm sowie *Gimp* benutze ich schon seit Jahren und ich bin bisher damit gut gefahren.

- Link für *Darktable*: *www.darktable.org*
- Link für *Gimp*: *www.gimp.org*

Sollten Sie statt *Darktable* Adobes *Lightroom* oder ein anderes Bildbearbeitungsprogramm einsetzen, werden Sie die hier mit *Darktable* gezeigten Schritte leicht auf Ihre Arbeitsweise übertragen können.

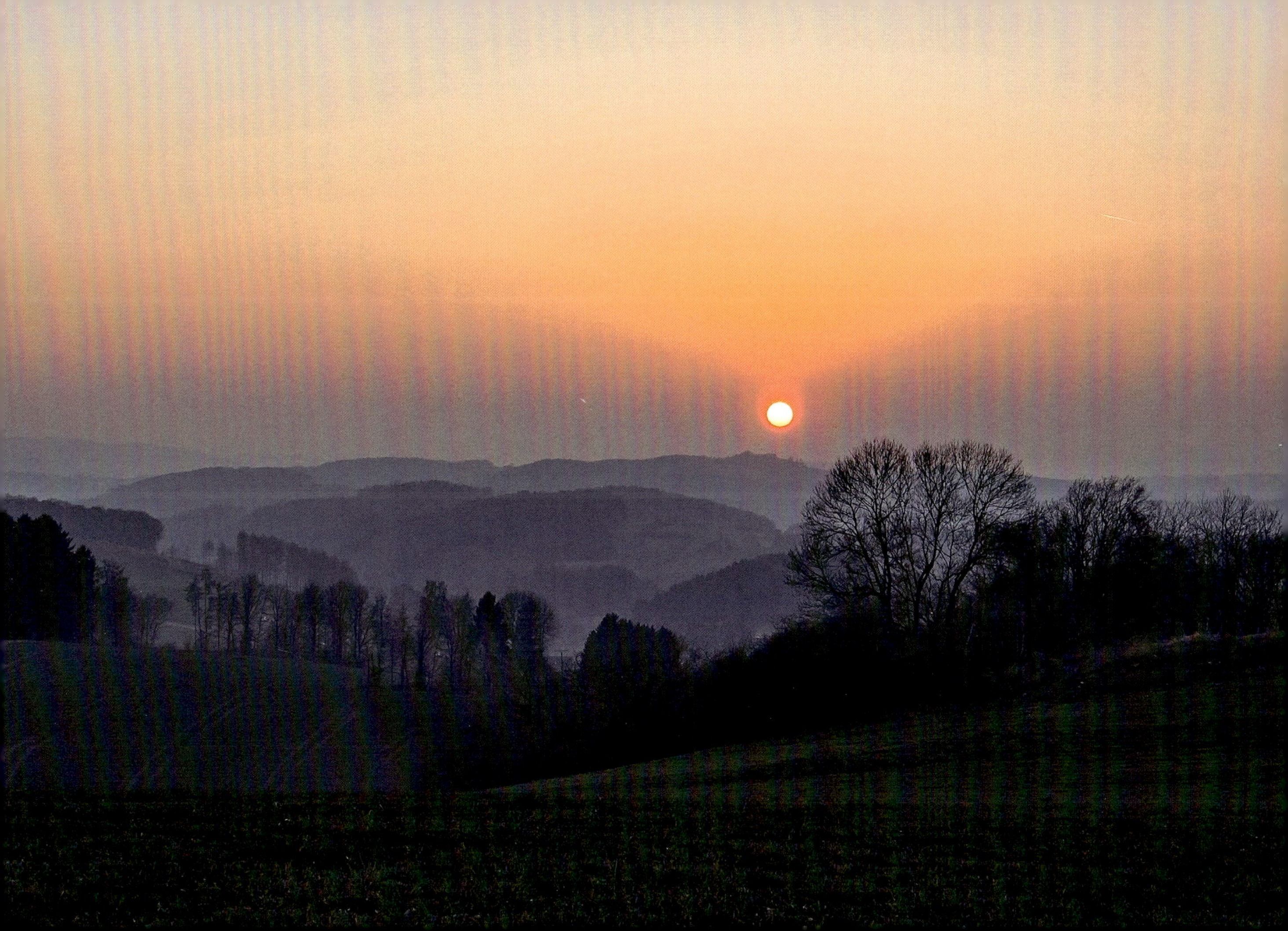

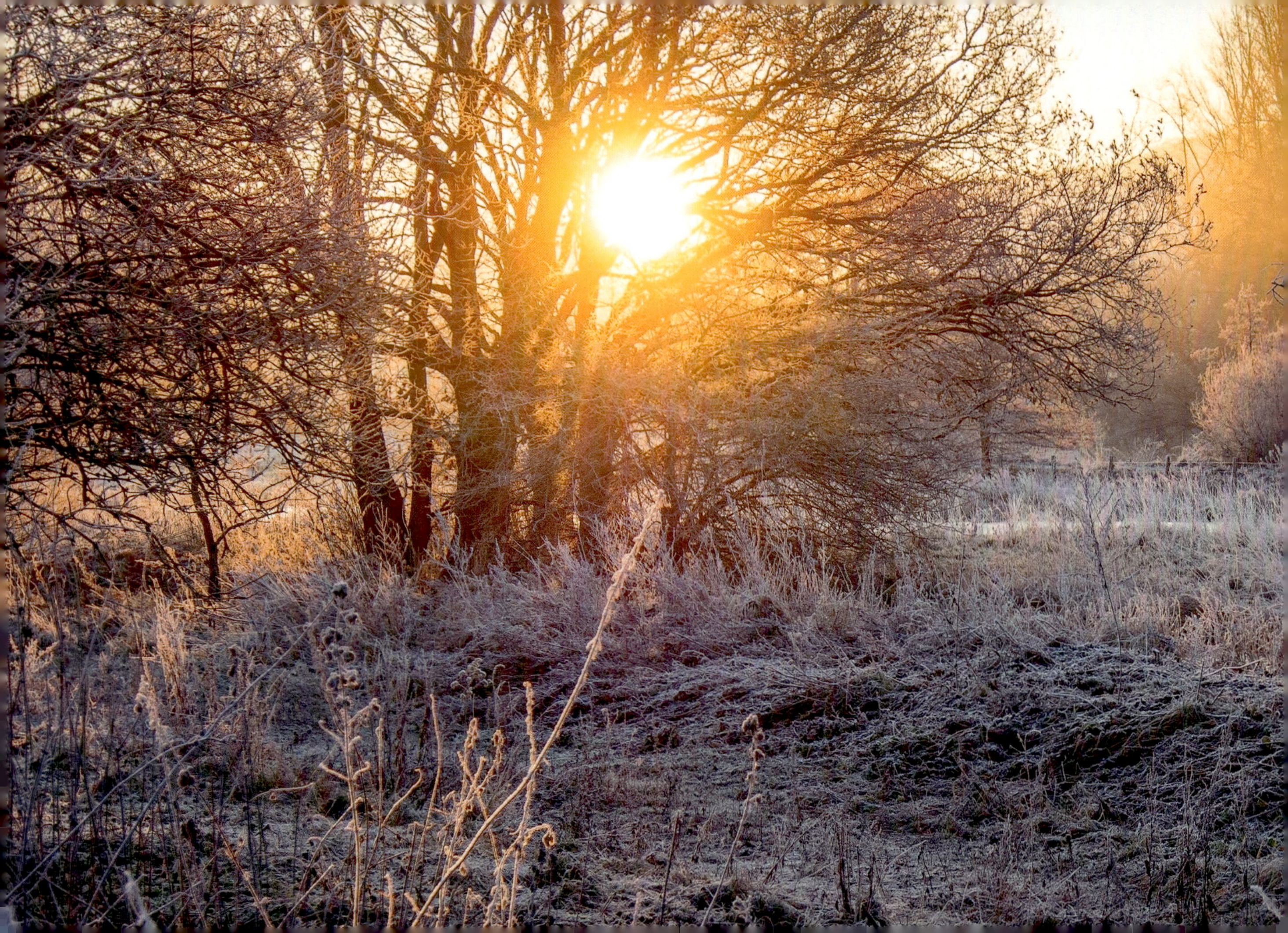

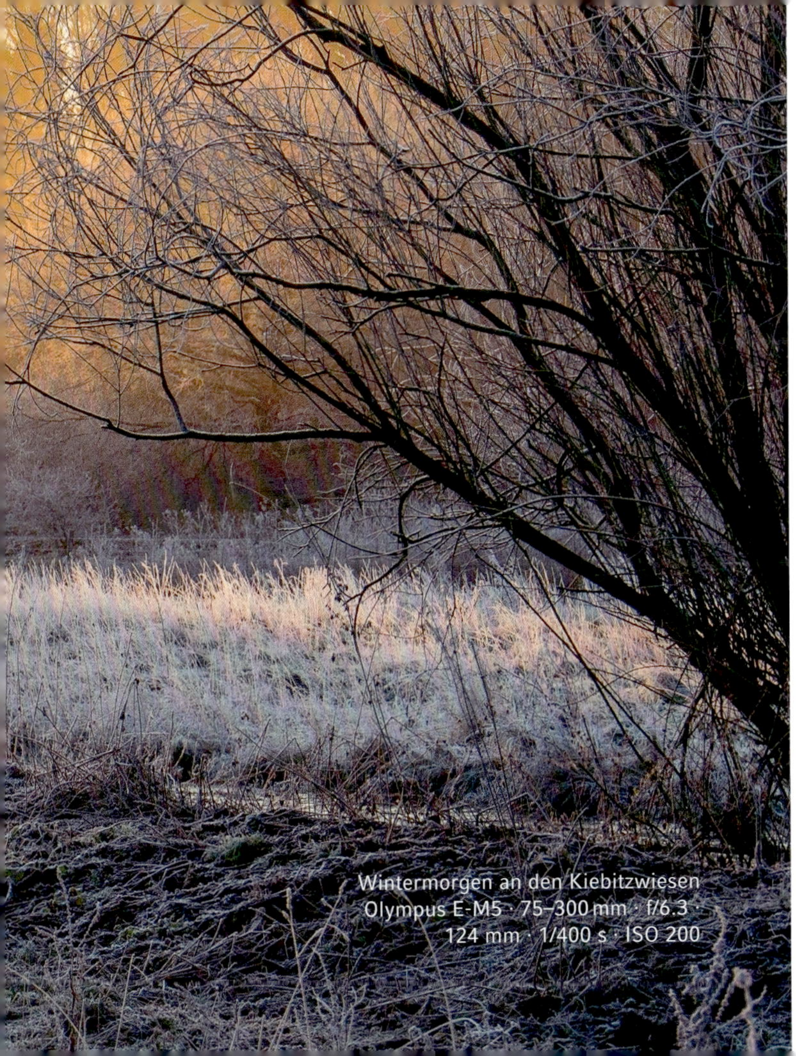

Wintermorgen an den Kiebitzwiesen
Olympus E-M5 · 75–300 mm · f/6.3 · 124 mm · 1/400 s · ISO 200

NÖRDLICHES SAUERLAND

TOUR 1

Sanft beleuchten die Bodenstrahler die alten Mauern der Alten Apotheke und des Alten Rathauses in Menden. Sie tauchen die Gebäude in ein romantisches Licht und verwandeln sie in fotogene Motive.

Die Sonne versinkt langsam am Horizont und taucht den Himmel und die Berge im nördlichen Sauerland in ein fahles rötliches Licht. Oberhalb von Menden-Asbeck habe ich wunderschöne Sonnenuntergänge erlebt.

Am Klärteich in Hemer-Riemke finden Sie die einzige Graureiherkolonie der Gegend vor, die am Boden brütet. Hier konnte ich in Ruhe die Graureiher fotografieren. Im Felsenmeer in Hemer-Deilinghofen haben die Riesen mit Felsbrocken gespielt. Ein sehenswertes Felsgewirr ist so entstanden.

Auf dem Premiumwanderweg *Waldroute* leuchtet die Sonne den Weg aus und macht den Spaziergang zu den versteinerten sieben Jungfrauen – einer Felsformation im Hönnetal – zu einem lohnenden Ausflug.

Die Kiebitzwiesen in Fröndenberg sind Zufluchtsort für viele Vogelarten. In den feuchten Ruhrauen finden sie Schutz vor ihren Feinden und können dort in Ruhe brüten. Hier lebt der Kiebitz zusammen mit anderen Artgenossen. Für mich war es immer ein besonderes Erlebnis, wenn sehr viele Gänse in großer Zahl starteten oder landeten.

Hirsche, Wildschweine und Co. leben im Wildwald Voßwinkel. Hier können Sie diese Tiere aus nächster Nähe erleben und fotografieren. Besonders die Zeit der Hirschbrunft mit den röhrenden Hirschen wird mir immer in Erinnerung bleiben.

Die Aussichten von der B229, die von Balve-Beckum nach Sundern führt, haben mich immer beeindruckt. Wenn Sie hier entlang kommen, halten Sie ruhig an einer Einmündung eines Feldweges an und fotografieren den Blick in die Homert. Lassen Sie sich aber beim Fahren nicht vom Ausblick ablenken und achten Sie auf den Straßenverkehr!

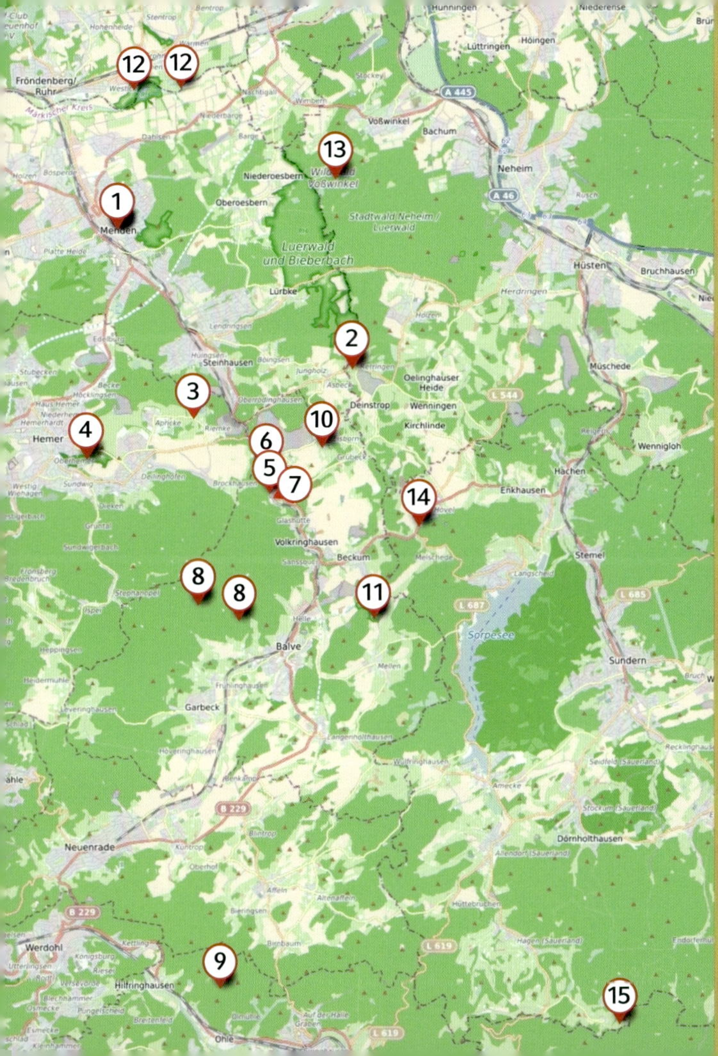

NÖRDLICHES SAUERLAND

TOUR 1

1. MENDEN IM SAUERLAND
2. MENDEN-ASBECK
3. HEMER-RIEMKE SPAZIERGANG AM KLÄRTEICH
4. FELSENMEER HEMER
5. BALVE, WALDROUTE IN BINOLEN
6. SIEBEN JUNGFRAUEN
7. BÄRLAUCHFUNDE
8. RUNDWEG A0
9. MÄRZENBECHER-WANDERUNG
10. BALVE-EISBORN
11. ORLEBACHTAL
12. FRÖNDENBERG, KIEBITZWIESEN
13. WILDWALD VOSSWINKEL
14. SUNDERN-HÖVEL
15. WILDEWIESE

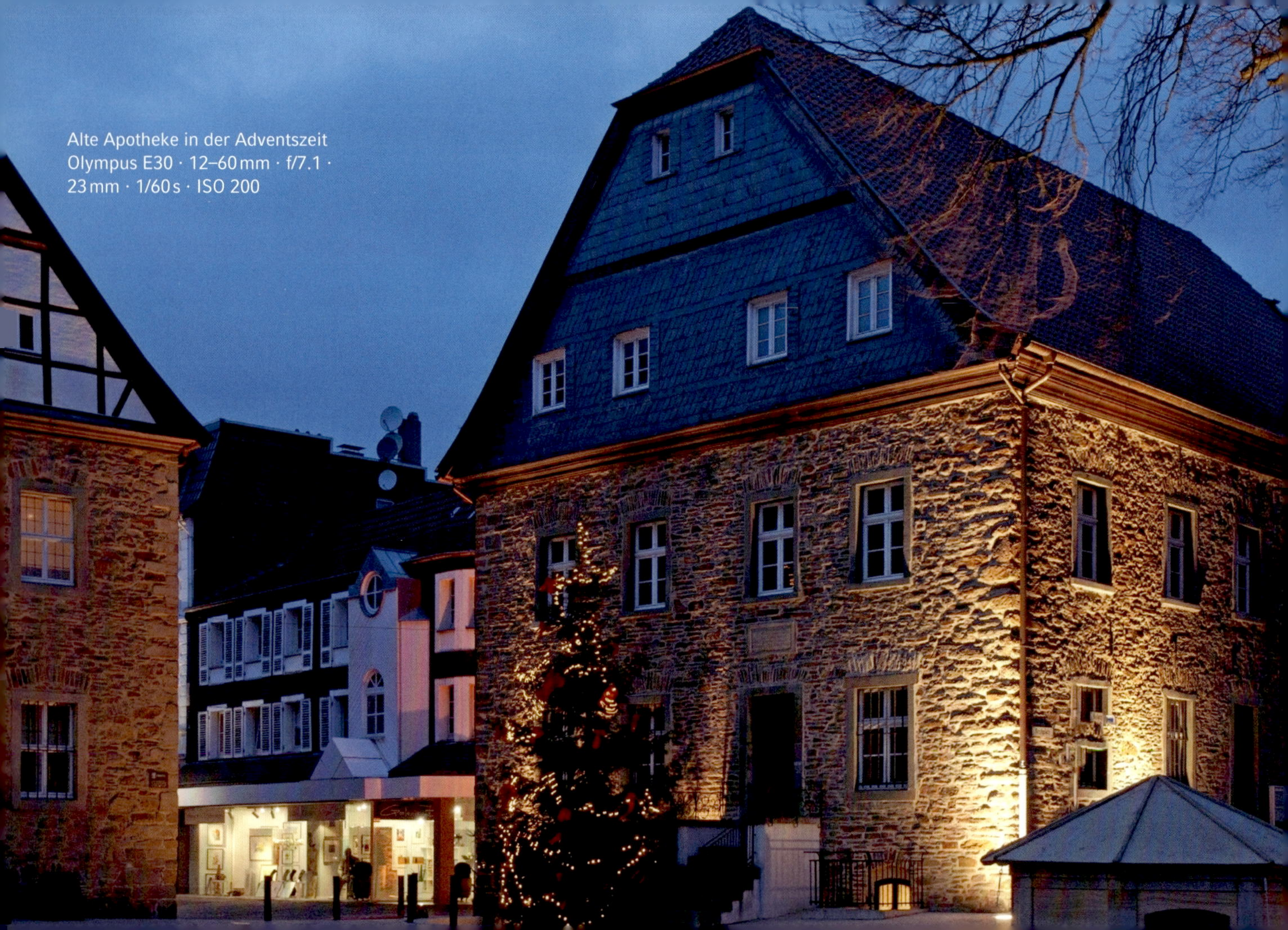
Alte Apotheke in der Adventszeit
Olympus E30 · 12–60 mm · f/7.1 · 23 mm · 1/60 s · ISO 200

1 MENDEN IM SAUERLAND ALTE APOTHEKE

Beste Jahreszeit: ganzjährig bei einsetzender Dämmerung
Bester Zeitpunkt: Adventszeit mit einsetzender Dämmerung
Anfahrt: »58706 Menden, Untere Promenade« ins Navi eingeben.
Parken: vor dem dm- oder dem Edeka-Markt: 51.437520, 7.788482
Location: 51.43811, 7.795301
Weg: Sie gehen auf der Unteren Promenade bis zur Ampel und biegen dort links ab, überqueren die Hönne und gehen geradeaus auf die Vincenzkirche zu. Vor der Kirche finden Sie links das Alte Rathaus und die Alte Apotheke.
Ausstattung: Stativ, Weitwinkel-Zoom, Grauverlaufsfilter, evtl. Fernauslöser

Parken

Location

Die Altstadt rund um die Vincenzkirche entfaltet ihr besonderes Flair in den Abendstunden, wenn die alten Gebäude vom warmen Licht angestrahlt werden. Neben der Alten Apotheke hat auch das Alte Rathaus, in der die Stadtbücherei samt Lesecafé untergebracht ist, und das im Haus nebenan beheimatete Stadtmuseum seinen besonderen Reiz. Gehen Sie links an der Vincenzkirche vorbei die Straße hoch, kommen Sie in die Gasse mit dem Teufelsturm und den Ackerbürgerhäusern. Im Teufelsturm, einem alten Wehrturm, hat man das Karnevalsmuseum untergebracht. Streifen Sie durch die Stadt, werden Sie auf den Poenigeturm stoßen, der ebenfalls Zeugnis davon ablegt, dass Menden eine Grenzstadt von Kurköln war. Hinter dem Mendener Stadtgebiet begann das Märkische Sauerland der Grafen von der Mark.

EXKURS: GEBÄUDE IN DER NACHBEARBEITUNG AUSRICHTEN

Die Fotos von der Alten Apotheke und auch vom Alten Rathaus wiesen vor der Nachbearbeitung stürzende Linien auf. Diese musste ich begradigen, sonst wären die Gebäude im Foto »umgefallen«.

Mit Darktable können Sie diese Korrektur im Modul *Perspektivkorrektur* vornehmen (in Lightroom im *Entwickeln*-Modul im Abschnitt *Transformieren*).

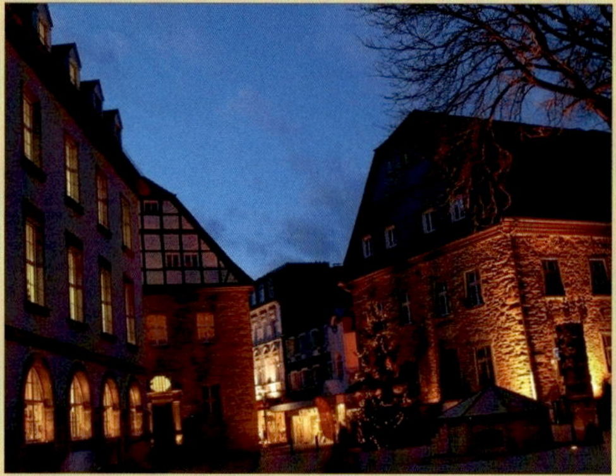

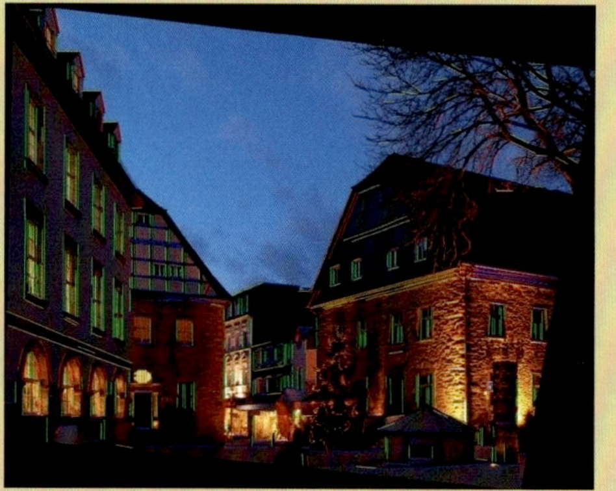

Links die Alte Apotheke vor der automatischen Korrektur, rechts danach

Hier die Tipps zur Korrektur und Vermeidung stürzender Linien:

- Fotografieren Sie von einem Stativ aus, um Verwacklungen zu vermeiden.
- Lassen Sie beim Fotografieren um das Gebäude herum genug Platz, um Spielraum für die spätere Korrektur der stürzenden Linien zu haben. Die schwarzen Flächen im Bild rechts sind Folgen des »Geradestellens«.

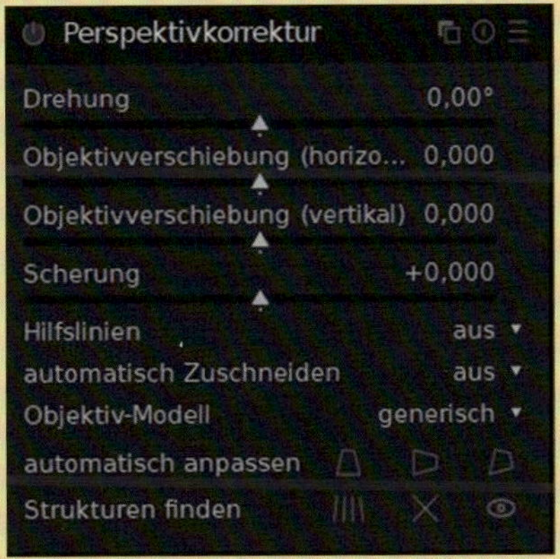

Das Darktable-Modul »Perspektivkorrektur«

- Benutzen Sie ein Weitwinkel-Zoom mit sehr geringer Brennweite, z. B. für eine MFT-Kamera 7–14 mm oder 14–28 mm für eine Vollformatkamera.
- Versuchen Sie, das Gebäude aus großem Abstand zu fotografieren. Wählen Sie den Abstand so, dass Sie die Kamera nicht nach oben oder unten verschwenken müssen, um das ganze Gebäude zu erfassen. Das Neigen der Kamera nach oben oder unten führt zu Verzerrungen.

Wenn ich die Möglichkeit habe, ein Gebäude von einer Ecke aus aufzunehmen, dann probiere ich das. In vielen Fällen kann ich so von vornherein stürzende Linien vermeiden.

In Darktables Modul *Perspektivkorrektur* sollten Sie zunächst vertikale und/oder horizontale Hilfslinien einrichten, an denen Sie sich bei der Ausrichtung orientieren können. Erst dann sollten Sie mit der Korrektur beginnen. Diese Orientierungshilfe sollten Sie dann wählen, wenn Sie nicht die automatische Anpassung nutzen und die *Objektivverschiebung* eigenhändig vornehmen.

Für nicht ganz so aufwendige Perspektivkorrekturen verwenden Sie die Option *automatisch anpassen*. Darktable korrigiert sehr zuverlässig. Wenn Sie die Kontrolle beim Zuschneiden haben möchten, dann lassen Sie die Option *automatisch Zuschneiden* auf *aus*.

Parken

Location

MENDEN IM SAUERLAND DAS ALTE RATHAUS

Beste Jahreszeit: ganzjährig bei einsetzender Dämmerung
Bester Zeitpunkt: Adventszeit
Anfahrt: »58706 Menden, Untere Promenade« ins Navi eingeben.
Parken: vor dem dm- oder dem Edeka-Markt: 51.437520, 7.788482
Location: 51.43811, 7.79530
Weg: Sie gehen auf der Unteren Promenade bis zur Ampel und biegen dort links ab, überqueren die Hönne und gehen geradeaus auf die Vincenzkirche zu. Vor der Kirche finden Sie das Alte Rathaus und die Alte Apotheke.
Ausstattung: Stativ, Weitwinkel-Zoom, Grauverlaufsfilter, evtl. Fernauslöser

Nur in der »dunklen« Jahreszeit entfaltet das Alte Rathaus seinen besonderen Charme. Dann sind die Fenster am späten Nachmittag erleuchtet und es wird vom Rathausplatz her angestrahlt. Der Weihnachtsbaum steht allerdings seit 2015 nicht mehr so schön beleuchtet davor. Vandalen hatten den Baum umgestoßen und die Beleuchtung zerstört. Deshalb steht er jetzt auf dem Balkon. Im Alten Rathaus ist die Stadtbücherei untergebracht mit einem Lesecafé, das vom Hausfrauenbund betrieben wird. Kaffee und Kuchen sind empfehlenswert. In der übrigen Jahreszeit rate ich Ihnen, ein Foto erst nach einsetzender Dämmerung zu machen, denn dann wird das Alte Rathaus vom warmen Licht angestrahlt.

Das Alte Rathaus in Menden/Sauerland
Olympus E-M5 · 12–40 mm ·
f/11 · 1/20 s · ISO 200

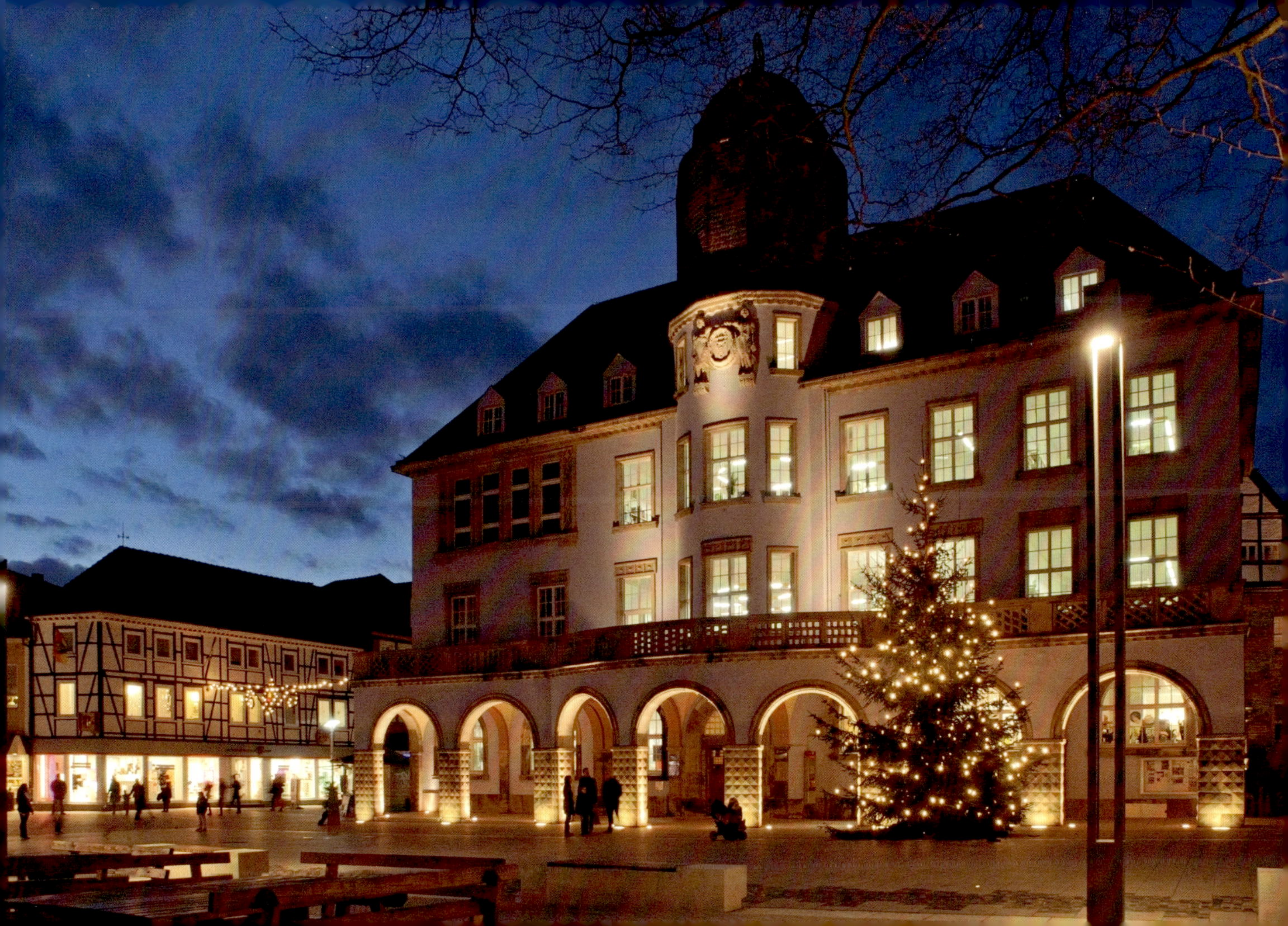

Parken & Location

2 MENDEN-ASBECK AUSBLICK 1

Beste Jahreszeit: ganzjährig
Bester Zeitpunkt: Sonnenuntergang
Anfahrt: Von der B515 links auf Hüstener Straße, durch Asbeck fahren, hinter dem Ortseingangsschild Retringen rechts einbiegen, die Straße führt nach Eisborn, nach ca. 300 m am Straßenrand parken.
Parken und Location: 51.402659, 7.895221
Weg: Der Fotopunkt befindet sich direkt an der Straße.
Ausstattung: Stativ, Weitwinkel-Zoom, Grauverlaufsfilter, evtl. Fernauslöser

Die Ausblicke von diesem Fotopunkt begeistern das gesamte Jahr über. Besonders beeindruckend sind die Sonnenuntergänge von dieser Stelle aus. Im Herbst, Winter und Frühjahr ergeben sich hier oben oft nebelige Stimmungen mit einem diffusen Licht. Der Sommer fasziniert bei Sonnenuntergang durch herrliche Wolkenstimmungen. Die Aussicht Richtung Hemer-Brockhausen ist ebenfalls ein Foto wert.

Als ich das Bild auf der rechten Seite aufnahm, hatte sich den ganzen Tag eine zähe Nebeldecke im Hönnetal gehalten. Nur fahles Sonnenlicht erhellte den kalten Wintertag. Je näher die Zeit des Sonnenuntergangs rückte, desto stärker färbte sich das fahle Gelb der Sonne. Erst in Orange, um dann in ein kräftiges Rot überzugehen – eine einzigartige Lichtstimmung entstand.

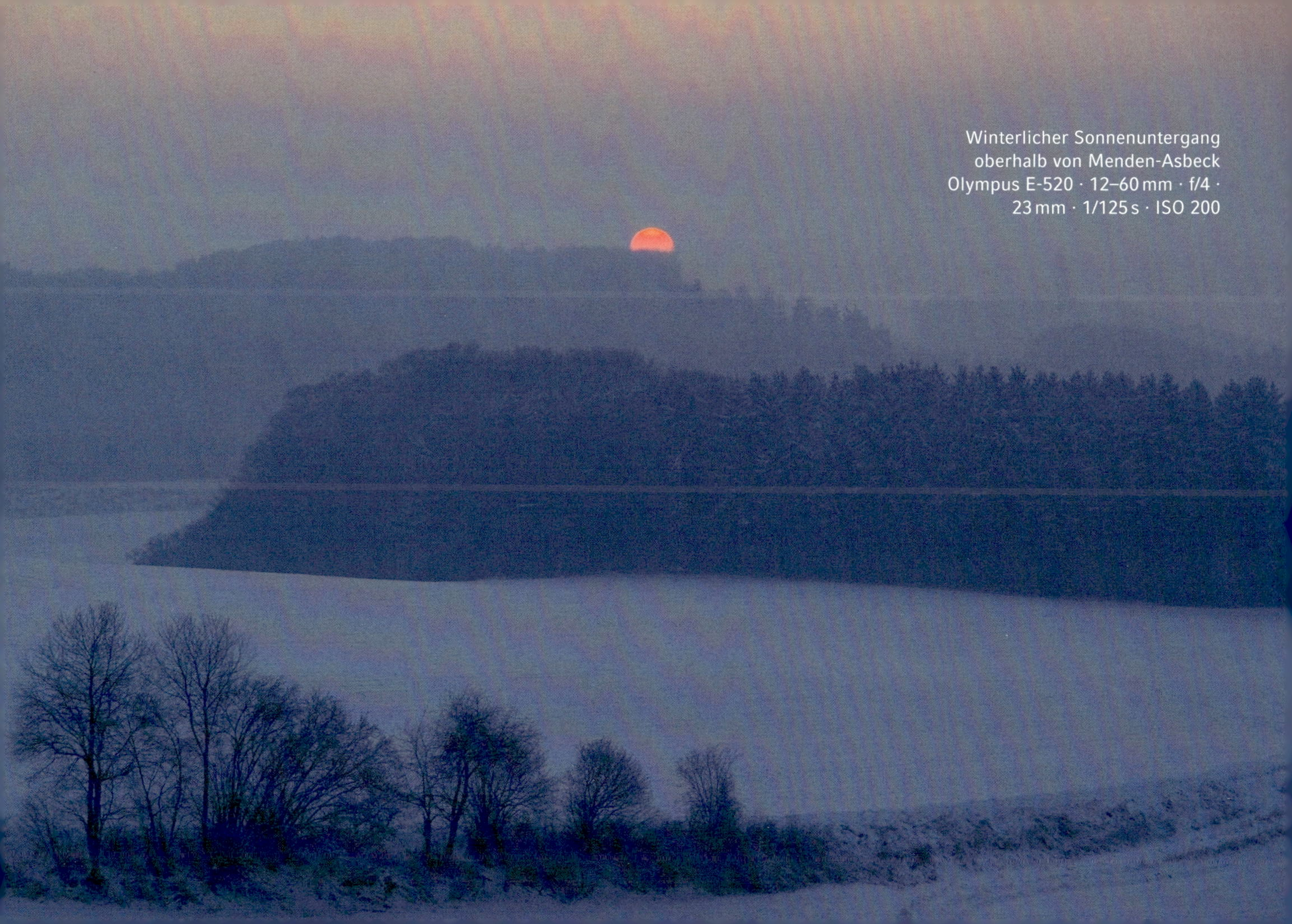
Winterlicher Sonnenuntergang
oberhalb von Menden-Asbeck
Olympus E-520 · 12–60 mm · f/4 ·
23 mm · 1/125 s · ISO 200

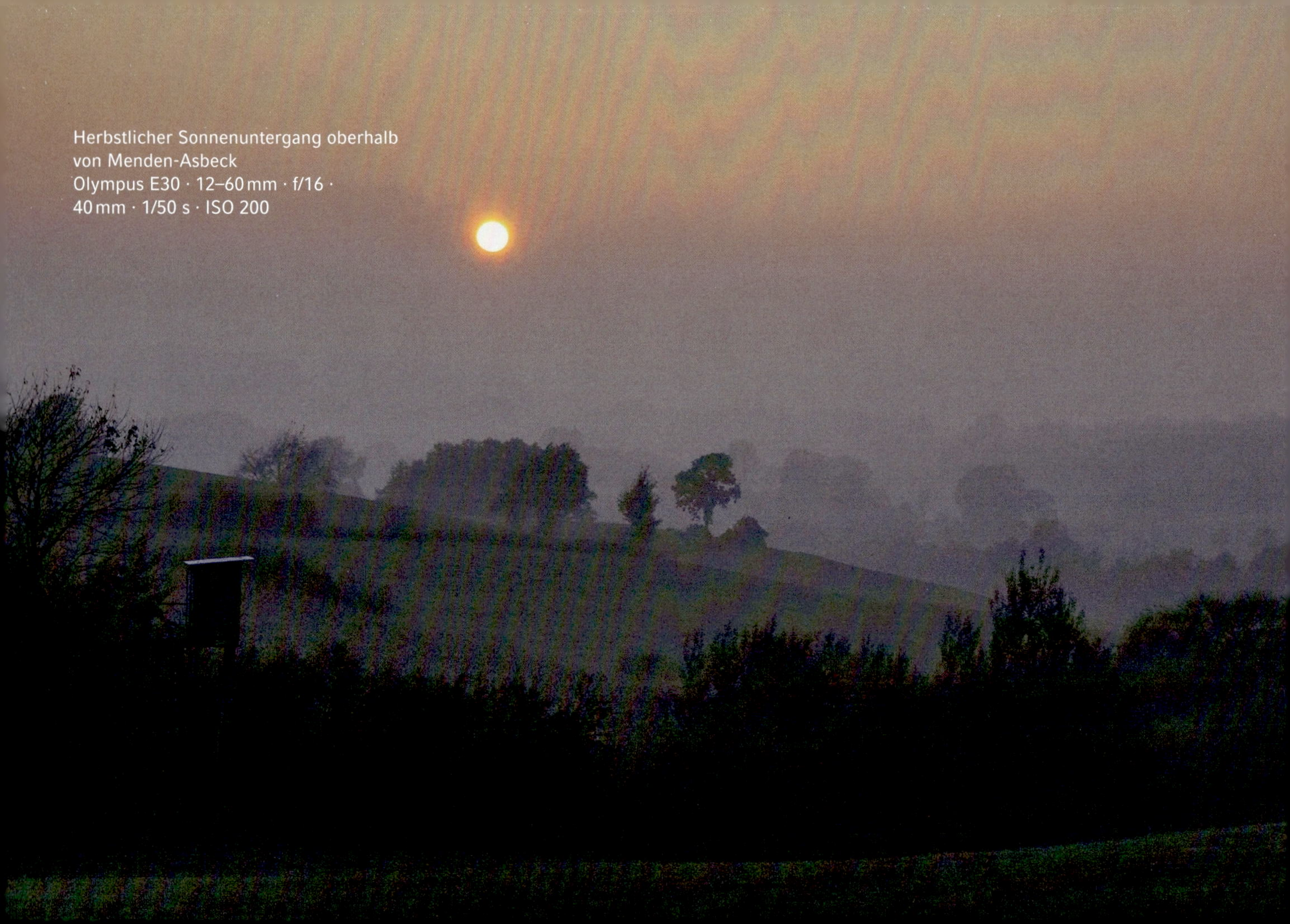

Herbstlicher Sonnenuntergang oberhalb
von Menden-Asbeck
Olympus E30 · 12–60 mm · f/16 ·
40 mm · 1/50 s · ISO 200

MENDEN-ASBECK AUSBLICK 2

Beste Jahreszeit: ganzjährig
Bester Zeitpunkt: Sonnenuntergang
Anfahrt: Von der B515 links auf Hüstener Straße, durch Asbeck weiter Richtung Retringen fahren, dann macht die Straße einen scharfen Rechtsknick, im Knick können Sie auf der linken Seite parken. Von hier aus können Sie auch zum Ausblick 3 gehen (siehe nachfolgende Seite).
Parken und Location: 51.404834, 7.892526
Weg: Der Fotopunkt befindet sich auf der Wiese. Dazu gehen Sie durch die Sträucher auf die Wiese. Wenn Sie noch ca. 10 m den Waldweg entlang laufen, kommen Sie zu einem Gatter, durch das Sie die Wiese betreten können.
Ausstattung: Stativ, Weitwinkel-Zoom, Grauverlaufsfilter, evtl. Fernauslöser

Parken & Location

Dieser Fotopunkt bietet einen Ausblick in eine typische Landschaft im nördlichen Sauerland. Am Horizont entdecken Sie die Berge von Hemer. Vor Ihnen lugt zwischen den Bäumen ein typischer Bauernhof mit schwarz-weißem Fachwerk hervor. Wenn dann noch die Sonne in einem kräftigen Rot untergeht und die Wolken anstrahlt, steht einem perfekten Foto nichts mehr im Wege.

Auch beim Foto auf der linken Seite hatte sich den ganzen Tag über eine zähe Nebeldecke gehalten, gegen die die Sonne lange Zeit vergeblich ankämpfte. Am späten Nachmittag lockerte sich der Nebel auf und ließ die Sonne etwas hervortreten. Das war der Zeitpunkt, um mit der Kamera zum Fotopunkt zu fahren, um einige Nebelaufnahmen zu machen.

Parken & Location

MENDEN-ASBECK AUSBLICK 3

Beste Jahreszeit: ganzjährig
Bester Zeitpunkt: Sonnenuntergang
Anfahrt: Von der B515 links auf Hüstener Straße, durch Asbeck fahren, hinter Ortseingangsschild Retringen rechts einbiegen, die Straße führt nach Eisborn, nach ca. 300 m am Straßenrand parken.
Parken und Location: siehe Seite 27
Weg: Der Fotopunkt befindet sich auf den Wiesen am Straßenrand.
Ausstattung: Stativ, Weitwinkel-Zoom, Grauverlaufsfilter, evtl. Fernauslöser

Auf den Wiesen oberhalb von Menden-Asbeck werden Sie nicht nur diesen und die zwei vorigen Fotopunkte vorfinden. Wenn Sie sich dort oben auf den Wiesen umschauen, werden Sie sicherlich noch weitere Stellen sehen, von denen aus ein Foto gemacht werden könnte. Folgen Sie der Straße bis nach Eisborn, können Sie weitere schöne Aussichten genießen. Vielleicht werden Sie anhalten und noch das eine oder andere Foto auf den Chip bannen. Alle drei Fotopunkte oberhalb von Menden-Asbeck zeichnen sich dadurch aus, dass die Blickrichtung nach Westen zu den Bergen ausgerichtet ist und die Sonne perfekt ausgerichtet hinter diesen Bergen untergeht.

Abendruh in der Nähe von Menden-Asbeck
Olympus E30 · 12–60 mm · f/8 · 30 mm · 1/250 s · ISO 200

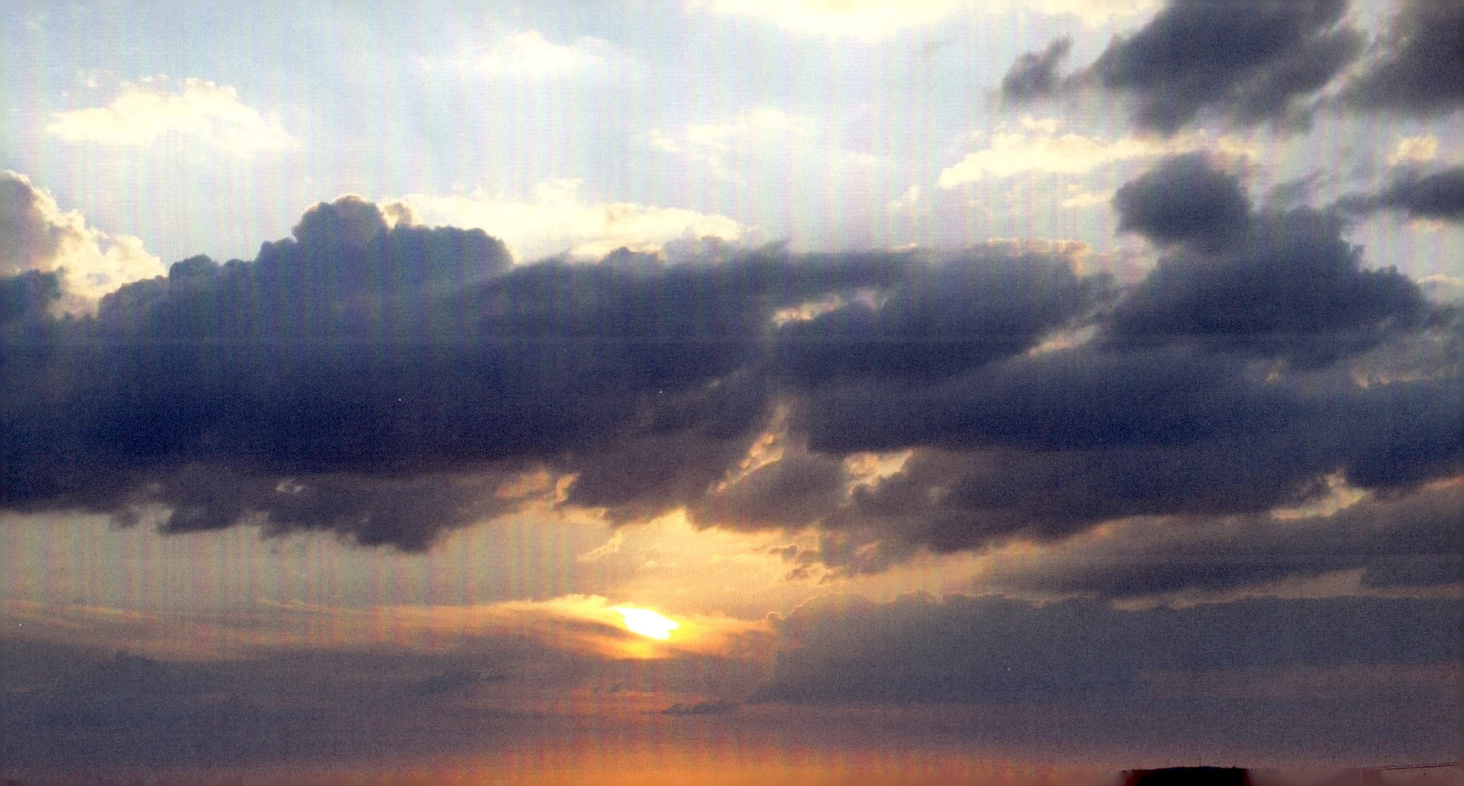

Auf dem Bild auf der rechten Seite neigt sich ein heißer Augusttag dem Ende zu. Die Wolken am Himmel verdichteten sich langsam und am Horizont zog langsam ein Gewitter auf. Eine bleierne Stille senkte sich über das Land.

Die Sonne versank langsam am Horizont und färbte Himmel und Wolken noch einmal rot ein. Ein stilles und farbenprächtiges Wolkenspektakel bot sich dar.

TIPP

Im Foto oben überwiegt der Himmel mit Wolkenstimmung. Bevor Sie hier den Sonnenuntergang horizontal mittig setzen, überlegen Sie kurz, was Sie als Bildaussage ins Foto nehmen möchten. Soll es der dynamische Himmel sein, der das Foto dominiert, oder nur der Sonnenuntergang? Es kommt in diesem Fall auf die Bildgestaltung an. Hier habe ich 2/3 Himmel und 1/3 Landschaft gewählt, um die Dynamik des Himmels zu zeigen. Um in einer derartigen Situation die Helligkeitsunterschiede auszugleichen, hat sich ein Grauverlaufsfilter bewährt. Der Filter gleicht die großen Helligkeitsunterschiede zwischen Himmel und Landschaft aus. Allerdings deckt ein Filter, den Sie vor das Objektiv schrauben nur die Hälfte ab, da der grau abgedunkelte Bereich des Filters nur bis zur Mitte reicht. Bei einem Steckfiltersystem können Sie den Graubereich des Filters weiter nach oben bzw. unten verschieben und so 2/3 des Fotos abdecken.

3 HEMER-RIEMKE SPAZIERGANG AM KLÄRTEICH

AUSBLICK 1

Beste Jahreszeit: April bis Juni
Bester Zeitpunkt: in dieser Zeit ganztägig
Anfahrt: »58675 Hemer, Riemker Weg 11« ins Navi eingeben. Sie biegen in den Fahrweg ein und finden am Fahrweg rechts eine Parkmöglichkeit. Wenn Sie dem Fahrweg weiter folgen, haben Sie rechts eine weitere Parkmöglichkeit, die Sie dann nutzen können, wenn keine Feier im Landhaus Riemke stattfindet. Für alle fünf folgenden Ausblicke starten Sie von diesem Parkplatz aus.
Parken: 51.390886, 7.826589 oder 51.392432, 7.827061
Location: 51.392958, 7.831581
Weg: Kurz vor dem zweiten Parkplatz startet der Rundweg um den Klärteich. Sie gehen an der Schranke vorbei bergab Richtung Klärteich. Sie folgen dem Weg bis zur ersten Kreuzung. Dort halten Sie sich rechts. An der zweiten Kreuzung biegen Sie rechts ab und gehen bald bergauf. Wenn Sie die Graureiher fotografieren wollen, wandern Sie über die Wiese bergab Richtung See und suchen sich dort am Ufer einen geeigneten Standort.
Ausstattung: Stativ, für die Graureiher ein Teleobjektiv, für Spiegelungen im See ein Weitwinkel-Zoom, ein Polfilter

Parken 1

Parken 2

Location

Der etwa einstündige Spaziergang um den Klärteich in Hemer-Riemke bietet zu jeder Jahreszeit spannende Motive: Graureiher, die am Boden ihr Nest bauen; schöne alte Buchenbestände mit kleinen Spechten – so nennt man den Kleiber auch; Spiegelungen im kleinen See; bunt blühende Wiesen auf dem ehemaligen Gelände der Bundeswehr. Machen Sie

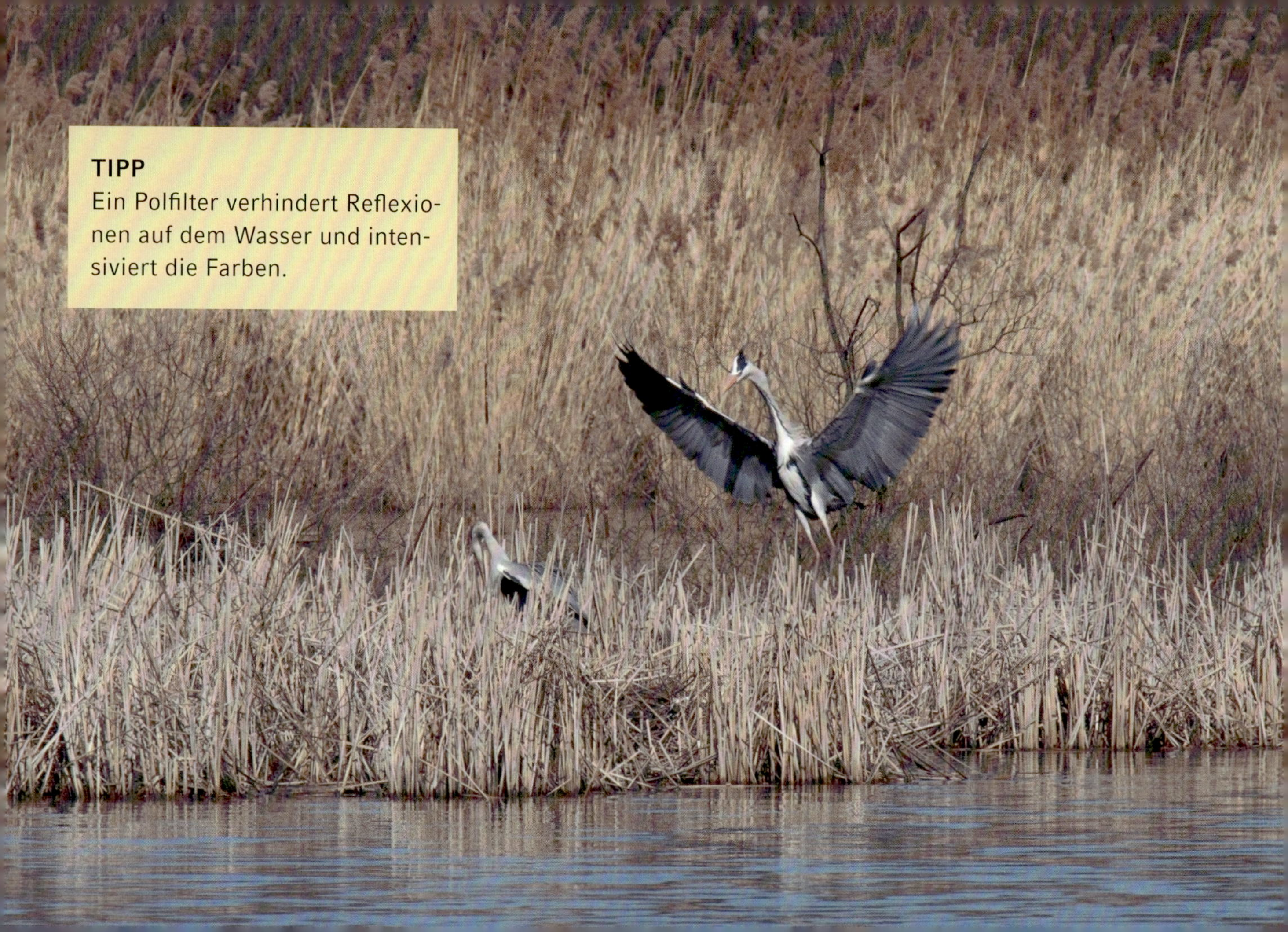

TIPP

Ein Polfilter verhindert Reflexionen auf dem Wasser und intensiviert die Farben.

die Runde sehr früh am Morgen, könnten Sie auf Rot-und Schwarzwild treffen. Auch Füchse leben hier.

Als ich das Bild auf der linken Seite aufnahm, kündigte sich ein sonniger Apriltag an. Der Himmel zeigte sich in strahlendem Blau. Hier am Klärteich (einem Schutzgebiet in Hemer-Riemke) gibt es eine Graureiherkolonie. Die Graureiher sind Bodenbrüter und waren schon mit dem Nestbau beschäftigt. Es herrschte reger Flugverkehr, weil immer wieder Enten auf dem Teich starteten und landeten.

Brütende Graureiher
Olympus E30 · 200 mm + 2.0 Konverter · f/11 · 338 mm · 1/320 s · ISO 200

TIPPS FÜR DIE VOGELFOTOGRAFIE

- Stellen Sie den Autofocus auf AF-C (Autofocus Continuous).
- Schalten Sie in den Serienbildmodus.
- Setzen Sie die Kamera auf das Stativ mit Kugelkopf.
- Richten Sie die Belichtungszeit so ein, dass sie möglichst gering ist. Ein lichtstarkes Objekt ist nützlich, ansonsten wählen Sie einen höheren ISO-Wert.
- Die eingelegte Speicherkarte sollte eine hohe Übertragungsrate haben.
- Bevor Sie sich an die Fotografie der Graureiher wagen, üben Sie das Mitziehen.

Sollten Sie Eigentümer einer Olympus OMD E-M1 MIII sein, benutzen Sie die ProCapture-Option der Kamera. Pro Capture beginnt die Aufnahme in dem Moment, in dem der Auslöser halb heruntergedrückt wird. Der Pufferspeicher kann so eingestellt werden, dass bis zu 35 Bilder im RAW-Format aufgenommen werden. Wird dann ausgelöst, werden alle Fotos auf den Chip geschrieben.

Location 1

Location 2

HEMER-RIEMKE SPAZIERGANG AM KLÄRTEICH

AUSBLICK 2

Beste Jahreszeit: Zeit der Laubfärbung Ende Oktober
Bester Zeitpunkt: nachmittags
Anfahrt: siehe Ausblick 1
Parken: siehe Seite 31
Location 1 (Pilze): 51.396305, 7.830218,
Location 2 (Laubwald): 51.396359, 7.826624
Weg: Vom Parkplatz folgen Sie dem Fahrweg am Landhaus Riemke vorbei und halten auf die Schranke zu. Sie passieren die Schranke am Landhaus und gehen leicht bergan, bis der breite Fahrweg nach einer Linkskurve hinab in eine Senke schwenkt. Diese durchqueren Sie und steigen dann steil bergan. Oben angekommen, geht es rechts zu einem alten Buchenbestand. Auf dem Weg rechts hinab ergeben sich mehrere Möglichkeiten für herbstliche Fotos. Wenden Sie sich nach links, kommen Sie auf diesem Weg zum ehemaligen Truppenübungsplatz der Bundeswehr mit im Sommer bunt blühenden Wiesen. Sie halten sich links auf der oberen Betonpiste und kommen so zum Ausblick 3. Im Herbst könnten dann Dunstfelder auftreten, die Riemke mit einem Dunstschleier einhüllen. Das passiert aber nur am frühen Vormittag. Von dort oben folgen Sie dem Trampelpfad zur Straße von Riemke nach Deilinghofen. Auf der Straße wenden Sie sich nach links Richtung Riemke. Nach kurzer Zeit sind Sie zurück an Ihrem Parkplatz.

Ausstattung: Stativ, Weitwinkel-Zoom, evtl. Makro-Objektiv

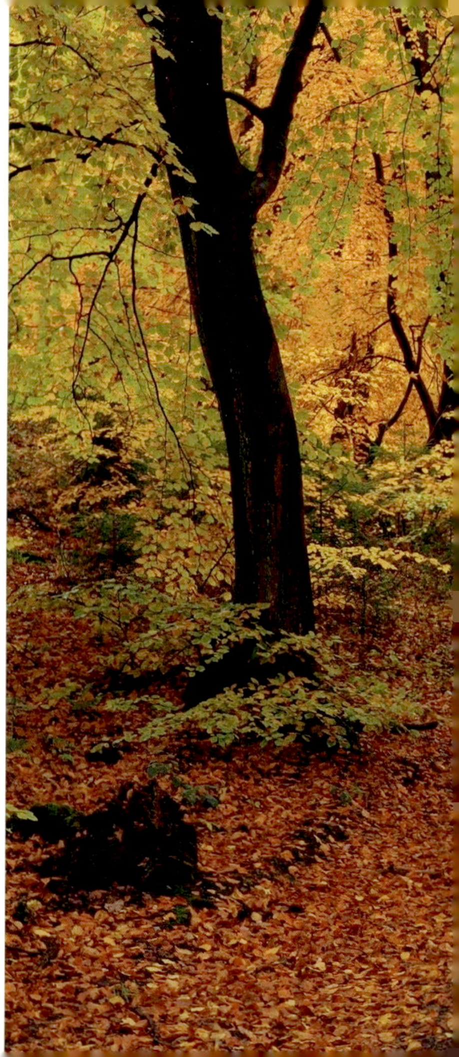

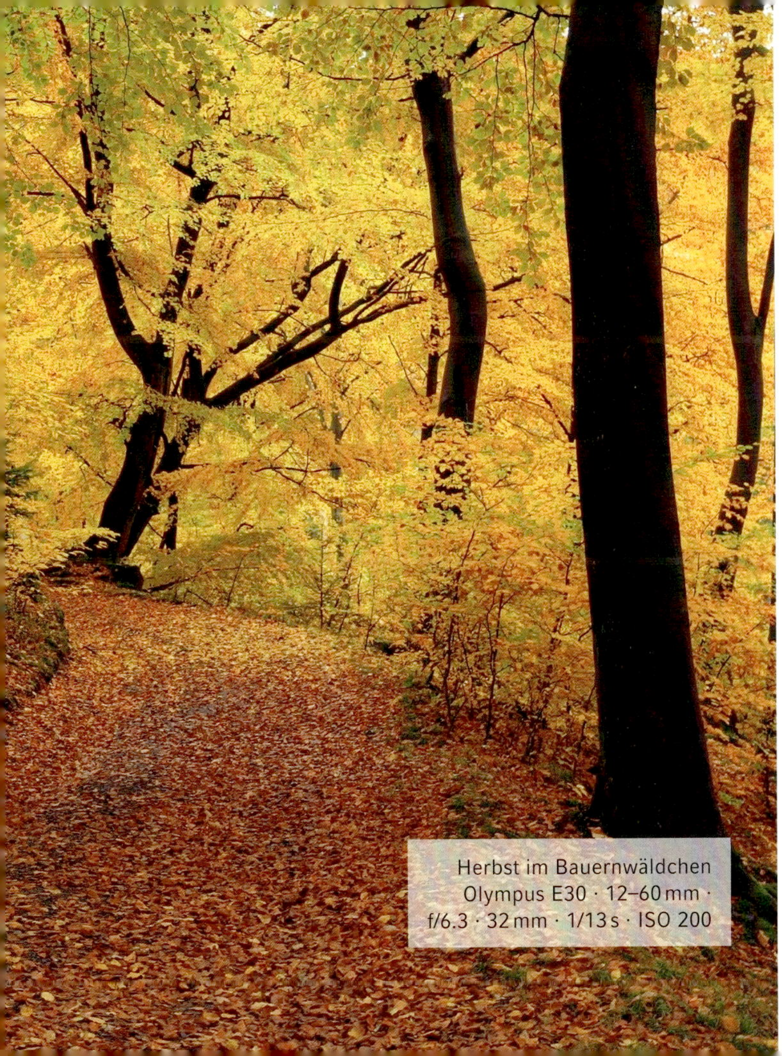

Herbst im Bauernwäldchen
Olympus E30 · 12–60 mm · f/6.3 · 32 mm · 1/13 s · ISO 200

Dieser Abschnitt des Weges bietet im Herbst die Möglichkeit, Pilze zu fotografieren. Im weiteren Verlauf des Weges erreichen Sie alte Buchenbestände, die bei Nebellagen mystische Züge annehmen können. Im Frühsommer fasziniert das frische Grün und im Herbst die leuchtenden Blätter der Buchen. Im Buchenwald fotografieren Sie nachmittags bei schräg einfallendem Licht. Auf dem ehemaligen Gelände der Bundeswehr lassen sich die bunt blühenden Wiesen meist gegen Abend bei untergehender Sonne sehr schön in Szene setzen. Ein Motiv wären Margeriten, die von der rot untergehenden Sonne angestrahlt werden. Im Herbst finden Sie hier oben häufig aufsteigende Dunstfelder vor.

Es geht hinab in eine kleine Senke und auf der anderen Seite wieder steil hinauf. Auf dem Weg hinauf sehen Sie schon die alten Buchen im Sonnenlicht strahlen. Ein bunter Laubwald empfängt Sie zum Fotoshooting. Hier hatte es am Tag vorher geregnet, sodass Laub und Baumstämme besonders intensiv im Sonnenlicht leuchteten.

Location

HEMER-RIEMKE SPAZIERGANG AM KLÄRTEICH AUSBLICK 3

Beste Jahreszeit: Herbst
Bester Zeitpunkt: nach einer kalten Oktobernacht
Anfahrt: siehe Ausblick 1
Parken: siehe Seite 31
Location: 51.393233, 7.821582
Weg: siehe Seite 34
Ausstattung: Stativ, Weitwinkel-Zoom, evtl. Makro-Objektiv

Oben auf dem Bundeswehrgelände sollten Sie die oben genannten Objektive immer dabei haben, denn Sie finden hier einerseits zahlreiche Makromotive, wie z. B. Blumen und Spinnweben, und andererseits gerade im Herbst häufiger Nebellagen. Außerdem können Sie im Herbst eine bunte Laubfärbung erleben. Im zeitigen Frühjahr blühen hier die Schlehen zahlreich.

Die Nacht vorher war hier recht kalt gewesen, dennoch kündigte sich ein schöner Herbsttag an. Nebel war weit und breit nicht in Sicht. Oben am »Panzerplatz« angekommen, ergab sich ein völlig anderes Bild. Die Sonne schien und der Bodennebel hüllte Landschaft und Ort in ein leichtes Grau. Aus dem Grau ragten nur noch die Baumwipfel der alten Eichen und Buchen heraus.

TIPP

Nach einem Regentag leuchtet das Laub besonders intensiv. Auch die Baumstämme treten dann dunkler hervor. Nutzen Sie diese Gelegenheit für besonders intensive Fotos.

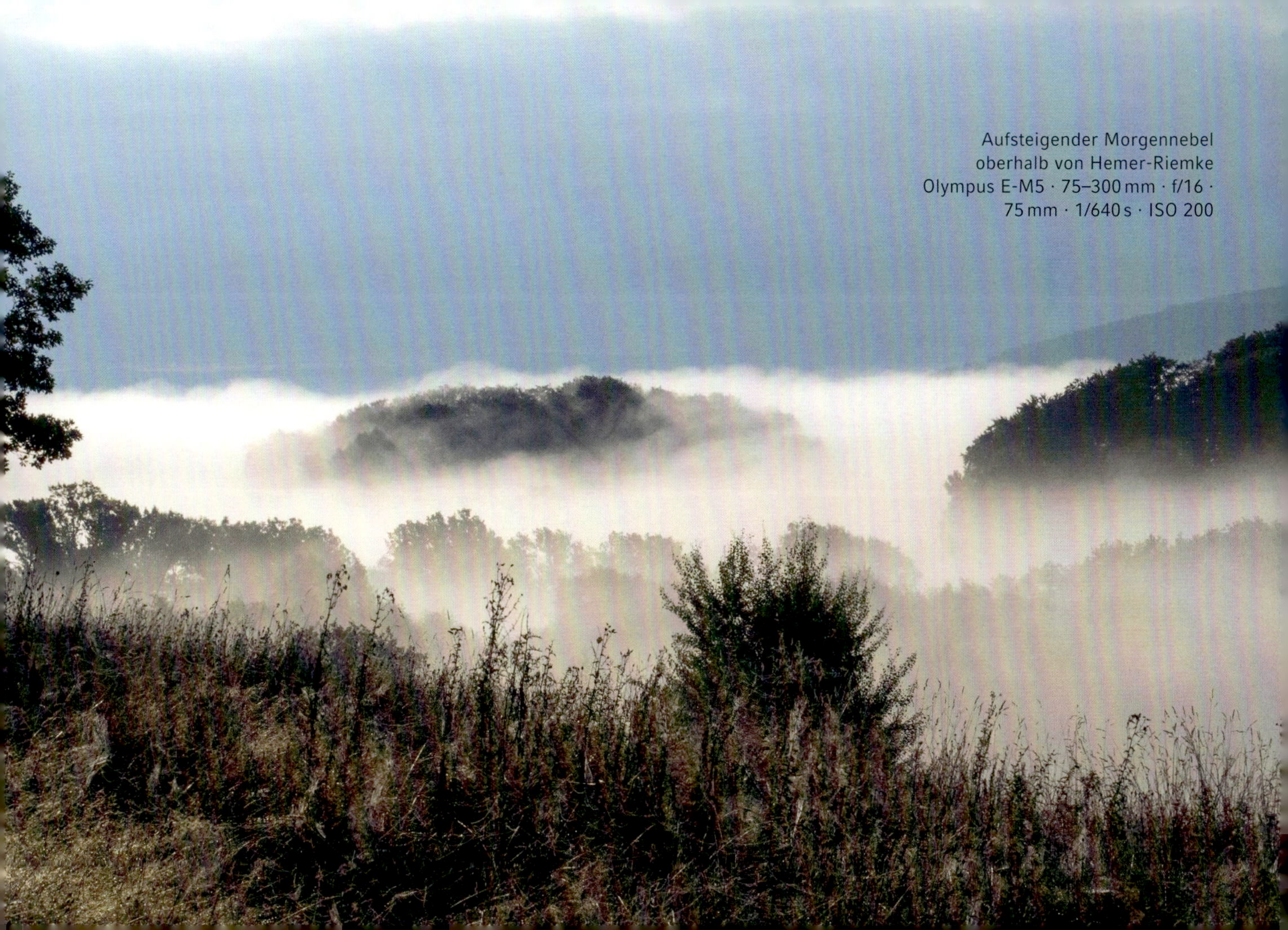

Aufsteigender Morgennebel
oberhalb von Hemer-Riemke
Olympus E-M5 · 75–300 mm · f/16 ·
75 mm · 1/640 s · ISO 200

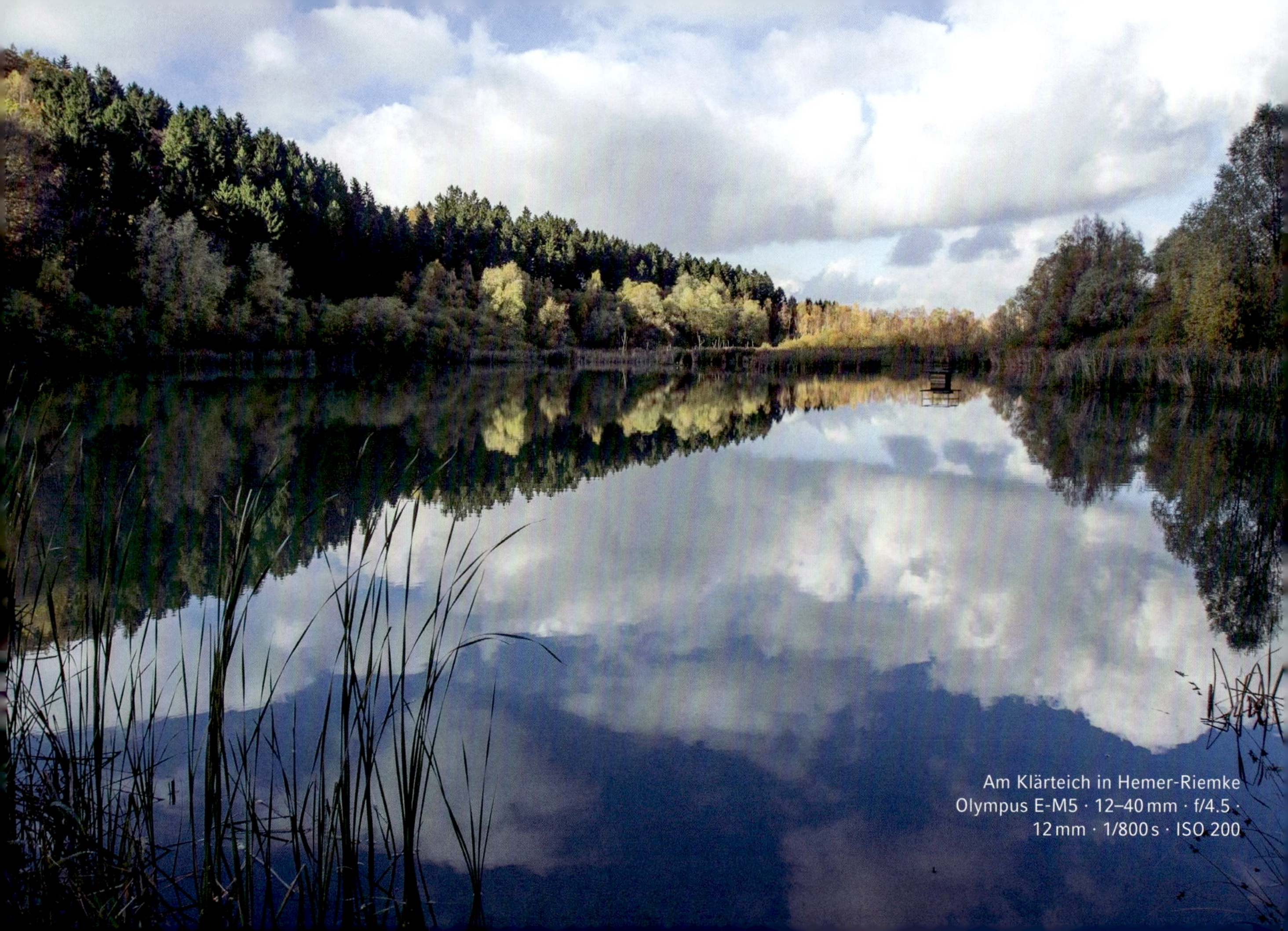

Am Klärteich in Hemer-Riemke
Olympus E-M5 · 12–40 mm · f/4.5 · 12 mm · 1/800 s · ISO 200

HEMER-RIEMKE SPAZIERGANG AM KLÄRTEICH

AUSBLICK 4

Beste Jahreszeit: Frühsommer oder Spätherbst
Bester Zeitpunkt: nachmittags
Anfahrt: siehe Seite 31
Parken: siehe Seite 31
Location: 51.391693, 7.830534
Weg: siehe Seite 34
Ausstattung: Stativ, Weitwinkel-Zoom, evtl. Makro-Objektiv

Location

An windstillen Tagen ergeben sich vom Ufer aus sehr schöne Perspektiven. Auf dem Weg dorthin kommen Sie im Herbst an rot gefärbten Brombeersträuchern vorbei. Blätter in Kombination mit dunklen Beeren sind ein reizvolles Motiv. Im Winter locken mit Reif überzogene Blätter. Sollten die Bäume und Sträucher mit Reif überzogen sein, ergeben sich herrliche Spiegelungen im See.

Auf dem Foto links zeigte sich schon zartes Grün an den Bäumen. Ruhig lag der See da. Die Graureiher flogen ständig hin und her, um ihren hungrigen Nachwuchs zu füttern. Weiße Wolken spiegelten sich im blauen Wasser.

TIPP
Setzen Sie beim Fotografieren von Spiegelungen die Spiegelachse mittig an. Hier habe ich die Spiegelachse etwas angehoben, um noch etwas Schilf in den Vordergrund zu bekommen. Das belebt das Foto.

Location

HEMER-RIEMKE SPAZIERGANG AM KLÄRTEICH AUSBLICK 5

Beste Jahreszeit: Spätherbst
Bester Zeitpunkt: ganztägig
Anfahrt: siehe Seite 31
Parken: siehe Seite 31
Location: 51.396307, 7.830244
Weg: siehe Seite 34
Ausstattung: Stativ, das sich bodennah einsetzen lässt, Makro-Objektiv, Weitwinkel-Zoom

TIPP

Auf dem Weg finden Sie häufiger Makromotive vor. Die beiden Pilzfotos zeigen, wie die Blende den Hintergrund beeinflusst. Wählen Sie eine große Blende (kleine Zahl, z. B. f/4), wird der weitere Hintergrund unscharf abgebildet (Bild links). Verringern Sie die Blendenöffnung (große Zahl, z. B. f/14), wird der Hintergrund bis ins Detail scharf abgebildet (Bild rechts). Hier kommt es wieder auf die Bildidee an. Sollen die Pilze hervorgehoben werden, dann wählen Sie eine große Blende. Der Hintergrund wird verwischt und das Auge wird auf die Pilze gelenkt. Wenn die Pilze wie im Beispiel der Fliegenpilze im herbstlichen Kontext gezeigt werden sollen, dann wählen Sie eine kleine Blende. Der Hintergrund

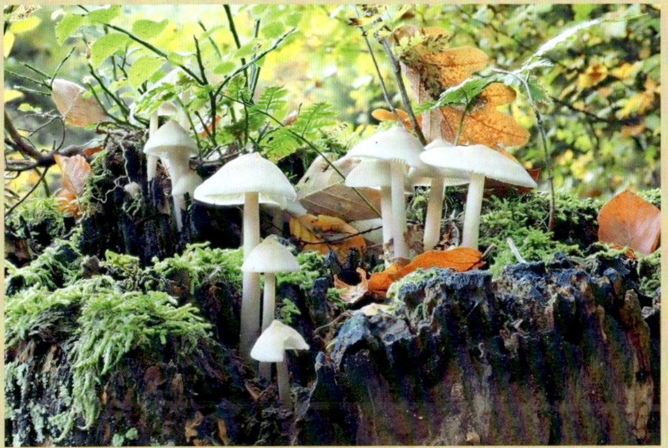

Pilze auf einem morschen Baumstamm
Olympus E-M1 · 12–40 mm · f/4 ·
26 mm · 1/8 s · ISO 200

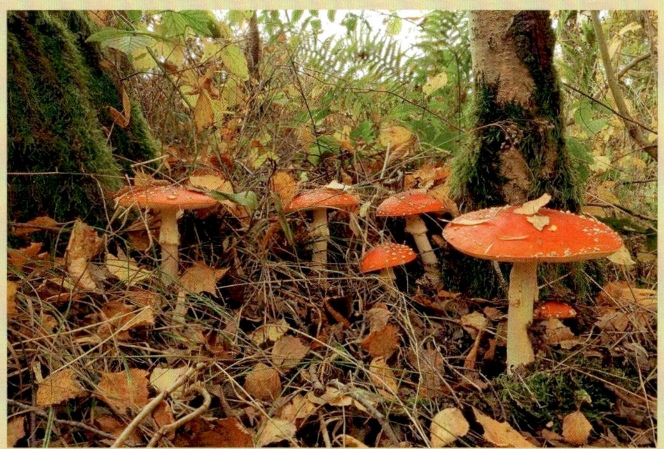

Fliegenpilze am Klärteich
Olympus E-M1 · 12–40 mm · f/14 ·
12 mm · 1/8 s · ISO 200

wird wie die Pilze scharf abgebildet und der herbstliche Kontext wird deutlich. Die Bauart des Objektivs beeinflusst das »Bokeh«, so nennt man die Unschärfe, die durch geringe Schärfentiefe entsteht. Hätte ich beim Bild links ein richtige Makro-Objektiv dabeigehabt, wäre dieser Bokeh-Effekt stärker ausgefallen. So musste ich mit meinem Weitwinkel-Zoom vorliebnehmen, der naturgemäß eine recht hohe Schärfentiefe hat.

Parken

Location

4 FELSENMEER HEMER

Beste Jahreszeit: Frühsommer oder Spätherbst
Bester Zeitpunkt: ganztägig
Anfahrt: »58765 Hemer, Deilinghofer Straße 71« ins Navi eingeben. Dort werden Sie die Touristeninfo und auch die Parkmöglichkeiten vorfinden.
Parken: Sauerlandpark Deilinghofen: 51.383138, 7.787494
Location: Aussichtsplattform im Felsenmeer: 51.381257, 7.782492
Weg: Sie überqueren die Deilinghofer Straße und folgen der Beschilderung Felsenmeer. Dort können Sie den Rundweg um das Felsenmeer machen. Durch das Felsenmeer führt auch ein Holzsteg zur Aussichtsplattform.
Ausstattung: Stativ, Weitwinkel-Zoom, evtl. Polfilter und Grauverlaufsfilter

Das Felsenmeer lockt mit zahlreichen Motiven. Zwischen großen Felsblöcken wachsen alte und junge Buchen. Diese Kombination bietet bei einem Rundgang zahlreiche Motive. Der Rundgang ist im Frühsommer wegen des zarten Grüns und im Herbst wegen des bunt gefärbten Laubs ein Erlebnis. Spielen Sie auch mit den unterschiedlichen Lichtreflexen im Felsenmeer (eine Lösung für trotz Licht und Schatten richtig belichtete Bilder finden Sie auf Seite 107).

Der erste Eindruck beim Betreten des Felsenmeers: Vor langer Zeit müssen hier Riesen mit großen Steinen gekegelt haben. Wenn Sie das Felsenmeer im Herbst besuchen, erfreuen die alten Buchen mit ihrem gelb gefärbten Blattwerk. Die Sonne befeuert diese Farbexplosion noch. Im Frühsommer überraschen die zarten Grüntöne des frischen Laubs der alten Buchen. Auch dann lohnt sich der Besuch dieses stark zerklüfteten Felsenmeers aus dem Tertiär.

Mitten durch das Meer aus Felsen führt ein Brückenpfad, von dem sich tiefe Einblicke in dieses Gewirr aus Steinen bieten. Dieses Naturschauspiel sollten Sie sich auf keinen Fall entgehen lassen.

Gleich nebenan befindet sich das ehemalige Gelände der Landesgartenschau. Für das Betreten des Geländes wird Eintritt fällig. Dafür bekommen Sie wunderschön angelegte Blumenbeete zu sehen. Außerdem faszinieren die Aussichten vom Jübergturm. Den Besuch dieses Geländes sollten Sie sich nicht entgehen lassen. Eintritt für Erwachsene 5,00 €, für Kinder 2,50 €, Öffnungszeiten von 10:00–19:00 Uhr. Info unter: *www.sauerlandpark-hemer.de.*

Brückenpfad im Felsenmeer
Olympus OMD E-M1 MIII · 12–40 mm · f/5.6 · 17 mm · 1/20 s · ISO 200

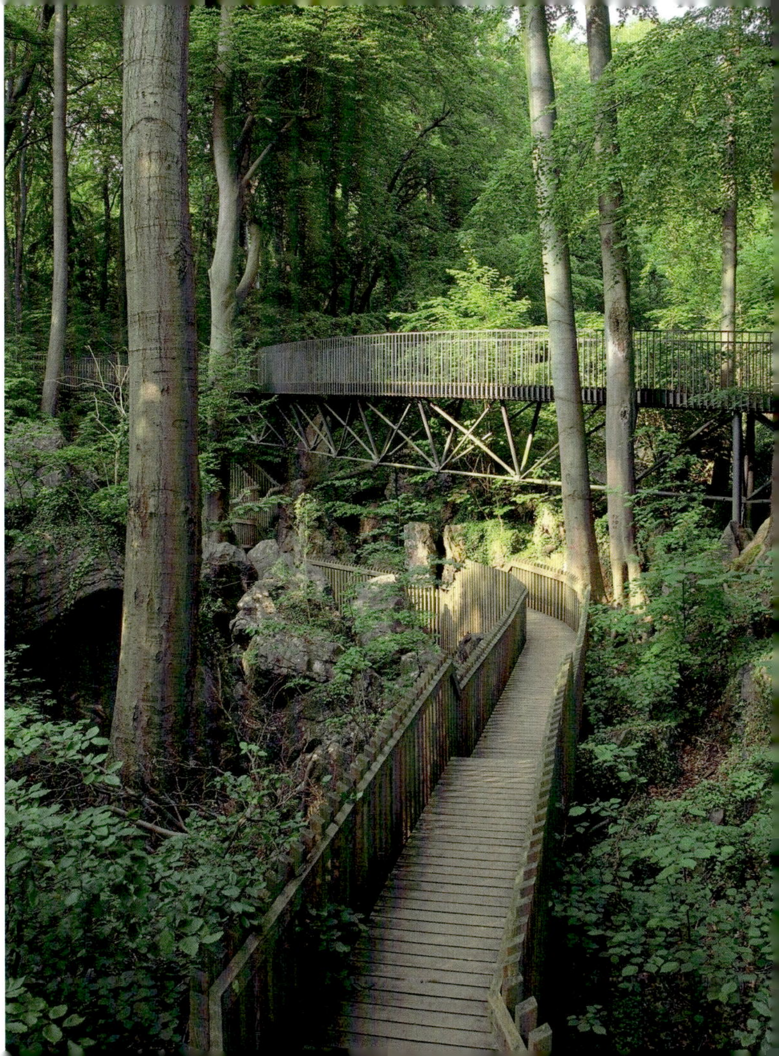

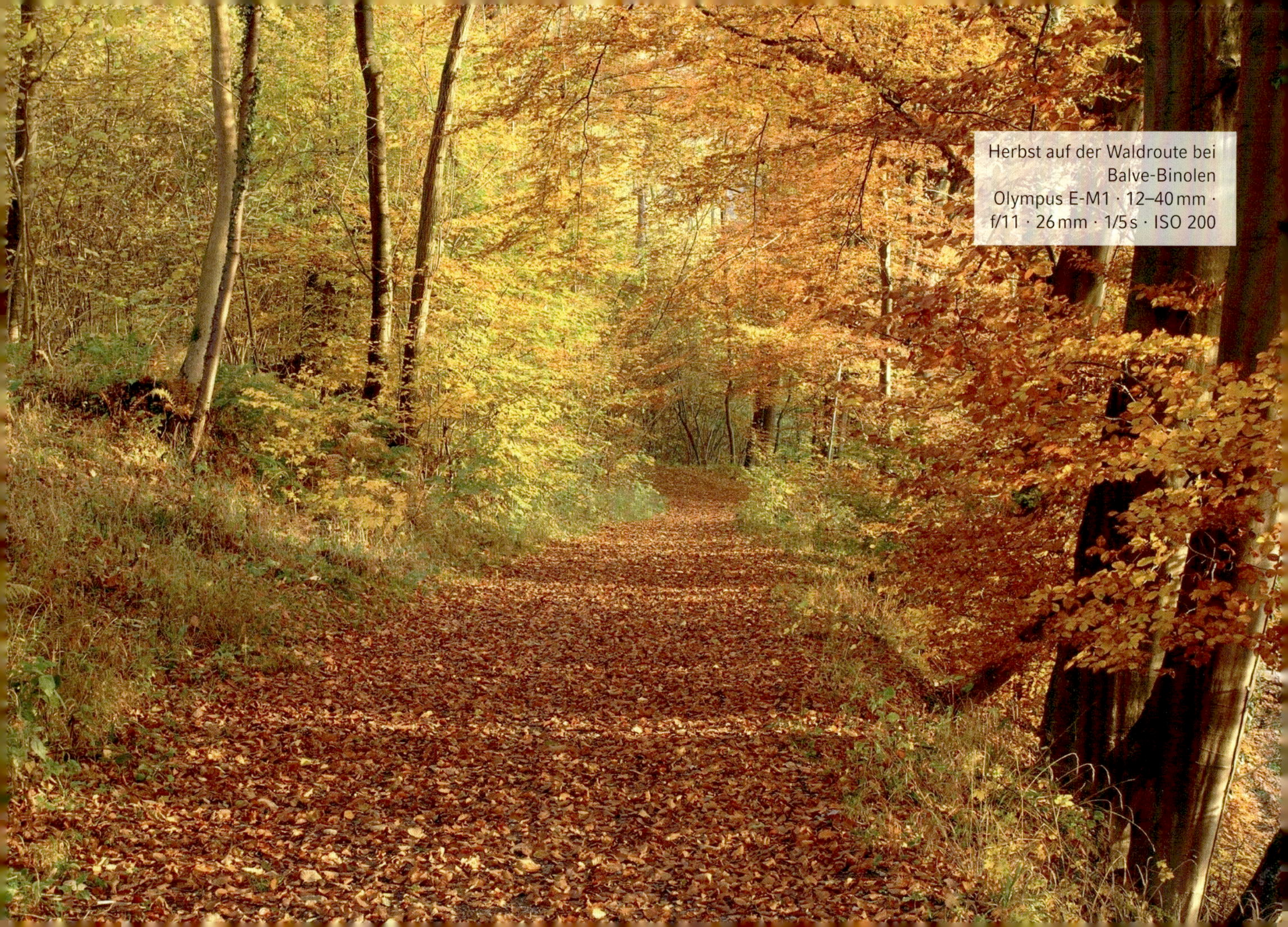

Herbst auf der Waldroute bei Balve-Binolen
Olympus E-M1 · 12–40 mm · f/11 · 26 mm · 1/5 s · ISO 200

5 BALVE, WALDROUTE IN BINOLEN

Beste Jahreszeit: Ende Oktober zur Laubfärbung
Bester Zeitpunkt: Morgens nach Sonnenaufgang haben Sie Seitenlicht.
Anfahrt: »58802 Balve, Binolen 1« ins Navi eingeben.
Parken: Unter der Woche 51.370489, 7.860759, sonst hinter der Unterführung parken.
Location: Suchen Sie eine geeignete Stelle für Fotos auf der Waldroute: 51.372060, 7.858726.
Weg: Der Weg führt unter der Unterführung durch. Dahinter halten Sie sich rechts und gehen auf dem Weg mit den Auszeichnungen »X« und weißes »W« auf grünem Grund. Das »W« steht für den Premiumwanderweg »Waldroute«. Auf dem Weg wandern Sie weiter bis zum Fotopunkt Sieben Jungfrauen.
Ausstattung: Stativ, Weitwinkel-Zoom, evtl. Polfilter und Grauverlaufsfilter

Parken

Location

Die Wanderstrecke von Binolen bis zur Burg Klusenstein weist mehrere sehenswerte Motive auf. Zum einen führt der Weg durch einen sehenswerten Wald an der Hönne entlang. Zum Zweiten gelangen Sie auf diesem Weg zur Felsformation der Sieben Jungfrauen im Hönnetal. Auf der weiteren Strecke blüht im Frühsommer unter Schatten spendenden Bäumen der Bärlauch. Ein Duft von Knoblauch liegt in der Luft. Zum Ende gelangen Sie zur Burg Klusenstein, die hoch über dem Hönnetal aufragt. Hier befindet sich ein Haltepunkt der Deutschen Bahn.

Das Bild links habe ich an einem goldenen Oktobermorgen gemacht. Die Sonne strahlte vom blauen Himmel. Kein Wölkchen war zu sehen – ein Herbsttag wie aus dem Bilderbuch!

Parken

Location

6 SIEBEN JUNGFRAUEN

Beste Jahreszeit: Ende Oktober zur Laubfärbung
Bester Zeitpunkt: Vormittags nach Sonnenaufgang haben Sie Seitenlicht.
Anfahrt: »58802 Balve, Binolen 1« ins Navi eingeben.
Parken: Unter der Woche 51.370489, 7.860759
sonst hinter der Unterführung parken.
Location: 51.378527, 7.856613
Weg: Der Weg führt unter der Unterführung durch. Dahinter halten Sie sich rechts und gehen auf dem Weg mit den Auszeichnungen »X« und weißes »W« auf grünem Grund. Das »W« steht für den Premiumwanderweg »Waldroute«. Auf diesem Weg gehen Sie bis zum Fotopunkt Sieben Jungfrauen. Eine Hinweistafel erzählt die dazugehörige Sage. Der Weg führt Sie dann weiter vorbei an blühendem Bärlauch und Schatten spendendem Wald bis zur Burg Klusenstein. Die wacht hoch über dem Hönnetal. Hier befindet sich auch ein Haltepunkt der Hönnetalbahn, mit der Sie zurück nach Binolen fahren können.
Ausstattung: Stativ, Weitwinkel-Zoom, evtl. Polfilter und Grauverlaufsfilter

Sieben Jungfrauen
Olympus E-M1 · 12–40 mm · f/9 · 12 mm · 1/60 s · ISO 200

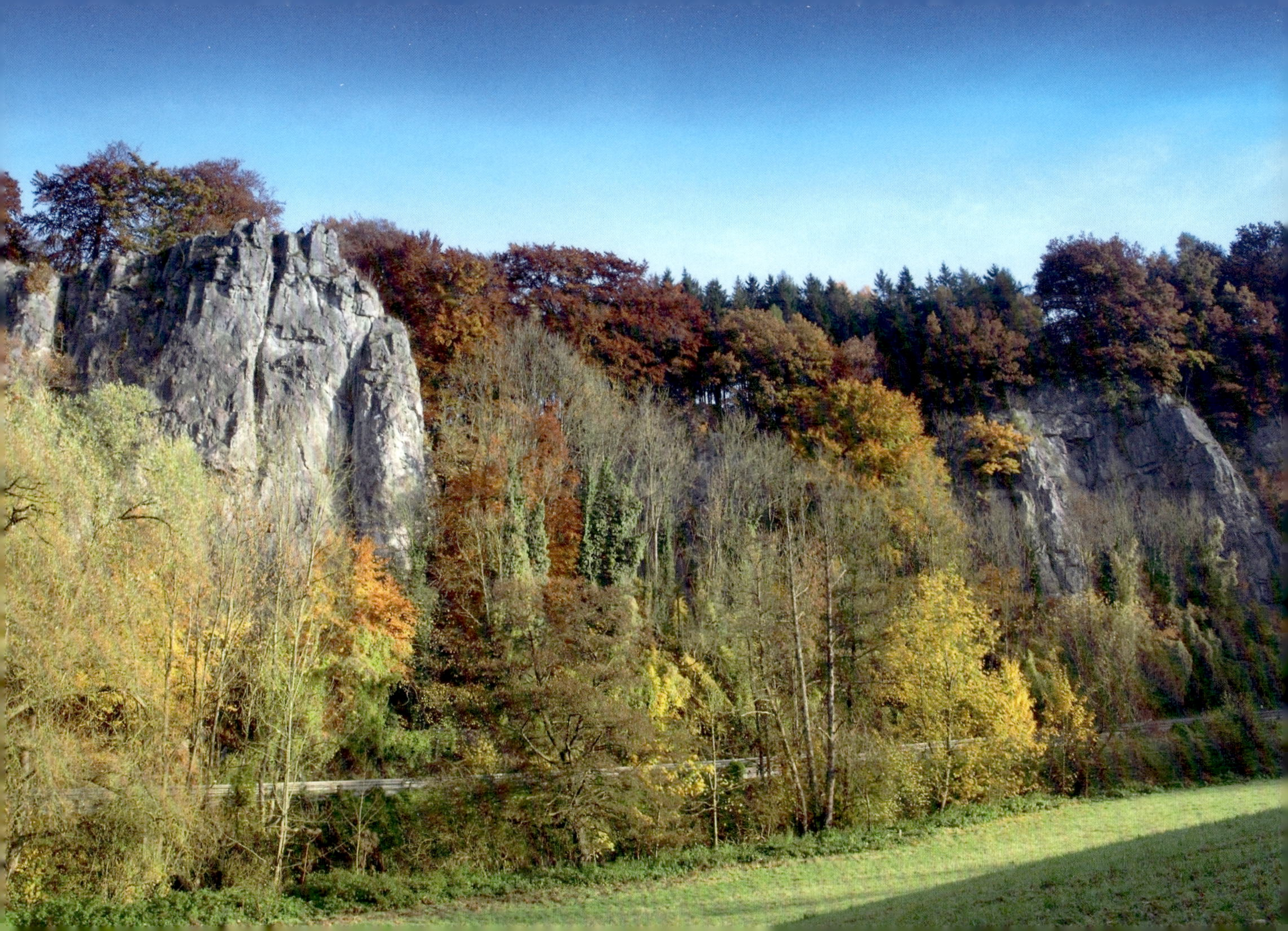

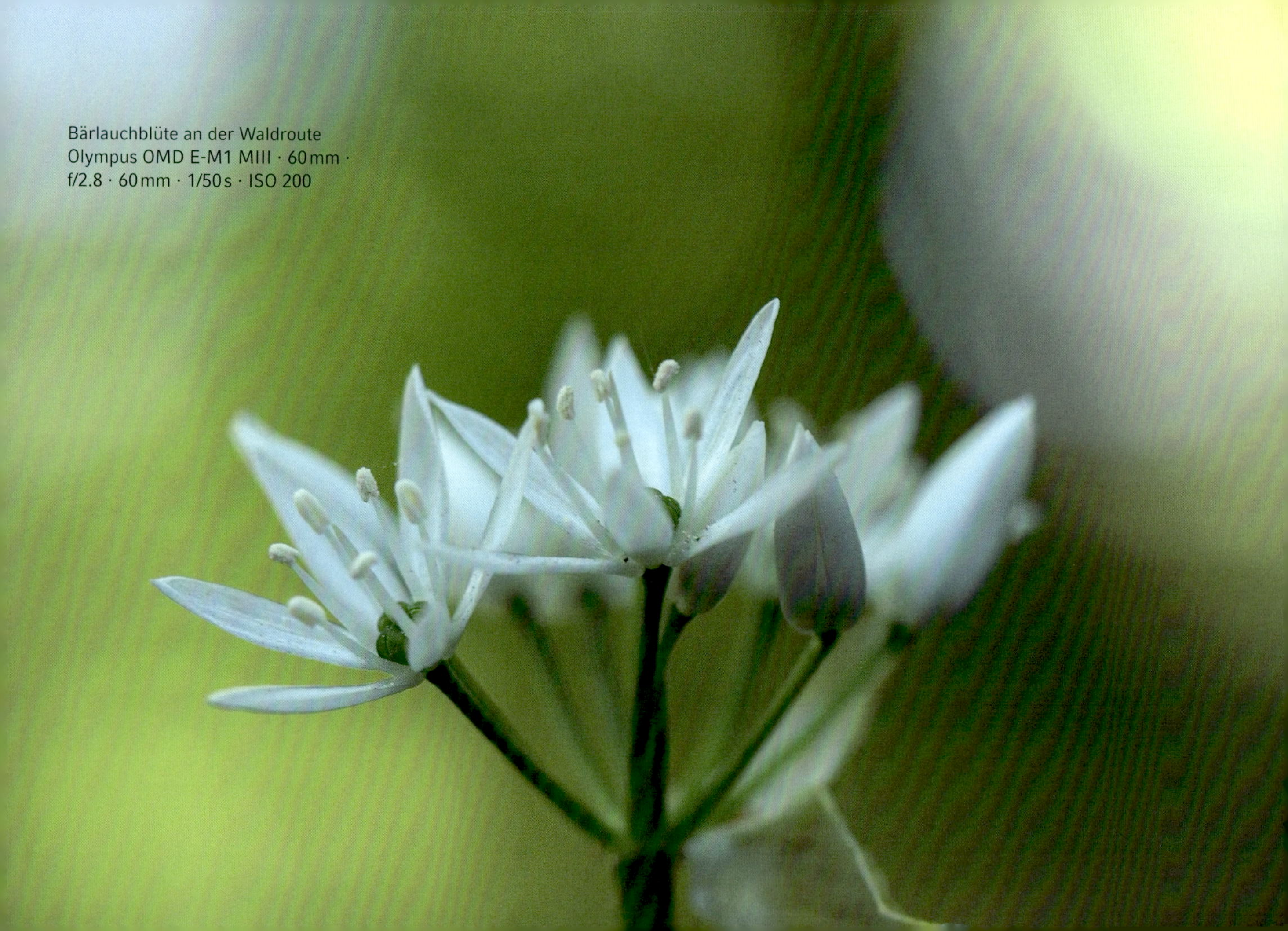

Bärlauchblüte an der Waldroute
Olympus OMD E-M1 MIII · 60 mm ·
f/2.8 · 60 mm · 1/50 s · ISO 200

7 BÄRLAUCHFUNDE

Beste Jahreszeit: April bis Mai
Bester Zeitpunkt: ganztägig
Anfahrt: »58802 Balve, Binolen 1« ins Navi eingeben, bei Haus Recke einbiegen.
Parken: unter der Woche 51.370489, 7.860759, sonst hinter der Unterführung parken.
Location: Entlang der Hönne finden Sie genug blühenden Bärlauch.
Weg: Von Binolen folgen Sie dem Wanderzeichen weißes »W« auf grünem Grund bis Burg Klusenstein. Dort befindet sich ein Haltepunkt der Hönnetalbahn. Mit der Bahn können Sie zurück nach Binolen fahren. Achtung: Bei Hochwasser der Hönne ist der Weg nicht passierbar.
Ausstattung: Stativ, Weitwinkel-Zoom, evtl. Polfilter und Grauverlaufsfilter

Parken

Als Höhepunkte in diesem Abschnitt des Weges begeistern die Hönne, Burg Klusenstein, die Klusensteiner Mühle und das Hönnewehr bei Burg Klusenstein. Die Hönne lässt sich hier besonders schön in Szene setzen.

Es liegt ein leichter Duft von Knoblauch in der Luft, Weiß schimmert es durch die Bäume: Sie haben die Bärlauchfelder erreicht. In der Blütezeit des Bärlauchs ein herrlicher Anblick. Leise plätschert die Hönne der Ruhr entgegen. Frisches Grün ziert die Bäume. Unter ihrem Dach blüht der Bärlauch und gedeiht prächtig.

Parken

Location

8 RUNDWEG A0 AUSBLICK 1

Beste Jahreszeit: ganzjährig
Bester Zeitpunkt: Sonnenaufgang und Sonnenuntergang
Anfahrt: »58802 Balve, In der Amecke 6« ins Navi eingeben. Sie gelangen zu den Parkplätzen des TCH Balve.
Parken: Parkplatz Tennisplatz: 51.334166, 7.848357
Location: Aussichtspunkt am Höhweg: 51.343906, 7.828606
Weg: Vom Parkplatz biegen Sie links auf den Waldweg ein und steigen ein Stück bergauf. Am ersten Abzweig geht es nach rechts, die ersten Meter steil bergauf dann eben über einen Wiesenweg bis zu einem asphaltierten Sträßchen, dem Sie bergauf bis zur Schranke folgen. Nach der Schranke folgen Sie rechts den Zeichen mit dem weißen »W« auf grünem Grund und »<>«. Sie befinden sich auf dem Höhweg und folgen diesem Weg, bis Sie auf das Wanderzeichen »X« (»X18«) treffen. Sie folgen den Zeichen »X«, »G«, »A0«, bis sich »G« und »A0« nach links wenden. Weiter geht es mit »A0« bis zur Schranke. Kurz vor der Schranke zweigt ein nicht markierter Wiesenweg nach links ab. Der Weg führt zum Parkplatz zurück. Die Gehzeit beträgt ca. 100 Minuten.
Ausstattung: Stativ, Weitwinkel-Zoom, Grauverlaufsfilter, evtl. Fernauslöser

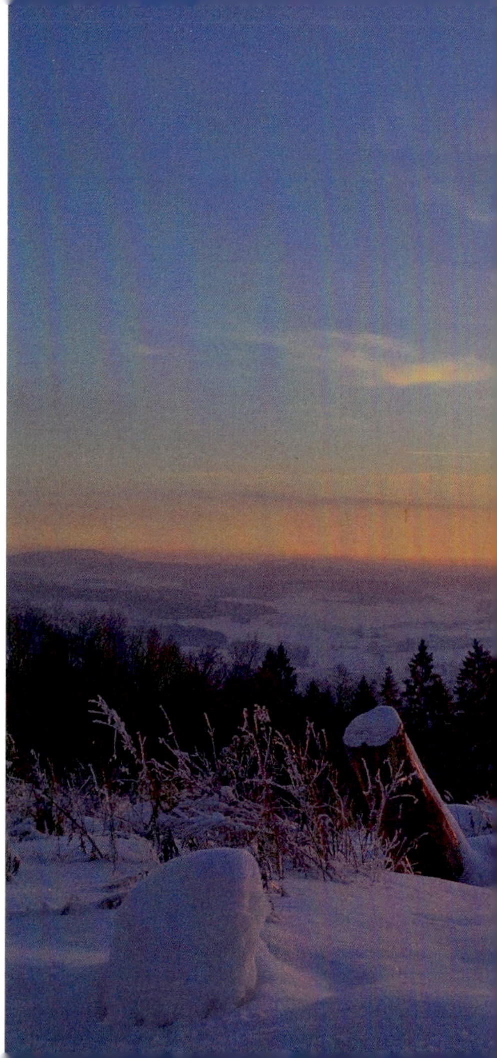

Sonnenuntergang am Balver Rundweg AO
Olympus E30 · 12–60 mm · f/5 · 19 mm · 1/1000 s · ISO 200

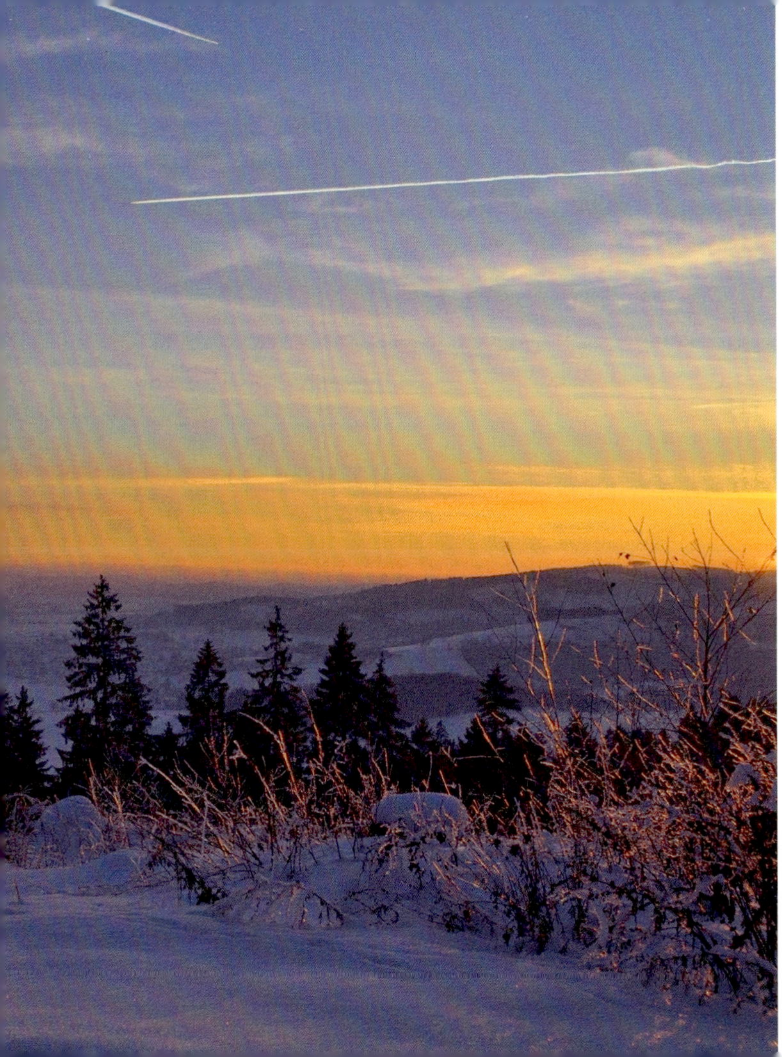

Der Rundweg A0 zeichnet sich durch zahlreiche schöne Aussichten aus. Nach dem Orkan Kyrill im Jahre 2007 lagen hier die Fichten kreuz und quer durcheinander. Jetzt hält der Borkenkäfer reiche Ernte, sodass neue Freiflächen entstehen, die Ihnen weite Blicke ins Land eröffnen. In der Dämmerung ergeben sich hier von den Höhen mit weiten Blicken in die Homert oft schöne Farbstimmungen.

Auf dem Bild links hatte sich eine dicke Schneedecke über das Sauerland gelegt. Ein normaler Spaziergang war nicht möglich, weil der Schnee zu hoch auf den Wegen lag. Gott sei Dank hatte ein Traktor eine Fahrt auf dem Rundweg A0 und dem Höhweg unternommen, sodass eine anstrengende Tour doch möglich wurde. Langsam neigte sich der Tag dem Ende zu. Die untergehende Sonne färbte den Himmel langsam mit Orangetönen ein – ein herrliches Farbspektakel!

Location

RUNDWEG A0 AUSBLICK 2

Beste Jahreszeit: ganzjährig
Bester Zeitpunkt: morgens
Anfahrt: siehe Seite 50
Parken: siehe Seite 50
Location: 51.339968, 7.845580
Weg: siehe Ausblick 1
Ausstattung: Stativ, Weitwinkel-Zoom, Grauverlaufsfilter

Wenn Sie vom Wiesenweg zum asphaltierten Sträßchen gelangen, können Sie einen kurzen Abstecher nach rechts machen. Sobald Sie aus dem Wald herauskommen, haben Sie einen sehr guten Überblick über Balve. Von dort oben sehen Sie auch die schöne St. Blasius-Kirche mit ihrer runden Kuppel. Wenn Sie noch Zeit haben, sollten Sie dem Ensemble rund um die Kirche einen Besuch abstatten. Parkplätze finden Sie in der Nähe.

Auf dem Bild rechts war es noch früh am Morgen und natürlich bitterkalt. Die Sonne war gerade aufgegangen und beleuchtete die Szenerie von der Seite. Die Aussicht in die Homert war in diffuses Licht getaucht. Auch der Himmel wurde von flachen Wolken verdeckt, sodass nur ein wenig Blau zu sehen war. Dank Kyrill ergab sich diese schöne Aussicht an diesem Rundweg.

Sonnenaufgang am Balver Rundweg A0
Olympus E-M1 · 12–40 mm · f/9 ·
12 mm · 1/60 s · ISO 200

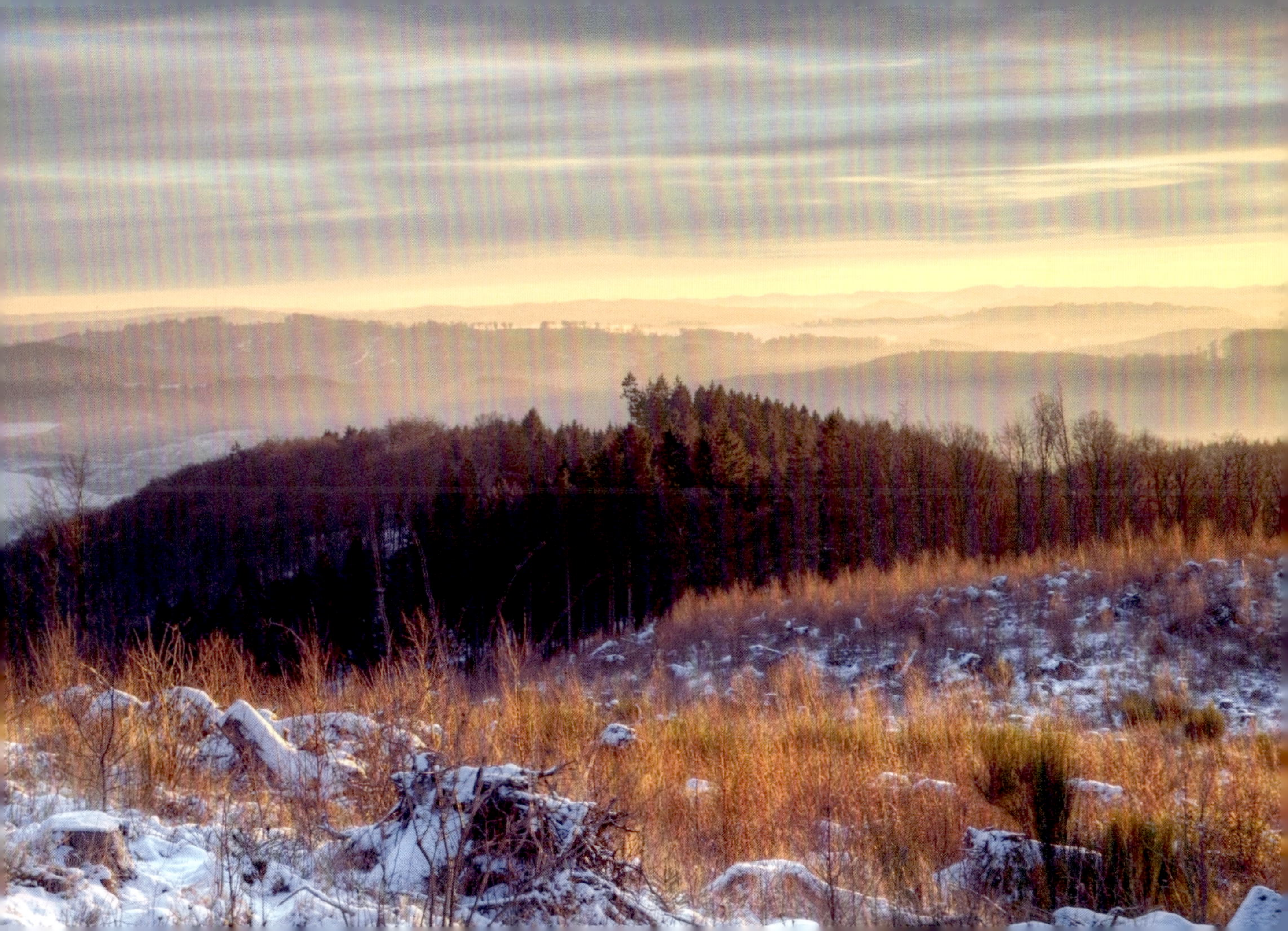

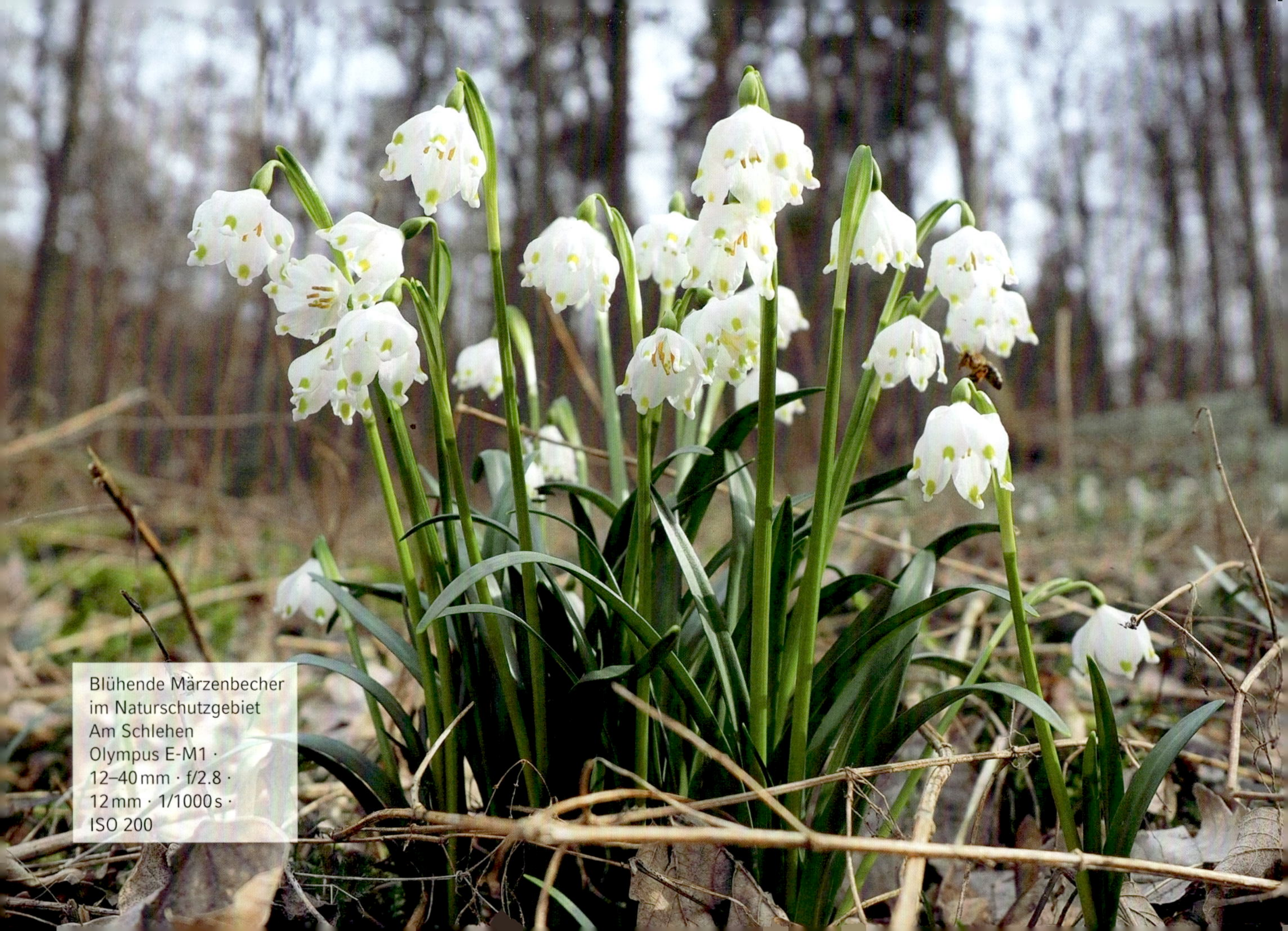

Blühende Märzenbecher
im Naturschutzgebiet
Am Schlehen
Olympus E-M1 ·
12–40 mm · f/2.8 ·
12 mm · 1/1000 s ·
ISO 200

9 MÄRZENBECHER-WANDERUNG

Beste Jahreszeit: Mitte März
Bester Zeitpunkt: ganztägig
Anfahrt: »58809 Neuenrade, Am Birnbaum« ins Navi eingeben.
Parken: Wanderparkplatz Am Birnbaum: 51.257959, 7.865250
Location: Naturschutzgebiet Am Schlehen: 51.247555, 7.837539
Weg: Zunächst folgen Sie der Straße abwärts bis zum Feldweg, in den Sie rechts einbiegen. Der Weg beschreibt zunächst einen Linksbogen. Am ersten Abzweig halten Sie sich links, um dann wiederum am ersten Abzweig nach rechts abzubiegen. Dem Weg folgen Sie bis zur Kreuzung (51.251154, 7.855500). An der Kreuzung wandern Sie halbrechts immer bergab bis zum Naturschutzgebiet Am Schlehen. Die Wanderung beträgt ca. 40–45 Minuten bis zu den Märzenbechern. Der Rückweg erfolgt über den Hinweg.
Ausstattung: Stativ, Makro-Objektiv, Weitwinkel-Zoom, evtl. Polfilter und Grauverlaufsfilter

Parken

Location

Mitte März färbt sich der Hang in der Nähe von Schloss Brünninghausen in Plettenberg-Ohle weiß. Dann blühen im Naturschutzgebiet Am Schlehen die Märzenbecher und erfreuen den Wanderer mit ihrer Blütenpracht. Neben den Schneeglöckchen sind dies die ersten Frühlingsboten, die das kommende Frühjahr ankündigen.

TIPP
Bevor Sie ein Bild wie dieses auf den Chip bannen, räumen Sie die Umgebung ein wenig auf. Die Zweige und Blätter wie unten im Bild stören. Gehen Sie vorsichtig zu Werke und verletzen Sie bitte die Pflanzen nicht.

Parken

Location

10 BALVE-EISBORN

Beste Jahreszeit: Herbst, Frühjahr und Winter
Bester Zeitpunkt: abends zum Sonnenuntergang
Anfahrt: »58802 Balve, Friedhofsweg« ins Navi eingeben. Sie parken am Friedhof.
Parken: 51.383540, 7.880712
Location: 51.383254, 7.880712
Weg: Sie folgen dem Friedhofsweg nach Westen. Die einsame Eiche befindet sich links auf der Wiese. Die bessere Variante besteht darin, dass Sie in den ersten nach links führenden Weg einbiegen (Zum Plauderbaum) und dann in den ersten Weg, der nach rechts führt, abbiegen. Die einsame Eiche sehen Sie dann rechts auf der Wiese stehen.
Ausstattung: Stativ, Weitwinkel-Zoom, Grauverlaufsfilter

Einsam, knorrig und ein wenig vom Wind zerzaust steht die alte Eiche auf der Wiese in Eisborn. Selbst der Orkan Kyrill konnte ihr nichts anhaben. Diesen Sturm hat sie unbeschadet überstanden. So blickt sie weiterhin ins Sauerland und wird hoffentlich noch viele spektakuläre Sonnenuntergänge erleben. Wenn die Sonne nach ihrem Untergang die Wolken rot einfärbt, erleben Sie hier oben zusammen mit der alten Eiche traumhafte Sonnenuntergänge.

Neben dieser Aussicht in der Nähe des Friedhofs sollten Sie auch den Aussichtsturm Ebberg besuchen. Er gewährt weite Blicke ins Land. Ebenfalls empfehlenswert ist der Aussichtspunkt Steinbruch in Eisborn.

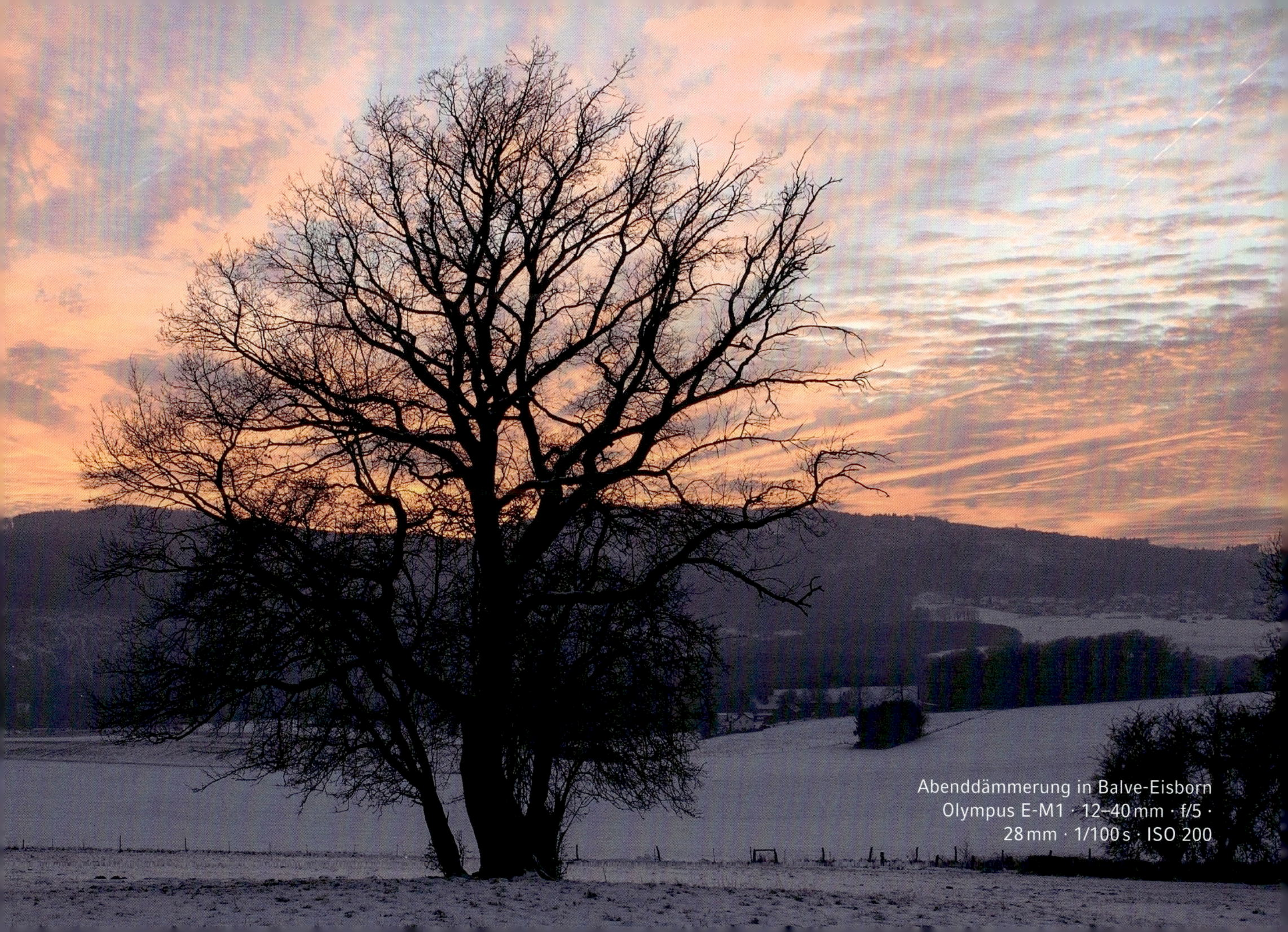

Abenddämmerung in Balve-Eisborn
Olympus E-M1 · 12–40 mm · f/5 ·
28 mm · 1/100 s · ISO 200

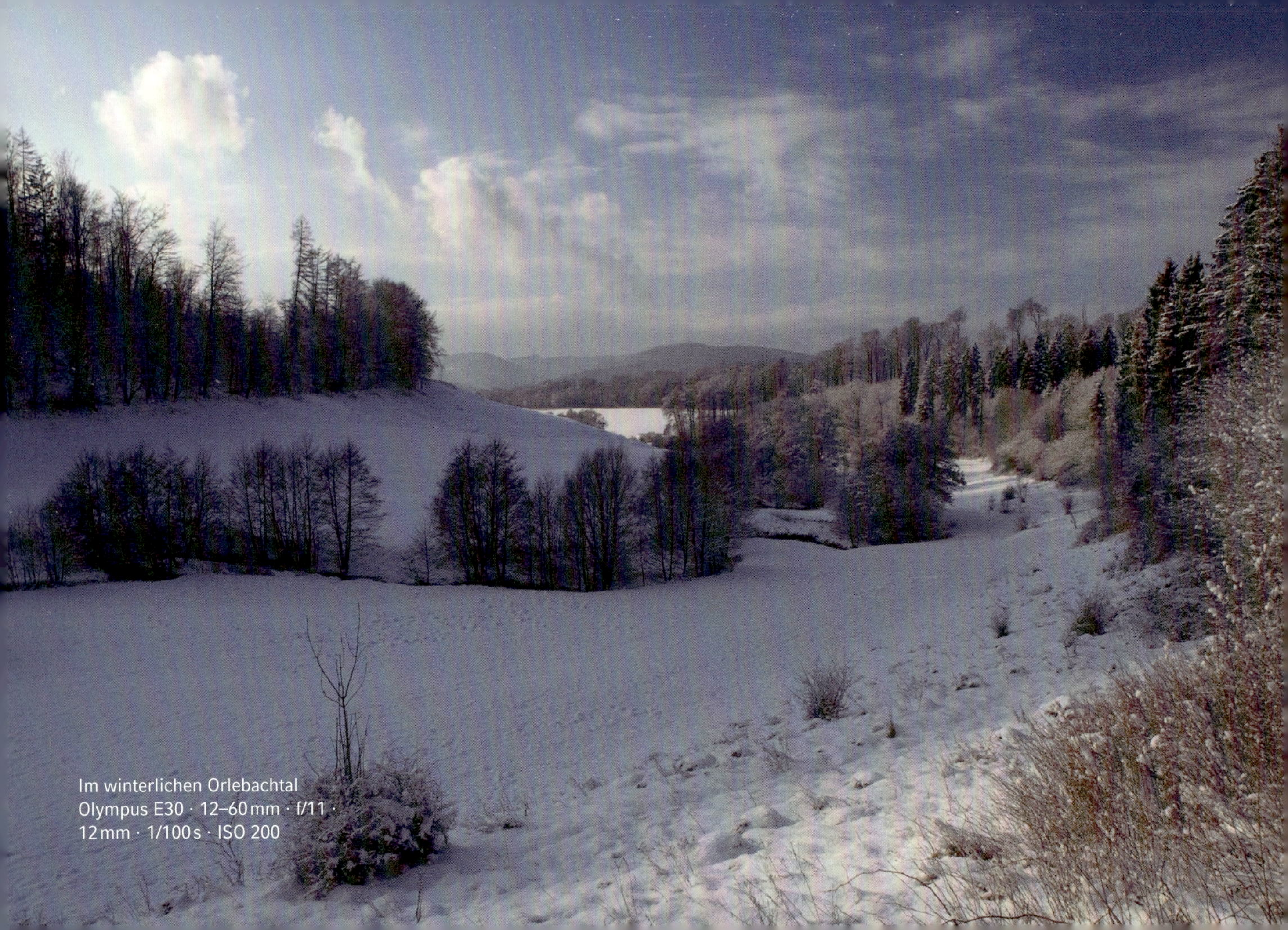

Im winterlichen Orlebachtal
Olympus E30 · 12–60 mm · f/11 ·
12 mm · 1/100 s · ISO 200

11 ORLEBACHTAL

Beste Jahreszeit: ganzjährig
Bester Zeitpunkt: nachmittags, Sonnenuntergang
Anfahrt: »58802 Balve, Wocklum 10« ins Navi eingeben.
Parken: Suchen Sie einen Parkplatz in der Nähe der Luisenhütte Wocklum: 51.337011, 7.882824
Location: 51.340585, 7.902111
Weg: Gehen Sie zurück zur Wocklumer Allee. Sie folgen der Straße nach rechts, gehen über die Kreuzung und lassen die Wohnhäuser rechts liegen. Sie halten sich halblinks und spazieren zwischen Reitställen und Übungsplatz auf die Reitställe zu. Dort geht es nach rechts ins Orlebachtal. Der Rückweg erfolgt über den Hinweg.
Ausstattung: Stativ, Weitwinkel-Zoom, evtl. ein Telezoom für Eisvogel und Wasseramsel

Parken

Location

In den letzten Tagen hatte es geschneit und viele Waldwege waren nur schwer passierbar. Da bot sich ein kleiner Spaziergang von der Luisenhütte Wocklum ins Orlebachtal an. Der Orlebach nutzt den Platz und mäandert durch das liebliche Tal. Im Frühjahr mit dem ersten Grün der Sträucher und Bäume lockt ein Spaziergang. Im Herbst zieht das bunt gefärbte Laub den Fotografen in seinen Bann. Auch die Luisenhütte Wocklum ist ein Foto wert. Das Orlebachtal ist eines der schönsten Mäandertäler im nördlichen Sauerland. Hier finden Sie auch den Eisvogel und Pflanzen wie den Blutwurz. Da das Tal eine Ost-West-Ausrichtung hat, bietet sich ein abendlicher Besuch an.

Parken

Location

12 FRÖNDENBERG, KIEBITZWIESEN AUSBLICK 1

Beste Jahreszeit: nach kalten Winternächten
Bester Zeitpunkt: kurz nach Sonnenaufgang
Anfahrt: »58730 Fröndenberg, Werner-von-Siemens-Straße« ins Navi eingeben. Für alle drei Ausblicke an den Kiebitzwiesen starten Sie vom nachfolgenden Parkplatz aus.
Parken direkt an der Straße: 51.474703, 7.800249
Location: 51.475905, 7.804629
Weg: Sie gehen die Straße bis zum Ende. Links zweigt die Hans-Böckler-Straße ab. Geradeaus führt ein kleiner Feldweg weiter. In diesem Bereich ergeben sich schöne Fotos.
Ausstattung: Stativ, Weitwinkel und auf jeden Fall ein Teleobjektiv für die Vögel

Eigentlich vermutet man in einem Industriegebiet kein sehenswertes Naturschutzgebiet. Die Kiebitzwiesen machen da eine Ausnahme. Die feuchten Ruhrauen jenseits des Industriegebietes wurden unter Naturschutz gestellt. Der Kiebitz wurde hier heimisch. Zahlreiche Gänse und andere Vogelarten leben hier und können bequem fotografiert werden.

In den letzten Dezembertagen, bevor ich das Bild auf der rechten Seite machte, gingen die Temperaturen auf unter null Grad hinunter. Am Morgen war es kalt und von der Sonne erwärmt stieg leichter Dunst aus den feuchten Wiesen auf. Zusammen mit der tief stehenden Sonne, die die alten Bäume anstrahlte, ergab sich eine besondere Lichtstimmung.

Wintermorgen an den Kiebitzwiesen
Olympus E-M5 · 75–300 mm · f/6.3 · 124 mm · 1/400 s · ISO 200

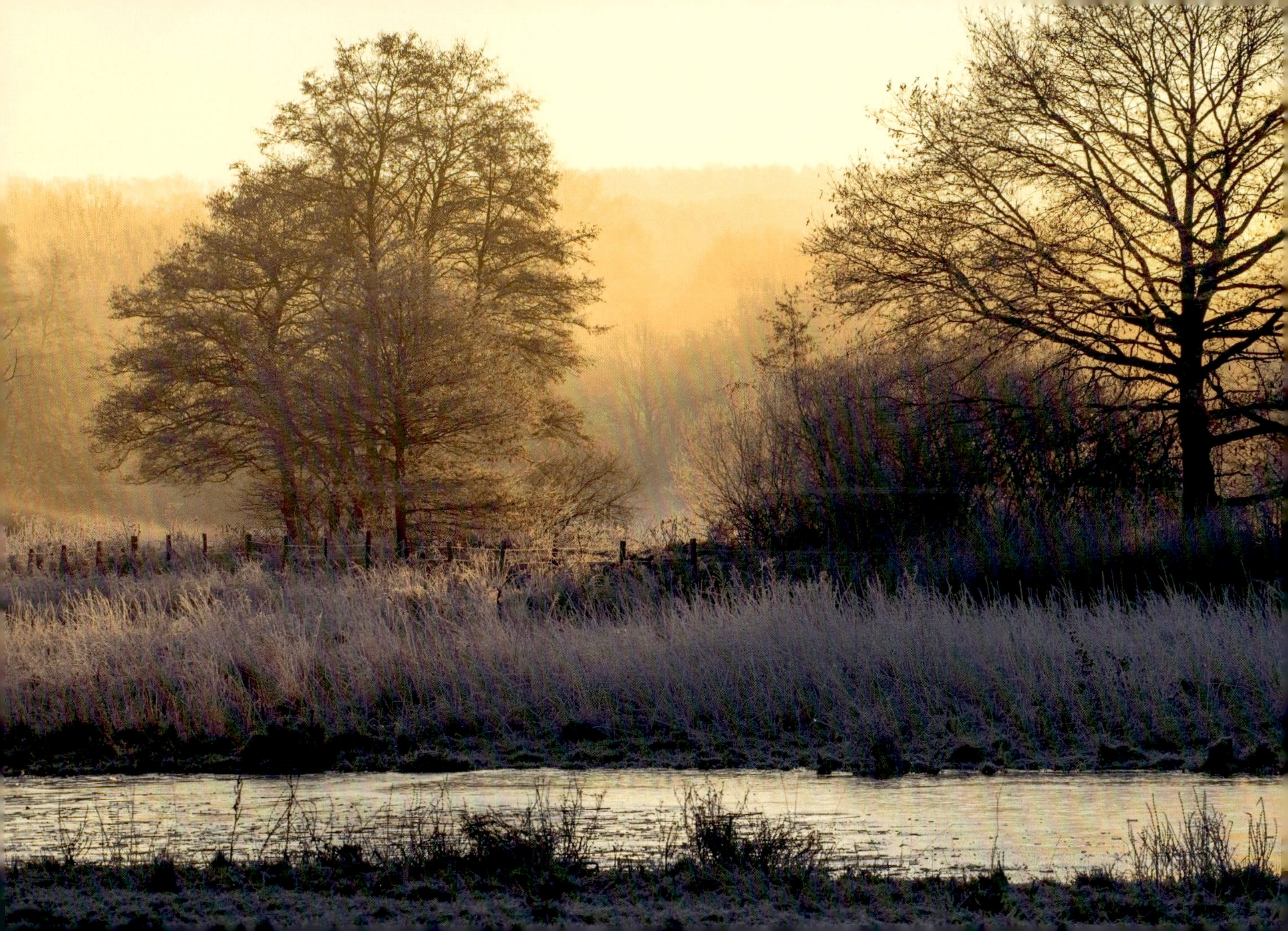

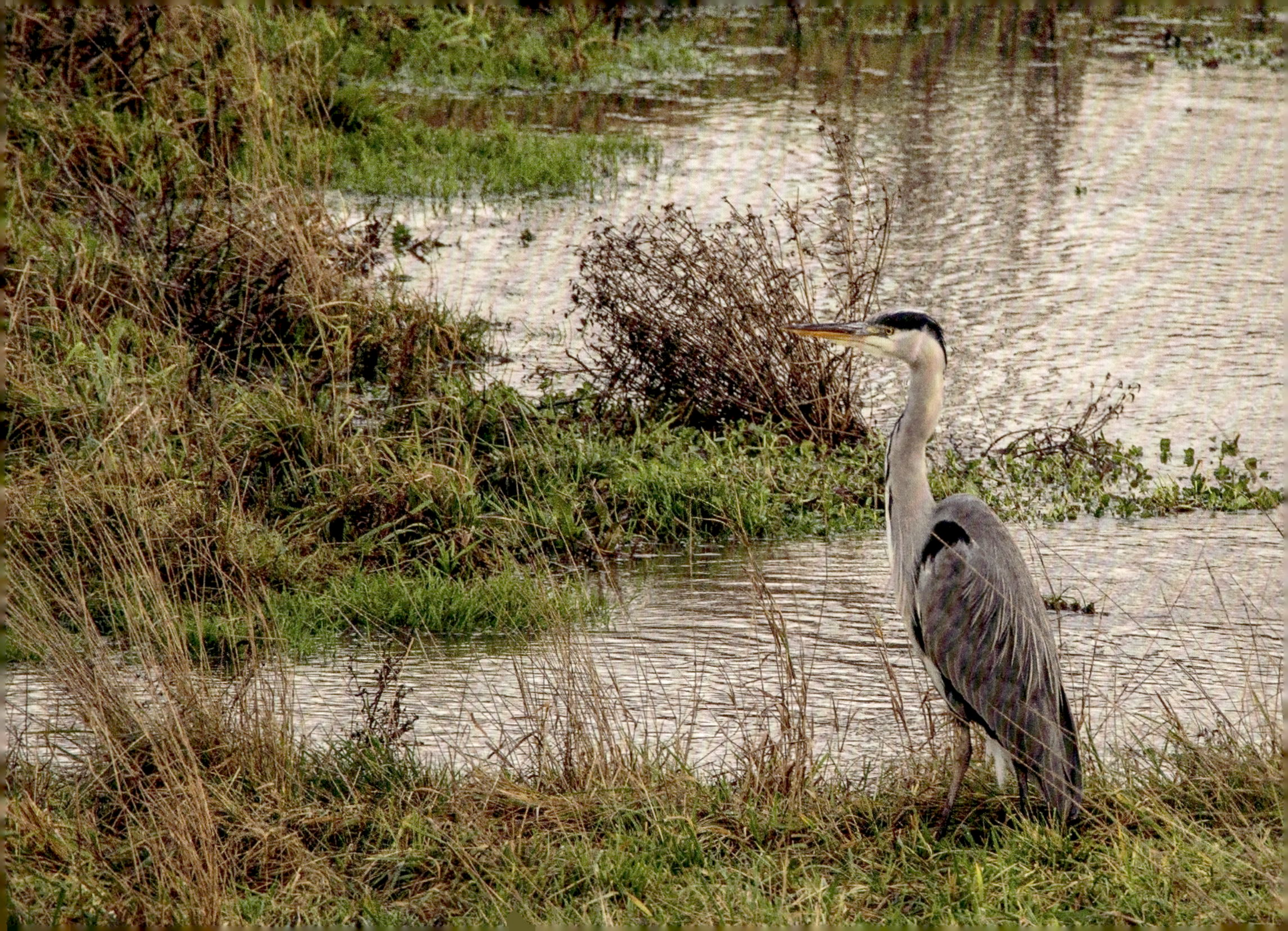

FRÖNDENBERG, KIEBITZWIESEN AUSBLICK 2

Beste Jahreszeit: ganzjährig
Bester Zeitpunkt: am Morgen oder Abend
Anfahrt: »58730 Fröndenberg, Werner-von-Siemens-Straße« ins Navi eingeben.
Parken: siehe Seite 60
Location: 51.473726, 7.800573
Weg: Der Weg führt direkt von der Straße hinauf zum Aussichtspunkt.
Ausstattung: evtl. ein Stativ, auf jeden Fall ein Teleobjektiv

Location

Vom Parkplatz an der Straße bis zum Aussichtspunkt über den Kiebitzwiesen sind es nur wenige Meter. Auf jeden Fall müssen Sie ein Teleobjektiv bereithalten, denn auf dem kurzen Weg bis zum Aussichtspunkt könnte Ihnen der eine oder andere sehenswerte Vogel vor das Objektiv laufen bzw. fliegen. Ein Start von sehr vielen Gänsen ergibt sicherlich ein spektakuläres Foto. Der Graureiher wie auch der Silberreiher besuchen die Wiesen sehr gerne, weil hier leckere Frösche zu finden sind. Auch der Kiebitz, Namensgeber der Wiesen, gibt sich hier gerne ein Stelldichein. Am Aussichtspunkt ist fast ständig Action angesagt. Besonders am Abend, wenn die Gänse von der Futtersuche wieder eintrudeln und auf dem Wasser landen, ergeben sich sehenswerte Szenen. Wenn Sie die startenden oder landenden Vögel fotografieren wollen, denken Sie an kurze Belichtungszeiten und auch daran, den AF-C und die Serienbildfunktion einzustellen (siehe den Tipp-Kasten auf Seite 33).

Der Graureiher wartet auf Beute
Olympus E-M5 · 75–300 mm · f/6.7 · 300 mm · 1/250 s · ISO 200

Location

FRÖNDENBERG, KIEBITZWIESEN AUSBLICK 3

Beste Jahreszeit: ganzjährig
Bester Zeitpunkt: Sonnenuntergang
Anfahrt: »58730 Fröndenberg, Werner-von-Siemens-Straße« ins Navi eingeben.
Parken: siehe Seite 60
Location: 51.473459, 7.821730
Weg: Am Ende der Werner-von-Siemens-Straße folgen Sie dem kleinen Feldweg, der nach einem Linksknick auf die Wickeder Straße zuläuft. Der Straße folgen Sie auf dem Radweg nach rechts bis zur Triftstraße. In diese Straße biegen Sie ein und folgen ihr bis hinter die Wassergewinnungsteiche. Hier ergeben sich vielfach spektakuläre Sonnenuntergänge.
Ausstattung: Stativ, Weitwinkel-Zoom

Ein kleiner Spaziergang am Abend bringt nicht nur Entspannung, sondern es lassen sich auch häufig noch faszinierende Sonnenuntergänge auf den Chip bannen. Dann ist die Freude groß, dass man die Kamera mit dem richtigen Objektiv dabei hat. Hier zeigte mir ein kurzer Blick zurück, dass sich die Sonne zu einem großen roten Ball verfärbt hatte – eine Szenerie wie aus einem Harry-Potter-Film. Da das Gelände eben ist, ergeben sich hier sehr schöne Sonnenuntergänge.

Sonnenuntergang an der Ruhr
Olympus E30 · 50–200 mm · f/4.5 · 182 mm · 1/320 s · ISO 200

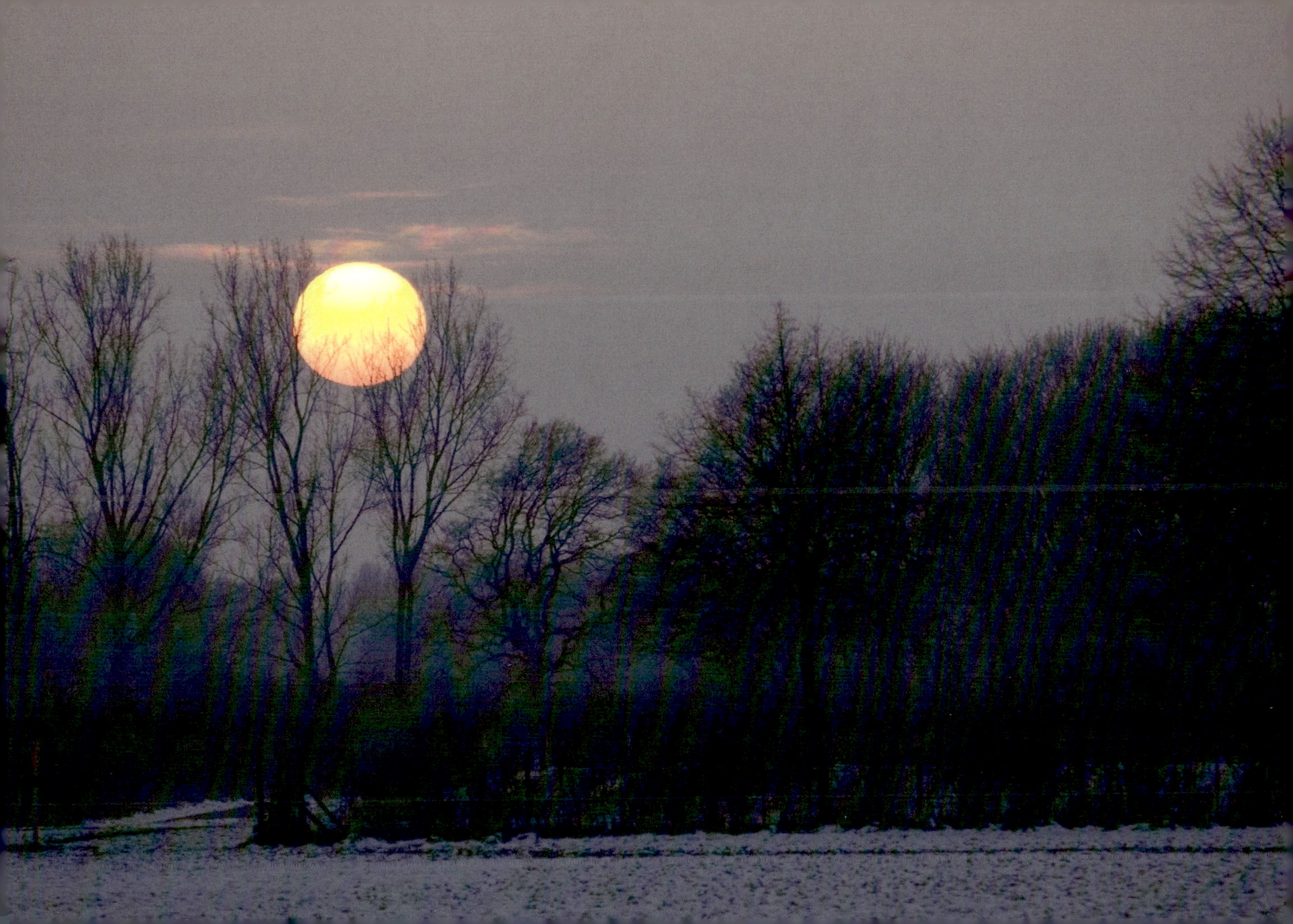

WICHTIG
Schauen Sie beim Fotografieren von Sonnenuntergängen nie direkt in die Sonne. Benutzen Sie stattdessen das Display im Live-View.

Hier wende ich gerne die Drittelregel bei der Bildgestaltung an. Dazu stellen Sie im Kameradisplay die Gitternetzlinien für die Drittelregel ein. Im Foto sollte der Schwerpunkt des Fotos – hier die Sonne – im Achsenkreuz einer horizontalen und vertikalen Linie liegen. Am Beispielbild unten habe ich das einmal schematisch aufgezeigt.

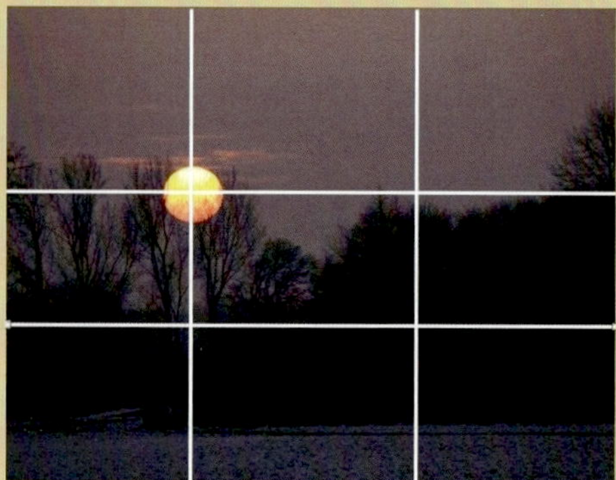

Diese Aufteilung lässt das Foto gefälliger erscheinen als eine mittig platzierte Sonne.

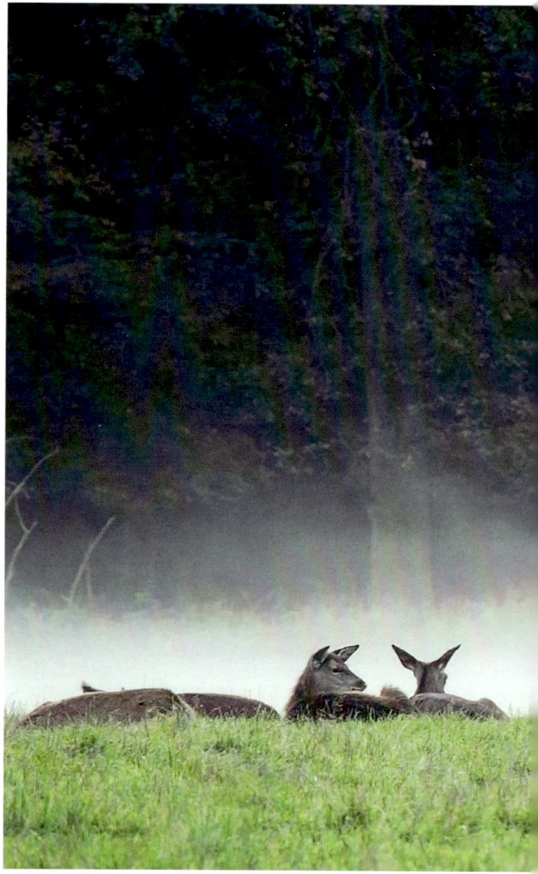

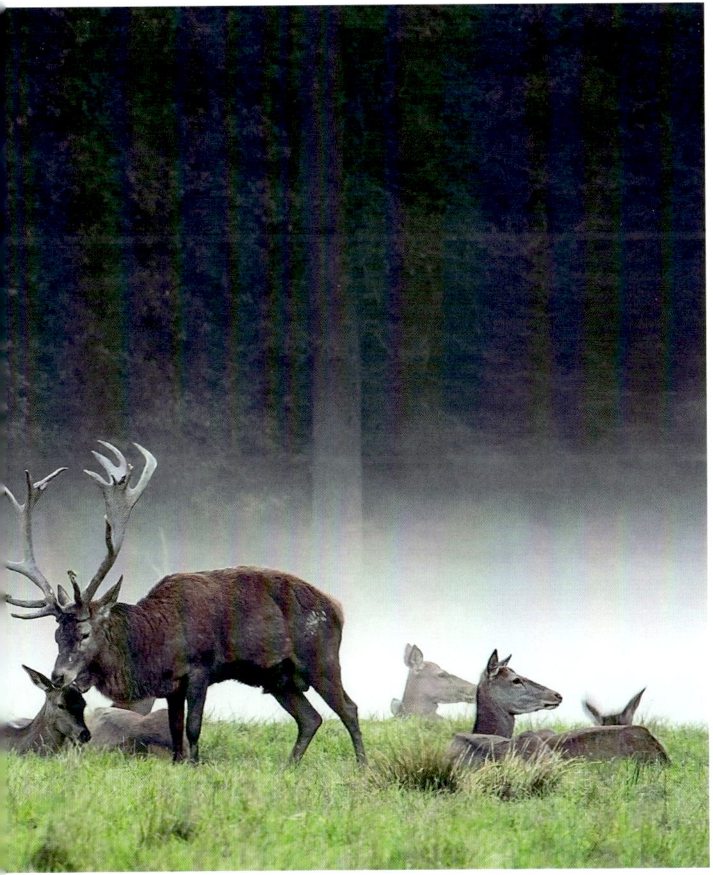

13 WILDWALD VOSSWINKEL

Beste Jahreszeit: Anfang bis Mitte Oktober, Zeit der Hirschbrunft
Bester Zeitpunkt: ab spätem Nachmittag
Anfahrt: »59757 Arnsberg, Bellingsen 5« ins Navi eingeben.
Parken: direkt am Wildwald
Location: im Wildwald Voßwinkel. Am Eingang müssen Sie Eintritt zahlen!
Weg: Der Weg zur Hirschbrunft ist im Wildwald Voßwinkel ausgeschildert.
Ausstattung: Stativ, Weitwinkel-Zoom, Telezoom, evtl. Grauverlaufsfilter

Außer dem Rotwild können Sie hier auch Wildschweine fotografieren.

Öffnungszeiten: 09.00-17:00 Uhr (man kann früher kommen bzw. später gehen)
Eintritt: Erwachsene 5 €, Kinder bis 16 J. 4 €.
Mehr Infos unter *www.wildwald.de*

Location

Der Platzhirsch
Olympus E-M5 · 75–300 mm · f/8 · 300 mm · 1/5 s · ISO 200

Neben einem schönen Wald mit altem Baumbestand können Sie im Wildwald Rot- und Schwarzwild aus der Nähe fotografieren.

Dieses Foto machte ich im Herbst. Die Nächte wurden kühler und aus den feuchten Wiesen im Wildwald steigen abends die ersten Dunstschleier auf. Schon von Weitem vernahm ich das Röhren der Hirsche, die um die Gunst der Hirschkühe warben. Der Platzhirsch war damit beschäftigt, die Konkurrenten auf Distanz zu halten. Ständig wuselte er um seine Kühe herum, damit kein anderer Hirsch sie entführen konnte. Die Hirschkühe hatten sich zur Ruhe niedergelassen.

Location

14 SUNDERN-HÖVEL

Beste Jahreszeit: Herbst, Winter und Frühjahr
Bester Zeitpunkt: morgens
Anfahrt: »59846 Sundern, Wettmarser Weg« ins Navi eingeben. Von dort in westlicher Richtung die B229 weiter fahren und nach einem geeigneten Platz zum Parken und Fotografieren Ausschau halten.
Parken: Suchen Sie sich am Straßenrand eine Stelle zum Parken.
Location: Die vier Fotos für das Panoramafoto auf der gegenüberliegenden Seite wurden vom Straßenrand aus aufgenommen.
Weg: Am Straßenrand eine Stelle zum Parken suchen.
Ausstattung: Weitwinkel-Zoom

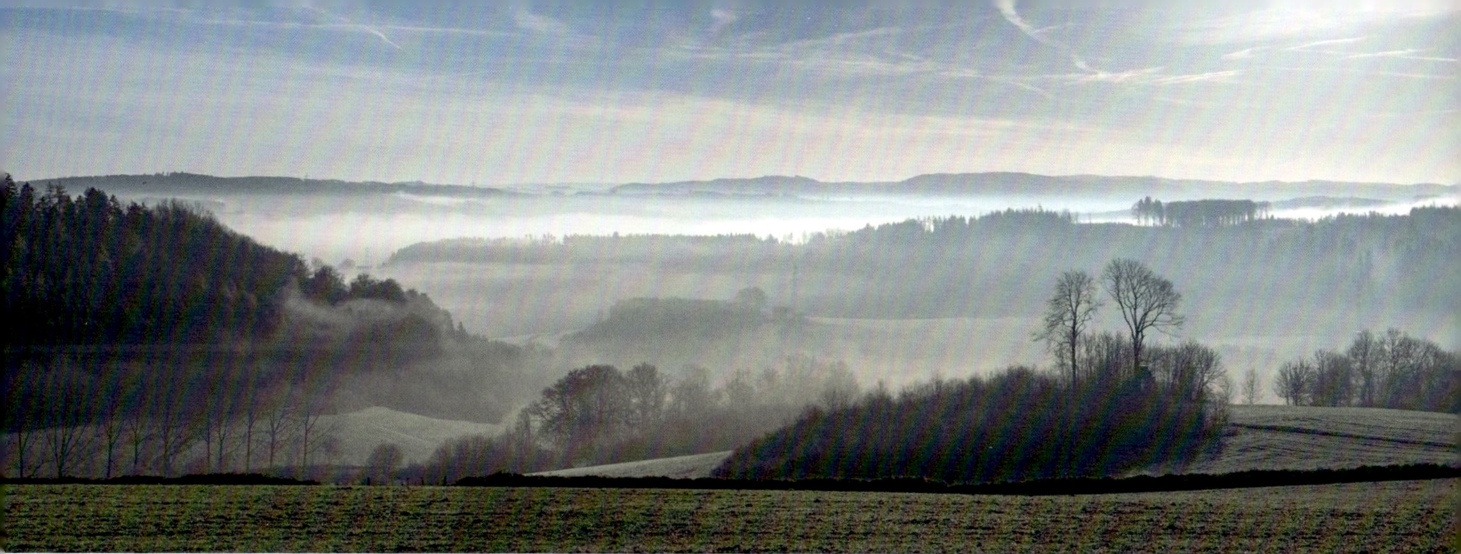

Dem Bild oben war eine kalte Novembernacht vorausgegangen. Der Morgen war auch recht kühl, aber die Sonne hatte noch die Kraft, die feuchten Wiesen zu erwärmen. Aus den Tälern und von den nassen Wiesen stiegen daher Nebelschwaden empor, waberten umher und hüllten die Landschaft in ein diffuses Licht. Am Horizont zeigten sich die Berge der Homert im leichten Dunst. Diese Aussichten werden Sie in der Nähe von Sundern-Hövel auch an anderen Stellen vorfinden.

Panoramafoto in der Nähe von Sundern-Hövel aus vier Einzelbildern
Olympus E-M5 · 12–40 mm · f/9 · 40 mm · 1/2000 s · ISO 250

TIPP

Sie kennen das: Vor Ihnen eine tolle Aussicht, aber Sie haben Ihr Stativ nicht dabei. Aber Sie können ein Panorama auch aus der Hand fotografieren.

Wichtig: Für alle Fotos verwenden Sie die gleichen Kameraeinstellungen, d. h. Sie müssen die Belichtung auf »manuell« stellen. Und Sie sollten die einzelnen Fotos im Hochformat machen, um die Verzerrungen an den Bildrändern gering zu halten.

Schwenken Sie die Kamera in einer Kreisbewegung aus der Hüfte, ruhig und auf gleicher Höhe, während Sie fotografieren (mit mindestens 20 % Überlappung zwischen den Bildern).

Die einzelnen Bilder können Sie dann in einer Software wie *Hugin* (*www.sourceforge.net/projects/hugin/files/latest/download*) zu einem Panorama zusammenfügen.

Im Bild unten sehen Sie das frisch zusammengefügte Bild von Seite 69. Die schwarzen Ränder entfernen Sie durch einen Beschnitt des Bildes.

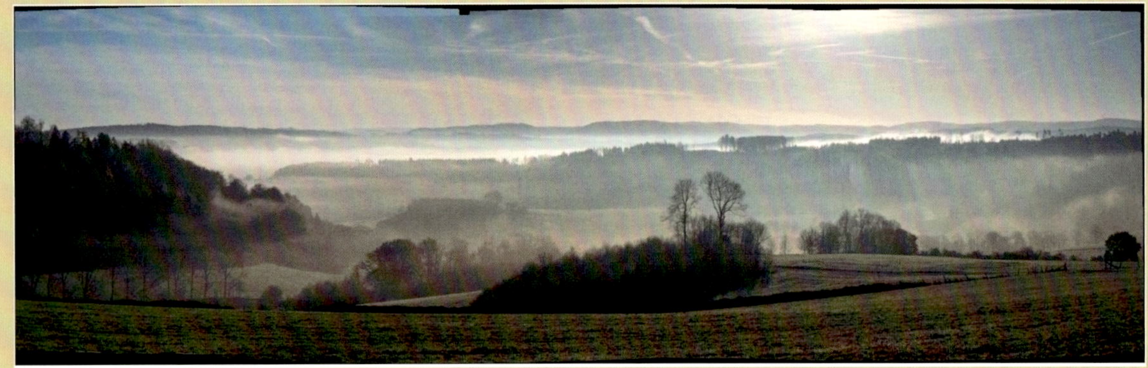

15 WILDEWIESE AUSBLICK 1

Beste Jahreszeit: ganzjährig
Bester Zeitpunkt: Sonnenaufgang und Sonnenuntergang
Anfahrt: »59846 Sundern, Wildwiese 13« ins Navi eingeben. Bitte bei der Rückfahrt Richtung Hönnetal auf den Blitzer kurz vor der Ortschaft Hagen achten. Für die drei Ausblicke starten Sie von diesem Parkplatz aus.
Parken: An der Zufahrtsstraße auf der rechten Seite parken: 51.239174, 7.992142
Location: 51.237464, 7.998751
Weg: Sie gehen vom oberen Ende des Parkplatzes wenige Meter bergauf und biegen halbrechts auf den asphaltierten Wirtschaftsweg ein. Nach kurzer Gehzeit bergauf erreichen Sie schon den Fotopunkt.
Ausstattung: Stativ, Weitwinkel-Zoom, Grauverlaufsfilter, evtl. Fernauslöser

Parken

Location

Wildewiese liegt sehr hoch, sodass es bei entsprechendem Wetter zu Inversionslagen kommt. Im Lennetal hält sich den ganzen Tag zäher Nebel, während auf den Höhen um Wildewiese die Sonne scheint. Um den kleinen Ort kann man sehr schöne Spaziergänge mit herrlichen Aussichten unternehmen und den Sonnenschein genießen, während sich im Tal zäher Nebel hält.

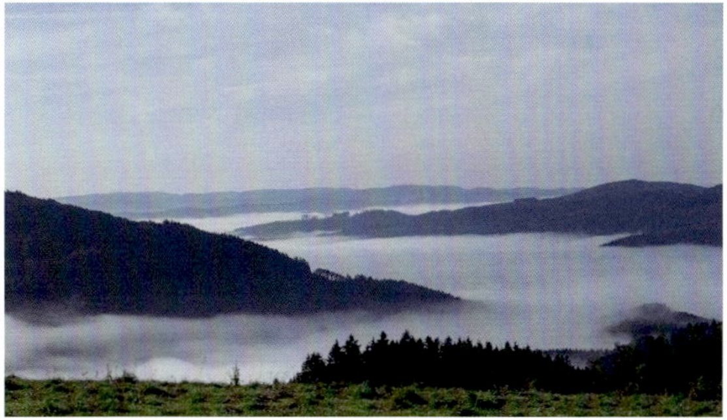

Inversionswetterlage Wildewiese
Olympus E-M5 · 12–40 mm · f/11 · 40 mm · 1/250 s · ISO 200

Location

WILDEWIESE AUSBLICK 2

Beste Jahreszeit: ganzjährig
Bester Zeitpunkt: Sonnenaufgang und Sonnenuntergang
Anfahrt: »59846 Sundern, Wildwiese 13« ins Navi eingeben. Bitte bei der Rückfahrt Richtung Hönnetal auf den Blitzer kurz vor der Ortschaft Hagen achten.
Parken: siehe Seite 71
Location: Aussichtsturm Schomberg: 51.238108, 8.004265
Weg: Sie gehen vom oberen Ende des Parkplatzes wenige Meter bergauf und biegen halbrechts auf den asphaltierten Wirtschaftsweg ein. Nach kurzer Gehzeit bergauf erreichen Sie den schon von Weitem sichtbaren Turm.
Ausstattung: Stativ, Weitwinkel-Zoom, Grauverlaufsfilter, evtl. Fernauslöser

Es sind etliche Stufen, die Sie auf den Aussichtsturm Schomberg hinaufsteigen müssen. Dafür entschädigt Sie die Aussicht. In Richtung Norden haben Sie am Abend Seitenlicht, sodass die Bäume und die Wiese von der Sonne schön konturiert und eingefärbt werden.

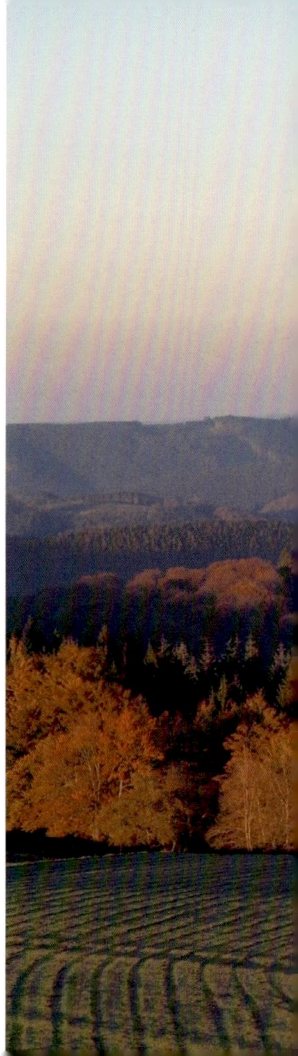

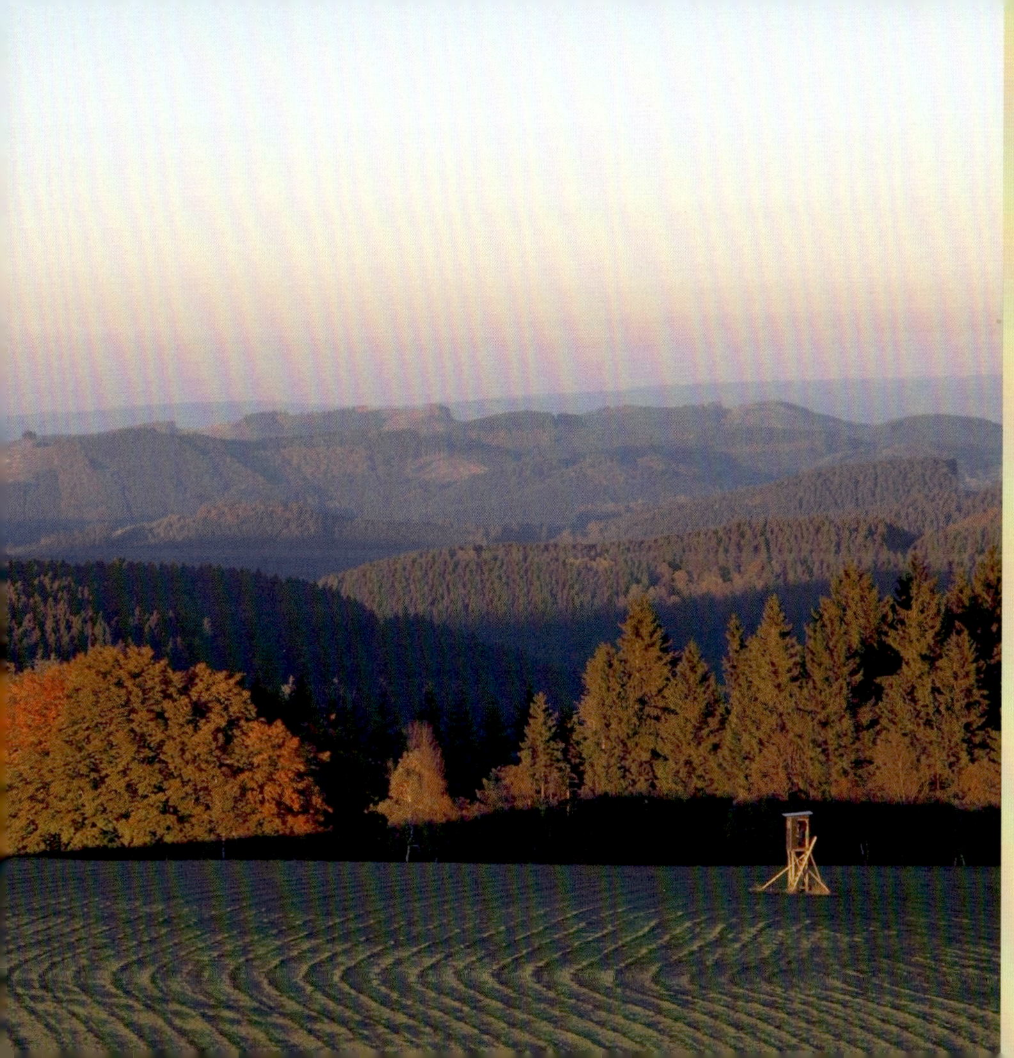

TIPP
Es ist eigentlich ein Foto, dem man auf den ersten Blick wenig abgewinnen kann. Dennoch kann man an diesem Beispiel einige Bildgestaltungselemente erkennen. Die akkurat angeordneten Reihen des gemähten Grases führen den Blick durchs Bild. Der Hochsitz hält das Auge im Bild und das Streiflicht von links hebt das herbstlich gefärbte Laub hervor.

Die Aussicht kurz nach der zweiten Wiesenmahd in Richtung Norden
Olympus E30 · 12–60 mm · f/16 · 55 mm · 1/40 s · ISO 200

WILDEWIESE AUSBLICK 3

Location

Beste Jahreszeit: ganzjährig
Bester Zeitpunkt: Sonnenaufgang und Sonnenuntergang
Anfahrt: »59846 Sundern, Wildwiese 13« ins Navi eingeben. Bitte bei der Rückfahrt Richtung Hönnetal auf den Blitzer kurz vor der Ortschaft Hagen achten!
Parken: siehe Seite 71
Location: Aussichtsturm Schomberg: 51.238108, 8.004265
Weg: Sie gehen vom oberen Ende des Parkplatzes wenige Meter bergauf und biegen halbrechts auf den asphaltierten Wirtschaftsweg ein. Nach kurzer Gehzeit bergauf erreichen Sie den schon von Weitem sichtbaren Turm.
Ausstattung: Stativ, Weitwinkel-Zoom, Grauverlaufsfilter, evtl. Fernauslöser

Wenn Sie die Aussicht im Winter genießen wollen, können Sie davon ausgehen, dass auf dem Aussichtsturm ein frischer Wind weht. Der kann für Sie und Ihre Kamera eine Herausforderung sein. Damals waren es fast –10 Grad, der Akku gab bald auf und als ich die Kamera aus dem noch warmen Rucksack holte, beschlug das Objektiv. Ich musste es schnell trocken wischen, damit es nicht zufror.

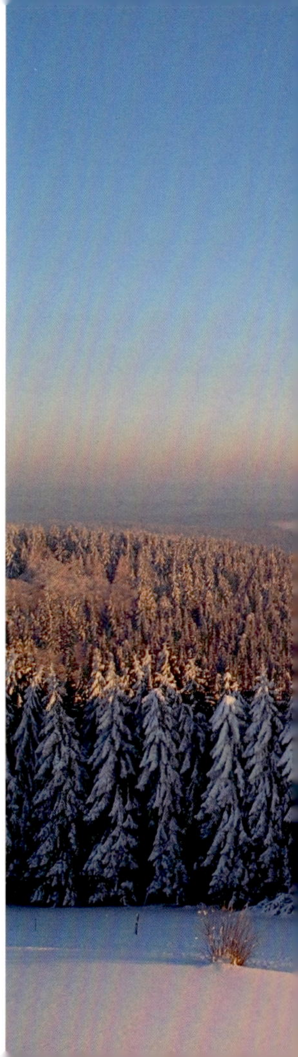

Die Aussicht im Winter in Richtung Süden
Olympus E30 · 12–60 mm · f/13 · 16 mm · 1/80 s · ISO 200

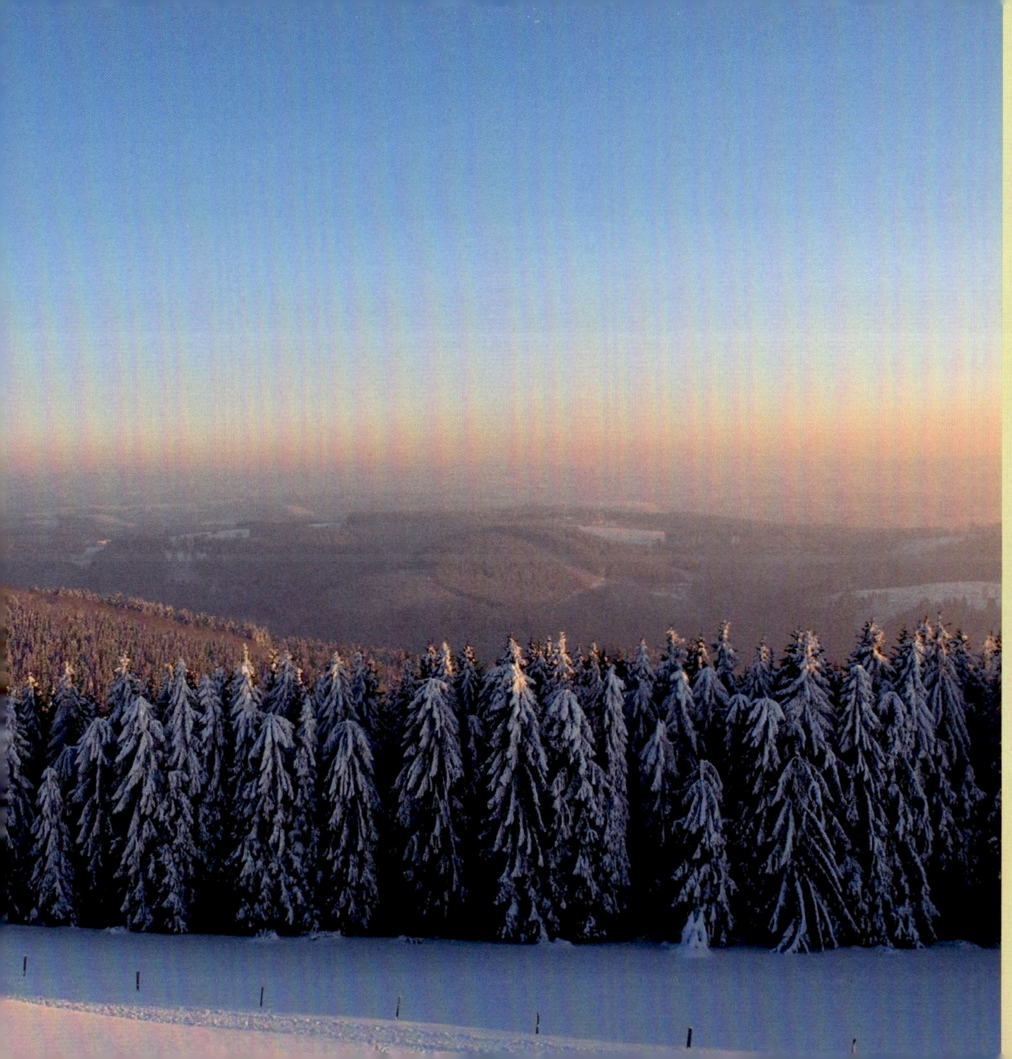

TIPP

Halten Sie einen Ersatzakku an einer warmen, körpernahen Stelle bereit. Hier machte mein Akku in der Kamera nach einigen Aufnahmen schlapp. Die Linse des Objektivs beschlägt auch, wenn sie Kamera und Objektiv ins Warme bringen. Lassen Sie die Kamera sich dann langsam akklimatisieren (etwa in der geschlossenen Fototasche), um Kondenswasserbildung zu vermeiden. Es hat einige Zeit gedauert, bis die E30 danach in der Wohnung wieder aufgetaut und einsatzfähig war. So tiefe Temperaturen mochte diese Kamera nicht.

Im Tal der Fretter
Olympus OMD E-M1 MIII ·
12–100 mm · 17 mm · f/5.6 ·
17 mm · 1/640 s · ISO 200

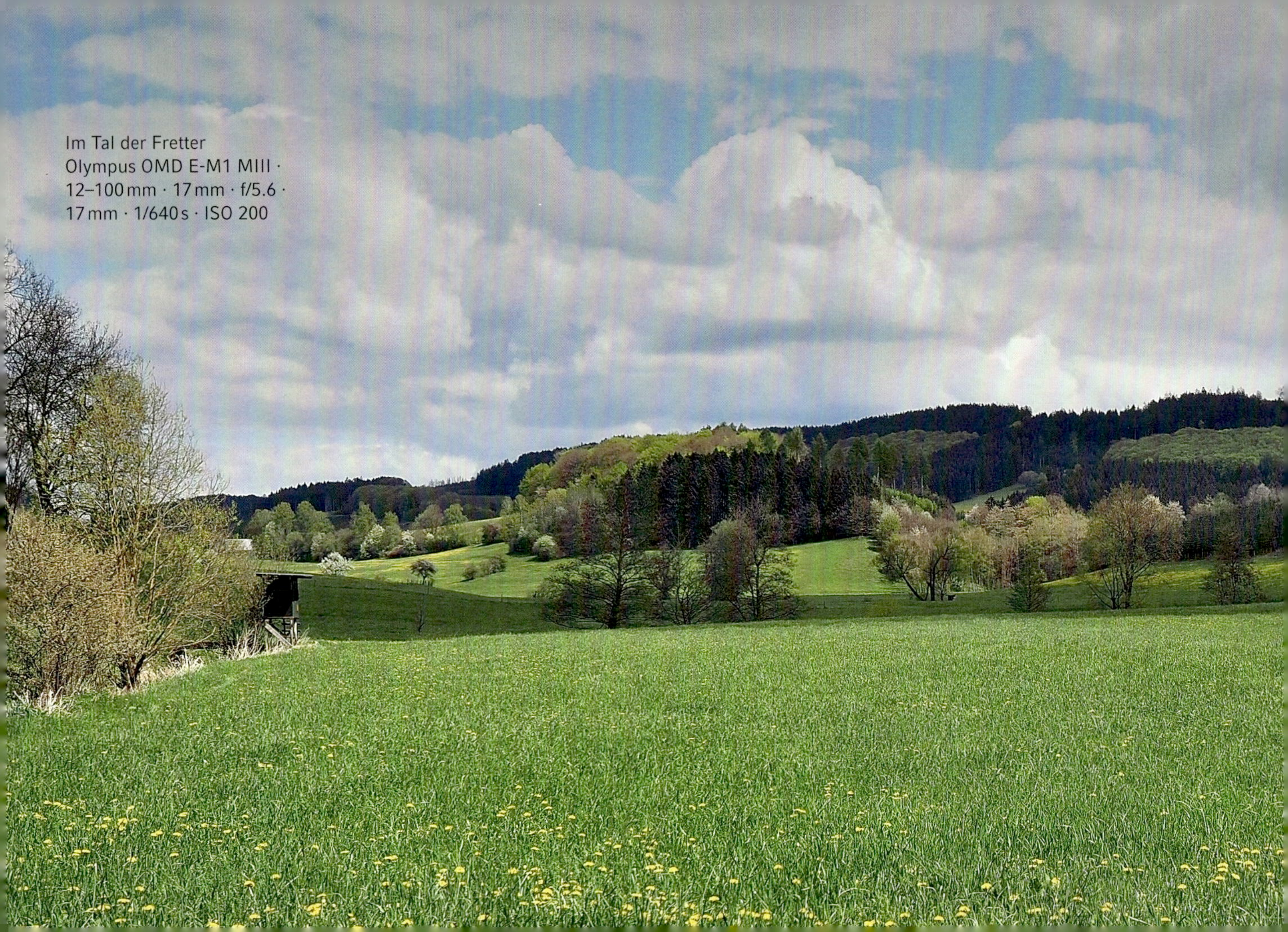

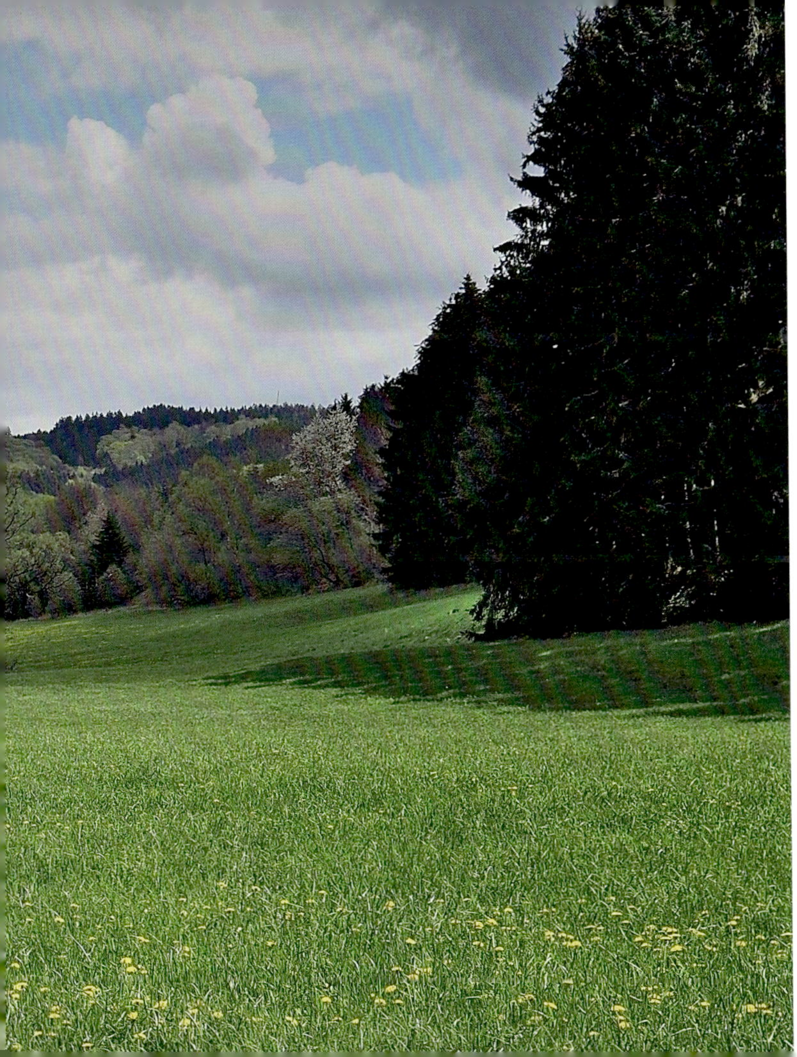

DIE HOMERT RUND UM ESLOHE

TOUR 2

Der Sorpesee gehört ebenso in diese abwechslungsreiche Landschaft wie bizarre Felsformationen und sanfte Hügel. Im nördlichen Bereich der Homert werden Sie auch zahlreiche Tropfsteinhöhlen vorfinden. In den meisten ist das Fotografieren allerdings verboten.

Am Hennesee können Sie im Sommer baden und segeln, wenn Sie ein Segelboot dort Ihr Eigen nennen oder eine Badehose im Rucksack haben.

Mit 656,1 m über Meeresniveau überragt die Homert, die auch gleichzeitig der Namensgeber dieser Region ist, die Berge dieser Landschaft. Die Gegend mit Grevenstein als Heimat einer großen Brauerei bietet zahlreiche fotografische Höhepunkte.

Auf dem kurzen Weg von Bracht nach Herschede können Sie weite Aussichten genießen, die in Richtung Osten gehen. Diese Standorte eignen sich für Sonnenaufgangs- und Sonnenuntergangsfotos.

Sanfte Täler mit mäandernden Bächen prägen diese Landschaft. Mischwälder ziehen sich an den Hängen der Hügel entlang. Manche Anstiege zu den Höhen der Berge treiben Schweißperlen auf Ihre Stirn. Oben angekommen werden Sie oft mit weiten Blicken über die Berge der Homert belohnt. Haben Sie dann noch einen freien Blick nach Osten mit der aufgehenden Sonne und sanften Nebelschleiern in den Tälern, wird Ihr Fotografenherz höher schlagen.

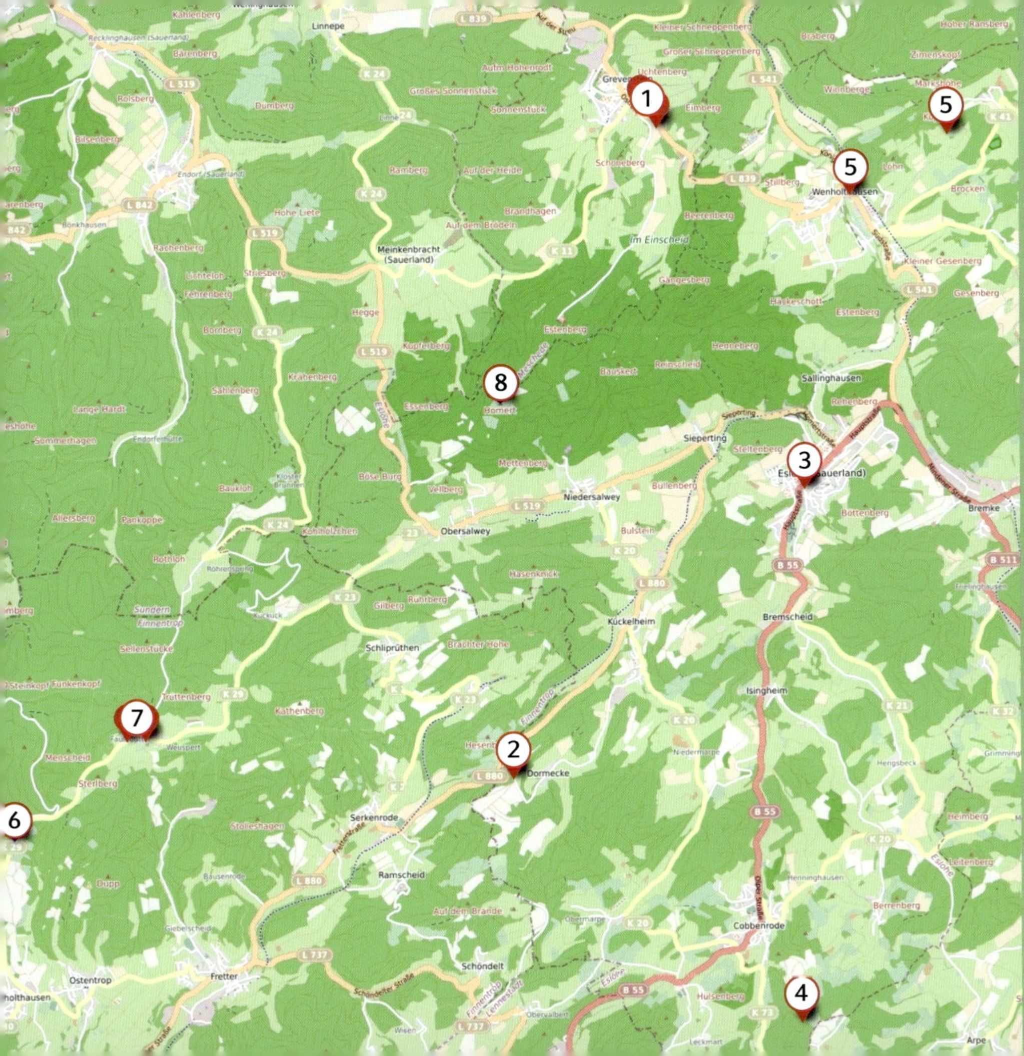

DIE HOMERT RUND UM ESLOHE

TOUR 2

1 GREVENSTEIN

2 DORMECKE

3 ESLOHE

4 BRACHT-HERSCHEDE

5 WENHOLTHAUSEN-OESTERBERGE

6 WÖRDEN

7 FAULEBUTTER

8 SAUERLANDBLICK

Parken

Location

1 GREVENSTEIN AUSBLICK 1

Beste Jahreszeit: ganzjährig
Bester Zeitpunkt: Sonnenaufgang und Sonnenuntergang
Anfahrt: »59872 Meschede, Ostfeld 5« ins Navi eingeben.
Am Schützenhaus befindet sich auch ein Wanderparkplatz.
Parken: 51.300712, 8.132353
(Am Wochenende des Schützenfestes können Sie dort nicht parken.)
Location: Startpunkt der Wanderung: 51.299127, 8.134936
Weg: Vom Parkplatz biegen Sie nach rechts in Richtung Veltins-Brauerei ab. Dann treffen Sie auf eine Wandertafel, auf der auch das Wanderzeichen »G1« angegeben ist. Diesem Zeichen folgen Sie nun. Der Rundweg führt Sie nach etwa einer Stunde zurück zum Parkplatz.
Ausstattung: Stativ, Weitwinkel-Zoom

Die Wanderwege um Grevenstein führen Sie durch eine bezaubernde Landschaft. Aus den schönen Wanderungen um Grevenstein habe ich den Wanderweg »G1« ausgesucht, weil er beispielhaft herrliche Eindrücke von dieser schönen Gegend vermittelt und nicht viel Zeit beansprucht. Da der Weg zahlreiche Fotopunkte bietet, habe ich nur den Startpunkt angegeben. Fahren Sie nach Grevenstein und erleben Sie die wunderschöne Homert. Für eine Führung in der Veltins-Brauerei müssen Sie sich allerdings vorher um einen Termin bemühen.

Blick auf Grevenstein und die umliegenden Höhen
Olympus OMD E-M1 MIII · 12–40 mm · f/18 · 12 mm · 1/80 s · ISO 200

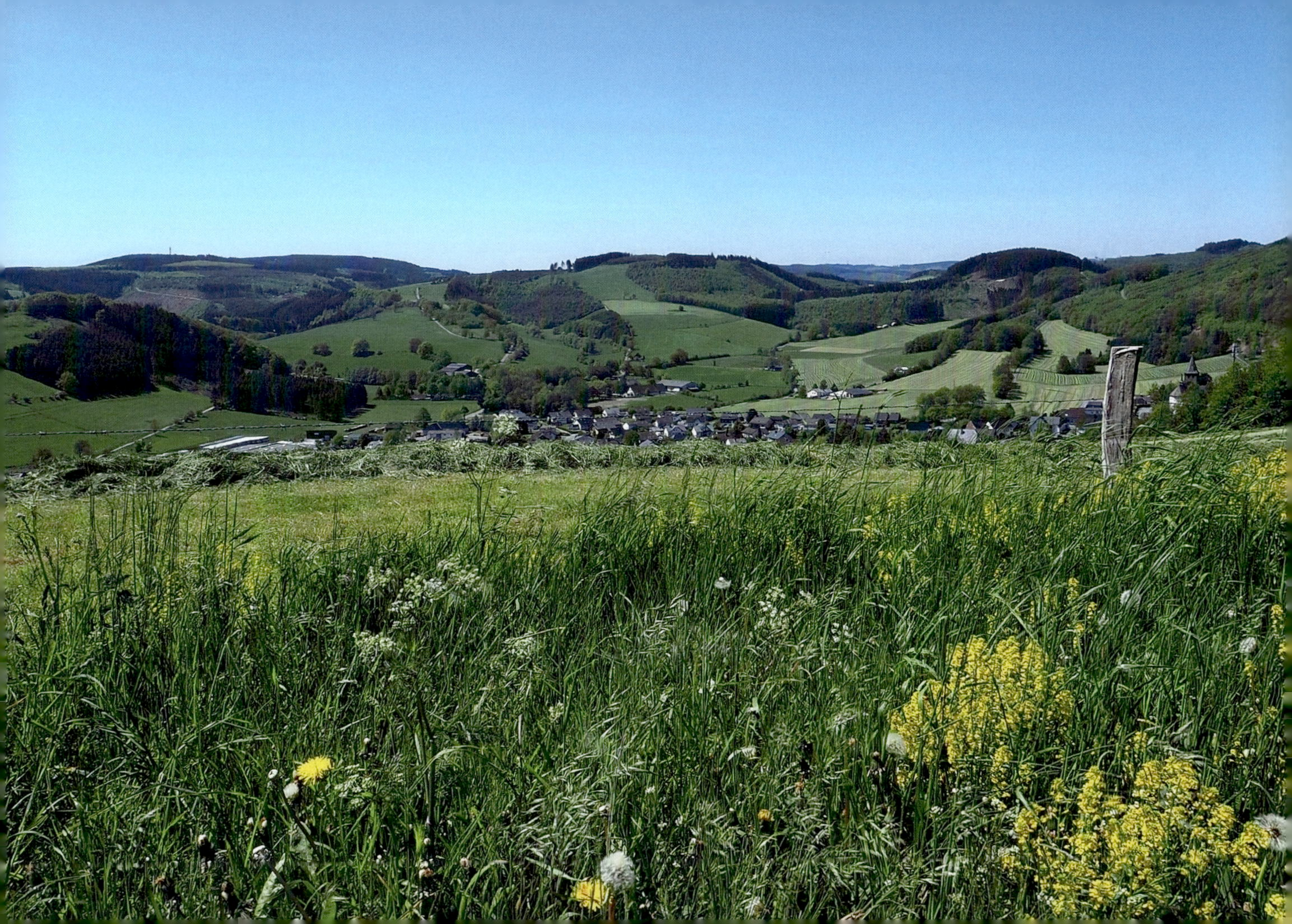

Parken

Location

GREVENSTEIN AUSBLICK 2

Beste Jahreszeit: ganzjährig
Bester Zeitpunkt: ganztägig
Anfahrt: »59872 Meschede, Ostfeld 36« ins Navi eingeben. Auf dem Parkplatz gegenüber dem Friedhof parken.
Parken: 51.298315, 8.137110
Location: 51.297292, 8.138181
Weg: Sie folgen der Straße Ostfeld vom Friedhof in Richtung Wenholthausen. Die Kapelle befindet sich etwa 80 m entfernt auf der linken Seite. Achten Sie beim Überqueren der Straße auf den Verkehr.
Ausstattung: Stativ, Weitwinkel-Zoom

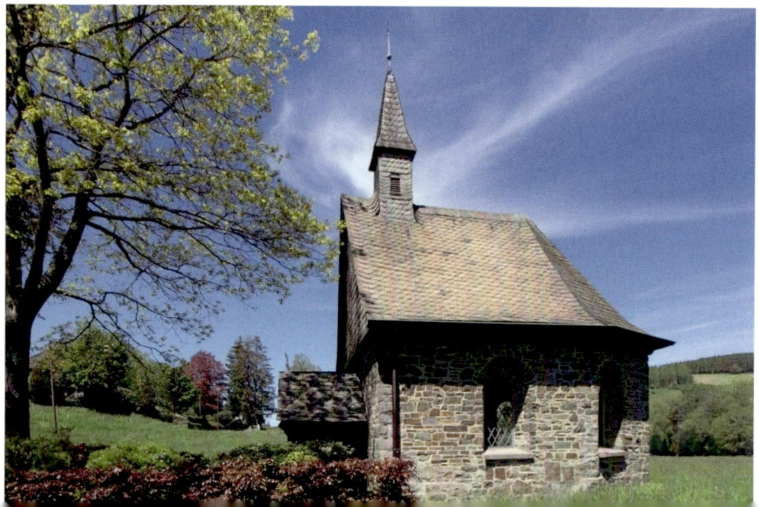

Die Kapelle zu Ehren der 14 Nothelfer wurde im Jahre 1728 vom Pfarrer Franz Becker errichtet. Es handelt sich um einen Bruchsteinbau mit einem Vordach auf Holzpfosten. Im Innenraum befindet sich ein Barockaltar, um den die 14 Figuren der Nothelfer an den Wänden gruppiert sind. Die Kapelle ist denkmalgeschützt.

Die Nothelfer-Kapelle
Olympus E-M1 · 9–18 mm · f/5.6 · 9 mm · 1/640 s · ISO 200

2 DORMECKE

Beste Jahreszeit: ganzjährig
Bester Zeitpunkt: Sonnenaufgang; der Blick geht in Richtung Osten.
Anfahrt: »59889 Eslohe, Dormecke«
Parken und Location: 51.217323, 8.108192
Weg: Sie parken am Straßenrand der schmalen Zufahrtsstraße nach Dormecke. Hier ist eine kleine Ausbuchtung an einer Weihnachtsbaumkultur. Auf der Bank können Sie rasten und den weiten Blick in die Landschaft genießen.
Ausstattung: Stativ, Weitwinkel-Zoom

Parken & Location

An dieser Stelle sollten Sie ein Panoramafoto ins Auge fassen (siehe Seite 70). Wenn am Morgen die Sonne in der Ferne hinter den Hügeln aufgeht, die Blätter der Buchen und Sträucher bunt eingefärbt sind, wird das Foto noch imposanter. Ende Oktober könnte es so weit sein. Aber auch im Frühjahr, wenn sich das erste Grün an den Bäumen und Sträuchern zeigt und der Löwenzahn blüht, lohnt sich ein Abstecher zu diesem Platz. Da Sie direkt mit dem Auto zum Standort fahren können, dürfte einem Sonnenaufgangsfoto nichts im Wege stehen.

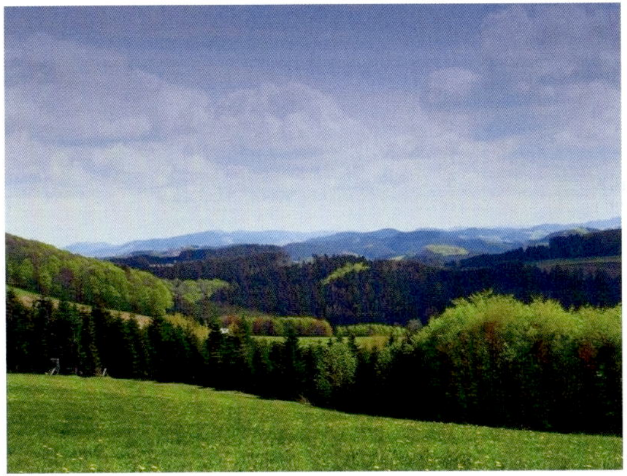

Aussicht oberhalb von Dormecke
Olympus OMD E-M1 MIII · 12–40 mm · f/20 · 31 mm · 1/50 s · ISO 200

Parken & Location

Wanderportal

3 ESLOHE

Beste Jahreszeit: ganzjährig
Bester Zeitpunkt: ganztägig
Anfahrt: »59889 Eslohe, Sormeckestraße« ins Navi eingeben.
Parken und Location: Startpunkt der Wanderung: 51.252782, 8.167993.
Das Wanderportal befindet sich auf der Hauptstraße 15: 51.253388, 8.168158.
Weg: Sie folgen dem Wanderzeichen »E1«.
Ausstattung: Stativ, Weitwinkel-Zoom, evtl. ein Makro-Objektiv

Neben dem »E1« bietet die Region Eslohe zahlreiche weitere Wanderungen an. Auf diesem Weg können Sie die Kapellen St. Jakobus Bremscheid, St. Isidor Niedereslohe und St. Antonius Isingheim fotografieren. Auf den Höhen im zweiten Teil des Weges bieten sich Ihnen schöne Aussichten in die Landschaft. In Eslohe können Sie das DampfLandLeute-Museum besichtigen. Es ist mittwochs bis samstags von 14:00 bis 17:00 Uhr geöffnet. In der Zeit vom 01.11. bis 31.03. öffnet es sonntags von 10:00 bis 13:00 Uhr. Vom 01.04. bis 31.10. hat es sonntags von 10:00 Uhr bis 16:00 Uhr geöffnet. Einige Fachwerkhäuser laden zum Fotoshooting ein. Die Kirche St. Peter und Paul sollten Sie sich auch nicht entgehen lassen. Die Esloher Brauerei befindet sich im St.-Rochus-Weg 1, 59889 Eslohe. Nähere Informationen erhalten Sie unter *www.essel-braeu.de*.

Kirche St. Peter und Paul in Eslohe
Olympus OMD E-M1 MIII · 17 mm · f/5.6 · 1/2 s · ISO 200

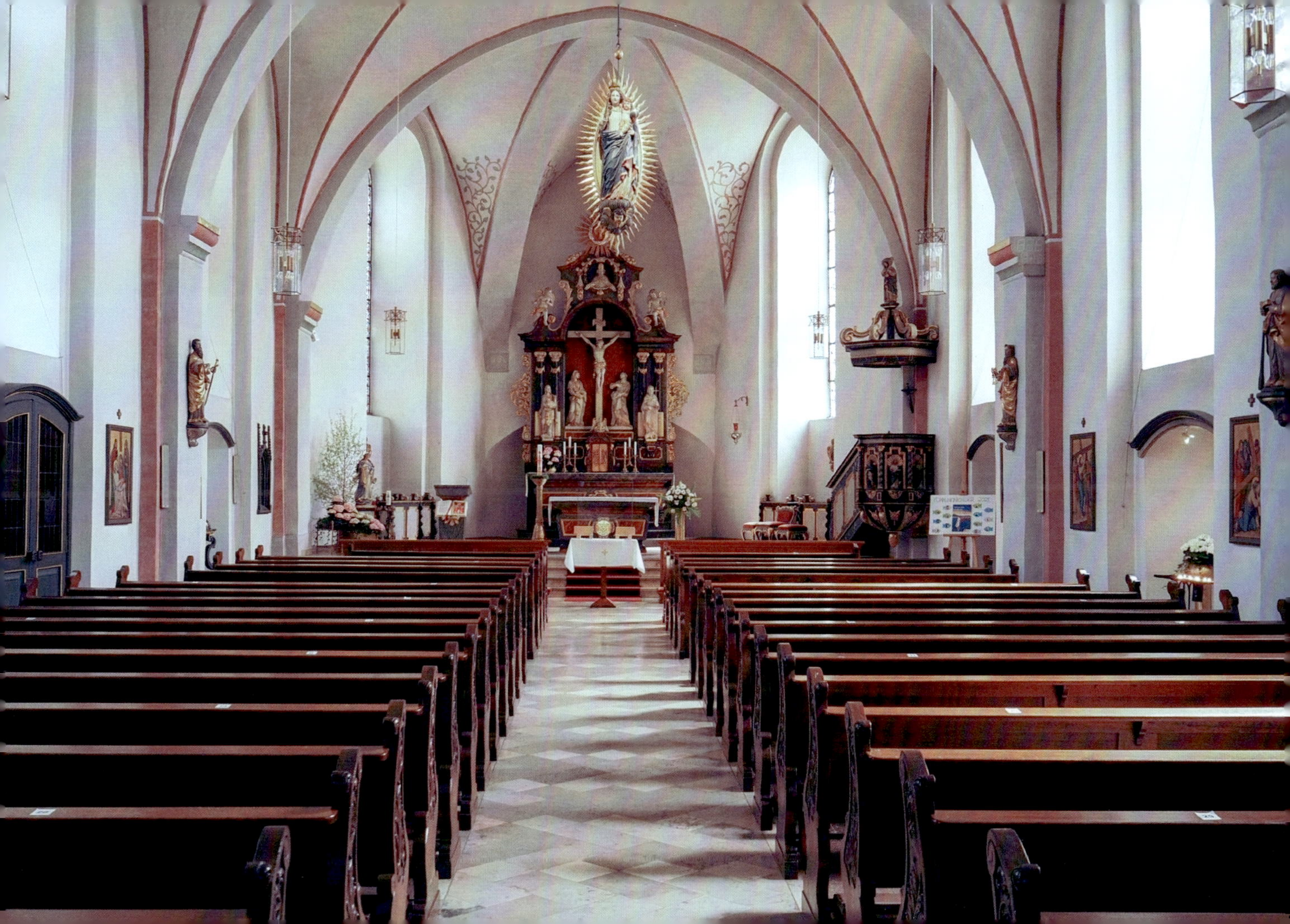

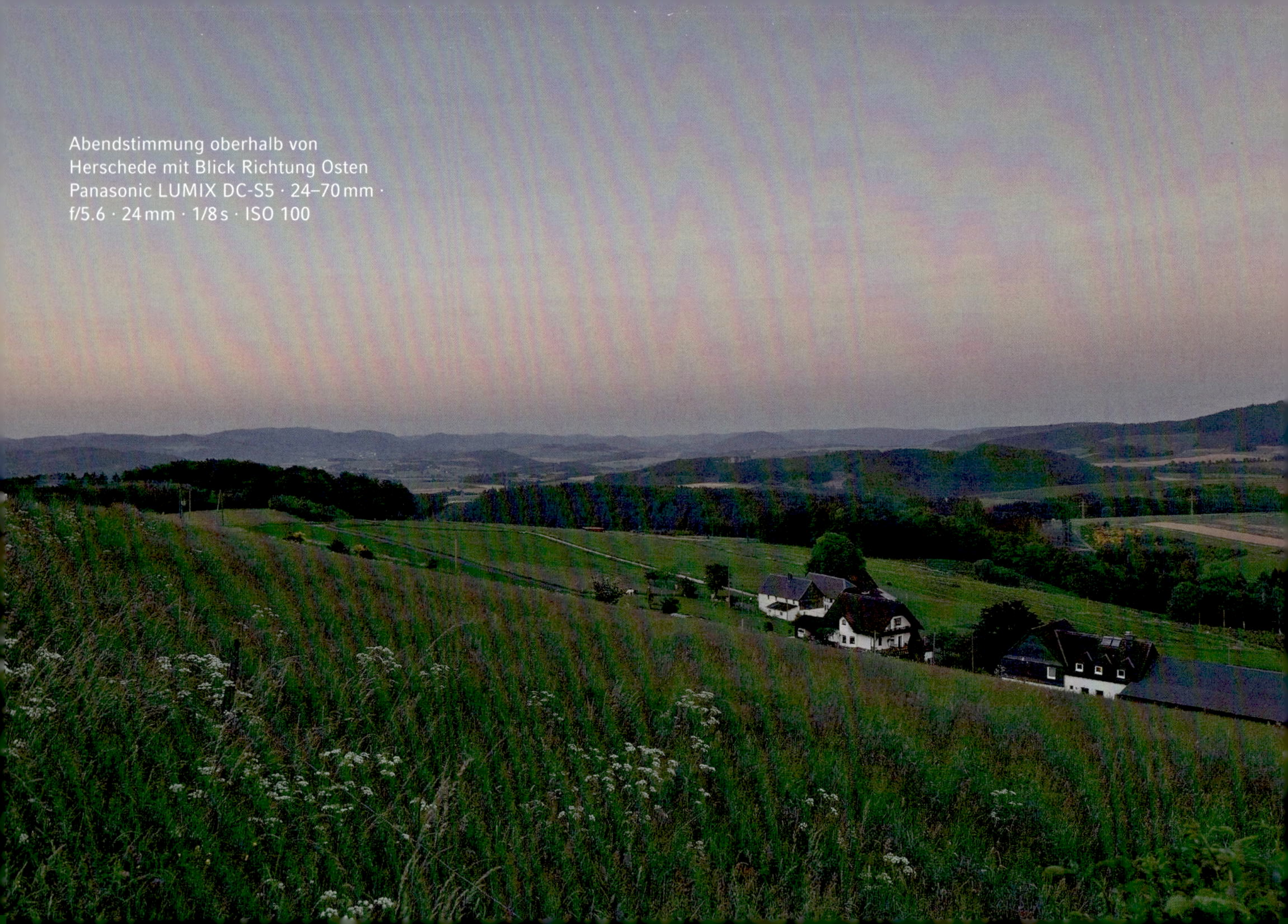

Abendstimmung oberhalb von Herschede mit Blick Richtung Osten
Panasonic LUMIX DC-S5 · 24–70 mm · f/5.6 · 24 mm · 1/8 s · ISO 100

4 BRACHT-HERSCHEDE

Beste Jahreszeit: ganzjährig
Bester Zeitpunkt: Sonnenaufgang und Sonnenuntergang
Anfahrt: »57392 Schmallenberg, Herschede« in das Navi eingeben. Folgen Sie der K73 bis zum Parkplatz.
Parken: 51.177869, 8.164758
Location 1: 51.183440, 8.168375 für den Sonnenuntergang
Location 2: 51.180759, 8.169727 für den Sonnenaufgang
Weg: Für ein Sonnenuntergangsfoto überqueren Sie die K73 und steigen mit dem Wanderzeichen weißes »H« auf gelbem Grund zunächst bergauf. Auf der Höhe suchen Sie sich einen geeigneten Standort für das Foto. Der Standort hängt von der Jahreszeit ab. Ein Sonnenaufgangsfoto machen Sie von der Straße, die zu den einzelnen Häusern des Weilers Herschede führt. Von dieser Straße haben Sie weite Blicke ins sogenannte Bauernland in Richtung Osten. Wenn der Tag vor dem Fotoshooting ein Regentag war, können Sie beim Sonnenaufgang mit Nebel rechnen. Es herrscht dann eine mystische Stimmung.
Ausstattung: Stativ, Weitwinkel-Zoom, evtl. Makro-Objektiv

Parken

Location 1

Location 2

Bracht mit dem Weiler Herschede gehört zum sogenannten »Bauernland« und zur Gemeinde Schmallenberg. Hier lebte und wirkte die »Sauerländische Nachtigall« Christine Koch. Sehenswert ist die Kirche in Bracht mit ihrem Zwiebelturm. Gerade Herschede mit der Blickrichtung nach Osten eignet sich besonders gut für Fotos von Sonnenaufgängen. Da das Schmallenberger Sauerland nach Osten hin ansteigt, mit dem Kahlen Asten als der höchsten Erhebung, werden Sie viele Locations für Sonnenuntergangsfotos finden, aber nur wenige Stellen für Sonnenaufgangsfotos.

Parken 1

Parken 2

Altes Backhaus

Aussicht Oesterberge

5 WENHOLTHAUSEN-OESTERBERGE

Beste Jahreszeit: ganzjährig
Bester Zeitpunkt: ganztägig
Anfahrt 1: »59889 Eslohe, Südstraße«. Wanderportal Wenholthausen.
Anfahrt 2: »59889 Eslohe, Oesterberge«. Wanderparkplatz Oesterberge.
Parken 1: Wanderportal in Wenholthausen, 51.289093, 8.199411.
Parken 2: Wanderparkplatz in Oesterberge, 51.298038, 8.208230.
Location 1 (Altes Backhaus, Südstraße 33): 51.288871, 8.177354
Location 2 (Aussicht Oesterberge): 51.300131, 8.199411
Das Wanderportal befindet sich auf der Hauptstraße 15, siehe Seite 84.
Weg: Vom Wanderportal in Wenholthausen gehen Sie die Südstraße in Richtung Eslohe. Das alte Backhaus befindet sich auf der linken Seite. Vom Wanderparkplatz in Oesterberge gehen Sie zunächst auf der Straße Richtung Osten und biegen dann die erste Straße links ab zu den wenigen Häusern von Oesterberge. An den Häusern vorbei wandern Sie dann bergauf zur Aussicht. Wer es bequem mag, der fährt mit dem Auto zu den Häusern nach Oesterberge und dann weiter bergauf zum Aussichtspunkt Markshöhe. Dort finden Sie unter der Woche sicher einen Parkplatz. Am Wochenende werden Sie dort Gleitschirmflieger vorfinden, die von diesem Punkt aus starten. Die wenigen Parkplätze sind für diese Sportler reserviert. Vom Funkturm geht es einige hundert Meter bergab zur Aussicht.
Ausstattung: Stativ, Weitwinkel-Zoom, evtl. ein Makro-Objektiv

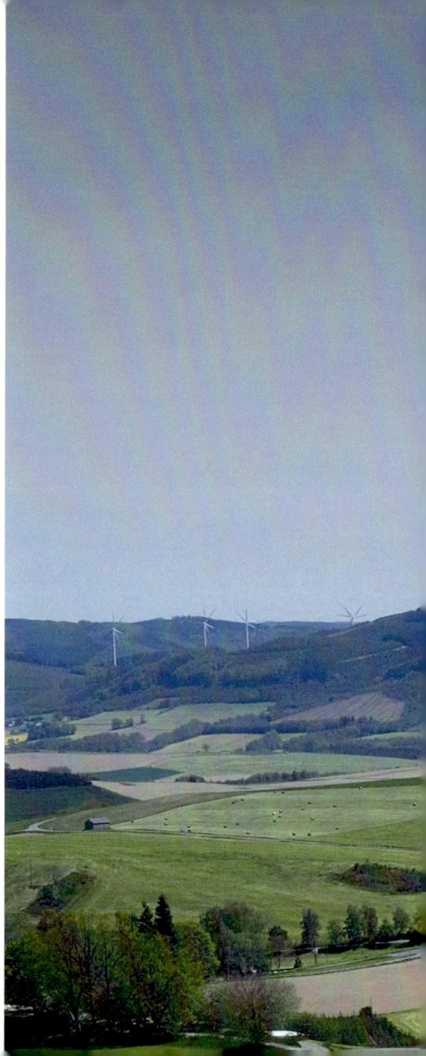

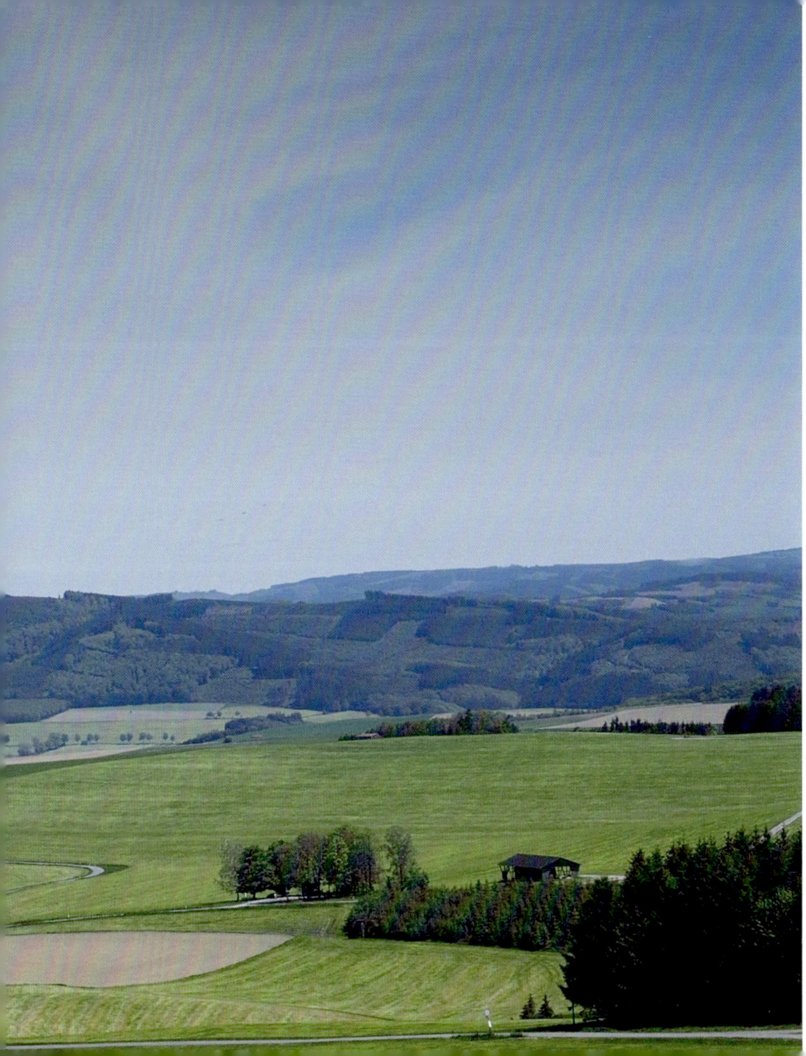

Sehenswert in Wenholthausen sind die St. Cäcilien-Kirche und das Alte Backhaus, das donnerstags ab 15:00 geöffnet ist.

Beste Aussichten finden Sie oberhalb von Oesterberge. Auch den Gleitschirmfliegerstartplatz Markshöhe sollten Sie als Fotopunkt ins Auge fassen.

Aussicht oberhalb von Oesterberge
Olympus OMD E-M1 MIII · 12–40 mm · f/18 · 35 mm · 1/100 s · ISO 200

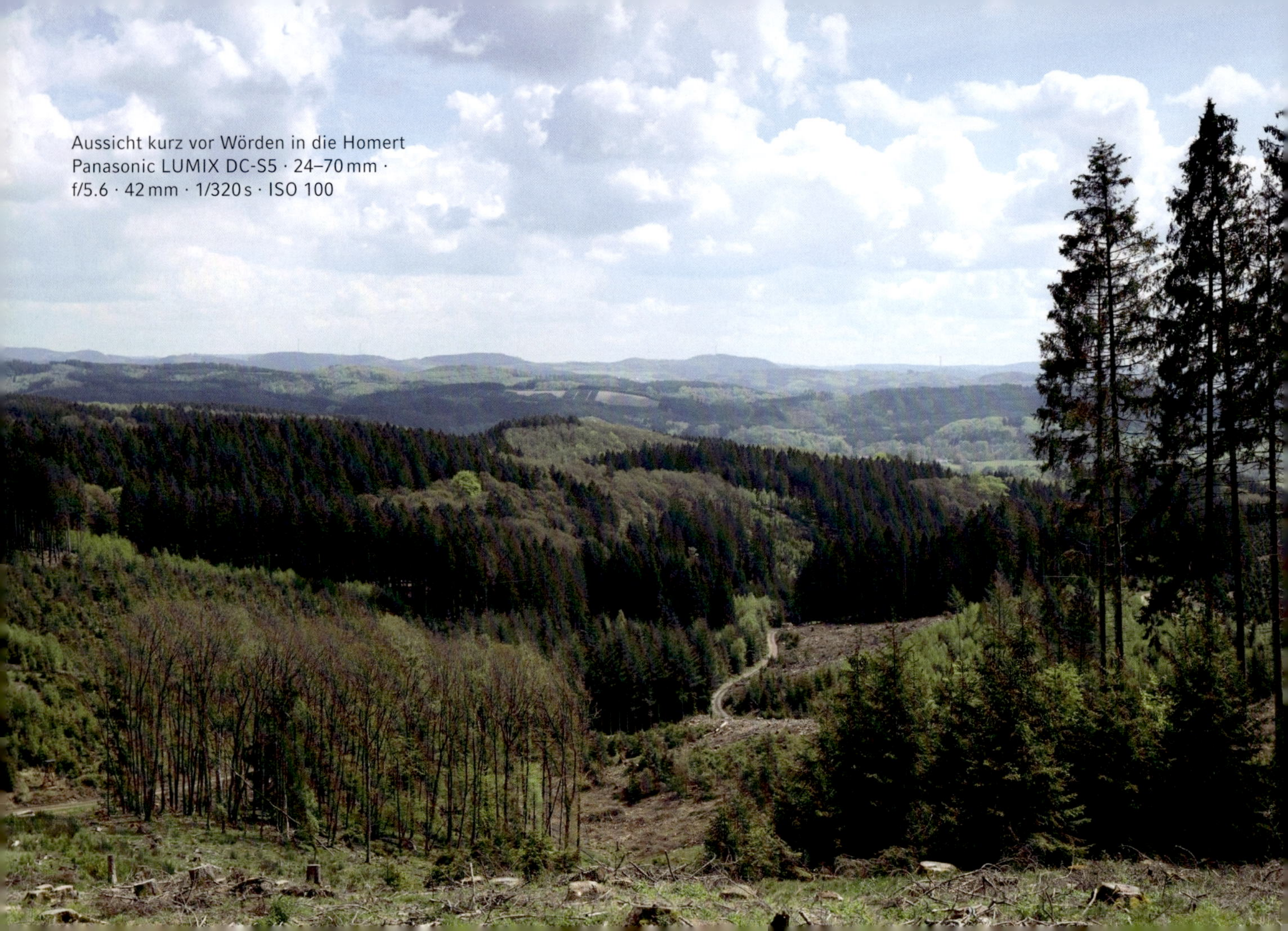

Aussicht kurz vor Wörden in die Homert
Panasonic LUMIX DC-S5 · 24–70 mm ·
f/5.6 · 42 mm · 1/320 s · ISO 100

6 WÖRDEN

Beste Jahreszeit: ganzjährig

Bester Zeitpunkt: Herbst

Anfahrt: »57413 Finnentrop, Wörden« ins Navi eingeben. Die Anfahrt erfolgt über die B236. In Lehnhausen biegen Sie in Richtung Fretter und Schönholthausen ab. In Schönholthausen fahren Sie auf der K29, um dann nach rechts auf die Ringstraße abzubiegen. Dann biegen Sie auf der Weusperterstraße Richtung Weuspert ab. Kurz vor Wörden befindet sich rechts an der Straße ein Holzlagerplatz, auf dem Sie parken und fotografieren können.

Parken und Location: 51.209931, 8.006519

Weg: Der Fotopunkt liegt direkt am Parkplatz.

Ausstattung: evtl. ein Stativ, Weitwinkel-Zoom

Parken & Location

Leider hat der Borkenkäfer ganze Arbeit geleistet, sodass die Fichten abgeholzt werden mussten. Für Sie ergeben sich dadurch schöne Aussichten, die Sie fotografisch in Szene setzen können. Im Frühjahr zeigt sich das erste zarte Grün an den Bäumen. Das sieht nett aus, allerdings leuchten die bunt gefärbten Blätter im Herbst sehr intensiv und lassen das Foto herbstlich bunt erstrahlen. Nach einem Regentag verstärkt sich dieser Effekt noch.

Parken & Location 1

Location 2

7 FAULEBUTTER

Beste Jahreszeit: ganzjährig
Bester Zeitpunkt: Sonnenaufgang
Anfahrt: »57413 Finnentrop, Faulebutter« ins Navi eingeben. Die Anfahrt erfolgt über die B236. In Lehnhausen biegen Sie in Richtung Fretter und Schönholthausen ab. In Schönholthausen fahren Sie auf der K29, um dann nach rechts auf die Ringstraße abzubiegen. Dann leitet Sie das Navi auf die Weusperterstraße Richtung Weuspert. Sie fahren sie weiter bergan nach Faulebutter und wieder bergab nach Weuspert. In Faulebutter befindet sich der Parkplatz auf der linken Seite kurz vor dem Gasthof Rademacher.
Parken: Wanderparkplatz beim Gasthof Rademacher: 51.222278, 8.029478
Location 1: 51.222278, 8.029478
Location 2 (Kapelle in Weuspert): 51.222220, 8.033164
Weg: Die Fotopunkte befinden sich direkt an der Straße.
Ausstattung: evtl. ein Stativ, Weitwinkel-Zoom

Ein schöner Spaziergang führt von Faulebutter in etwa einer Stunde nach Wildewiese. Auf diesem Weg finden Sie zahlreiche Ausblicke. Der Weg bietet keine nennenswerten Steigungen.

Der ungewöhnliche Name wurde unter anderem von Werner F. Cordes gedeutet – ihm zufolge bedeutet er in etwa »die durch Fäulnis verdorbene Ernte«. Damit bezieht er sich auf schlechte landwirtschaftliche Bedingungen aufgrund der Höhenlage. Gertrud Junker führt den Namen auf »fühle Botte«, also einen dauerhaft matschigen Trog, zurück. Damit sind verschiedene Bachläufe gemeint, die in Faulebutter zusammentreffen (vgl. *de.wikipedia.org/wiki/Faulebutter*).

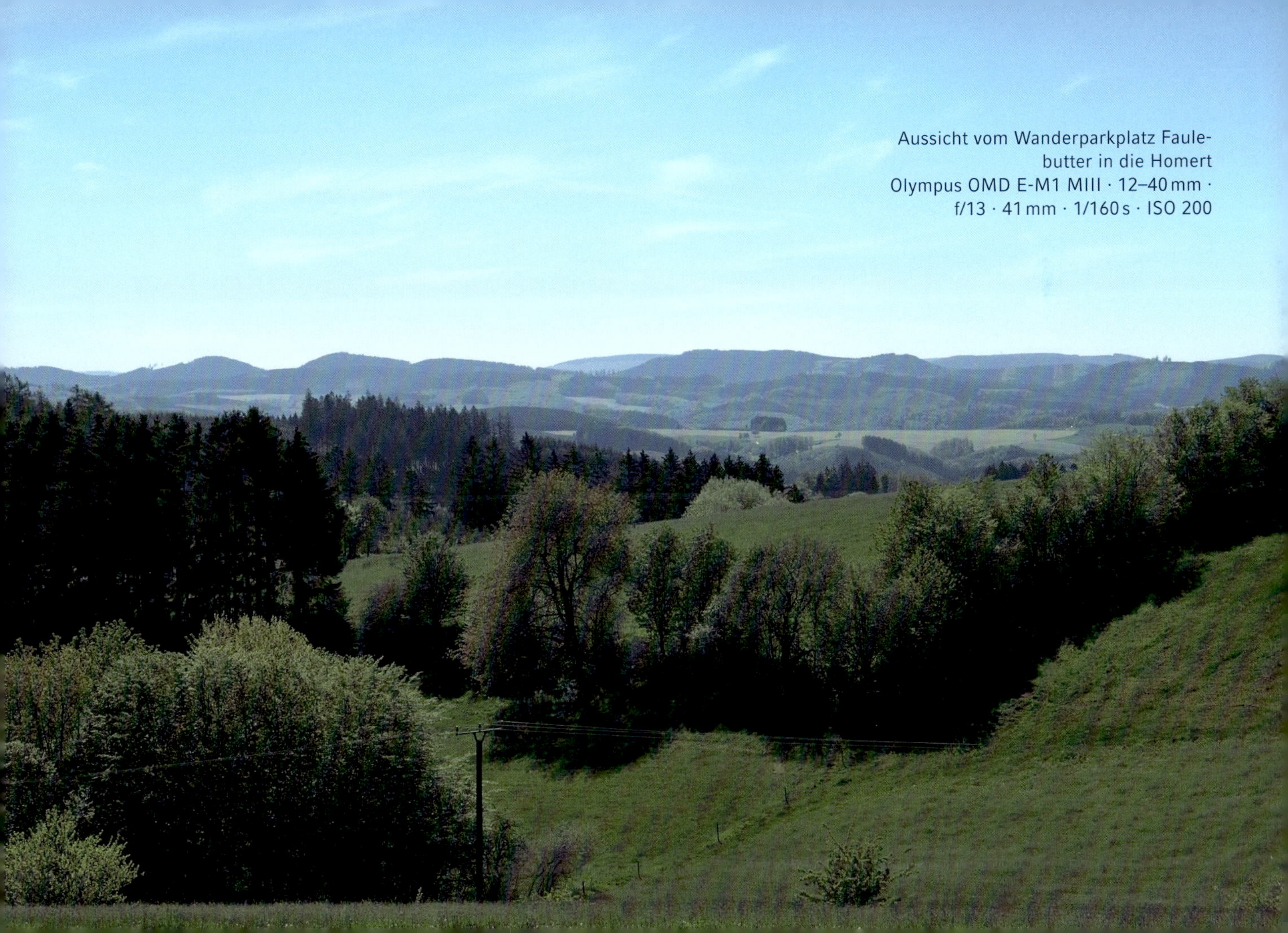

Aussicht vom Wanderparkplatz Faulebutter in die Homert
Olympus OMD E-M1 MIII · 12–40 mm · f/13 · 41 mm · 1/160 s · ISO 200

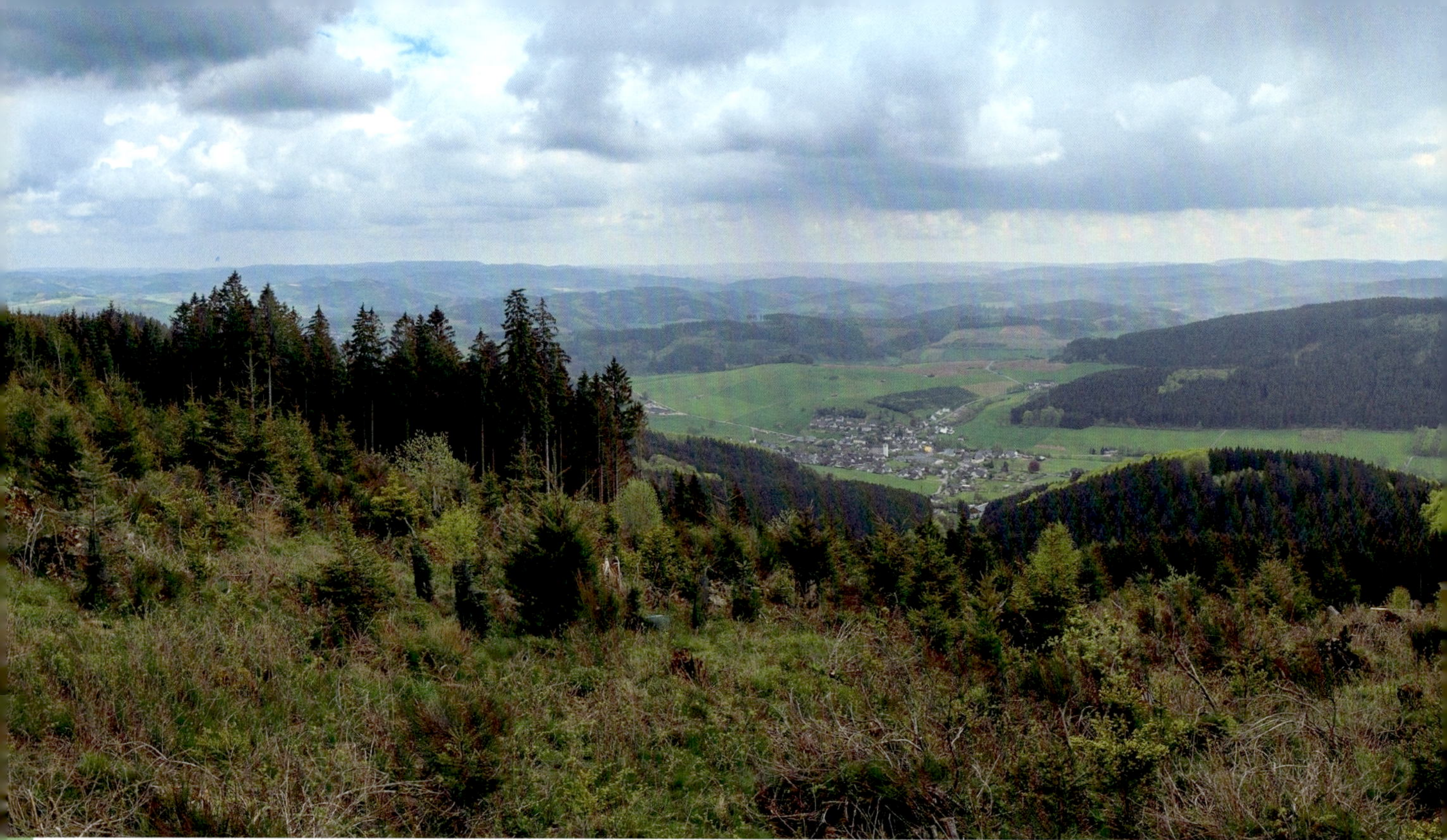

Sauerlandblick: Panoramafoto aus zwei Fotos (siehe auch Seite 70)
Olympus OMD E-M1 MIII · 12–40 mm · f/5.6 · 13 mm · 1/500 s · ISO 200

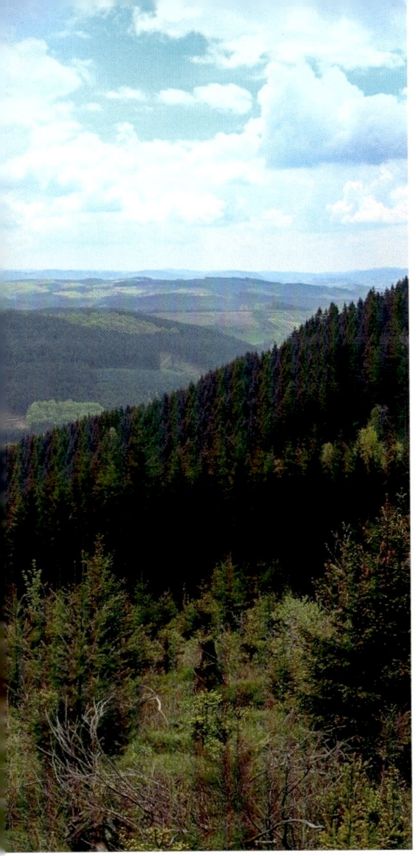

8 SAUERLANDBLICK

Beste Jahreszeit: ganzjährig
Bester Zeitpunkt: Sonnenaufgang
Anfahrt: »57413 Finnentrop, Faulebutter« ins Navi eingeben. Die Anfahrt erfolgt über die B236. In Lehnhausen biegen Sie in Richtung Fretter und Schönholthausen ab. In Schönholthausen fahren Sie auf der K29, um dann nach rechts auf die Ringstraße abzubiegen. Dann fahren Sie auf der Weusperterstraße Richtung Weuspert. Nach den Stationen in Faulebutter und Weuspert fahren Sie weiter in das Tal der Salway bis zur L519, der Sie nach links bergauf folgen. Auf der Kuppe finden Sie rechts den Wanderparkplatz Birkenbrauk.
Parken: 51.259560, 8.082475
Location: 51.263359, 8.106000
Weg: Vom Parkplatz wandern Sie mit dem Sauerländer Höhenflug (weißes »H« auf gelbem Grund) etwa 1,7 km bergauf. Dann treffen Sie auf ein Hinweisschild »Sauerlandblick 50 m«, dem Sie nach rechts folgen.
Ausstattung: evtl. ein Stativ, Weitwinkel-Zoom

Parken

Location

Inzwischen ist der Blick nach Norden und Westen zugewachsen, sodass nur noch ein Foto in Richtung Süden möglich ist. Unten im Tal sehen Sie den Ort Obersalway. Durch das Salwaytal führt der Weg nach Eslohe.

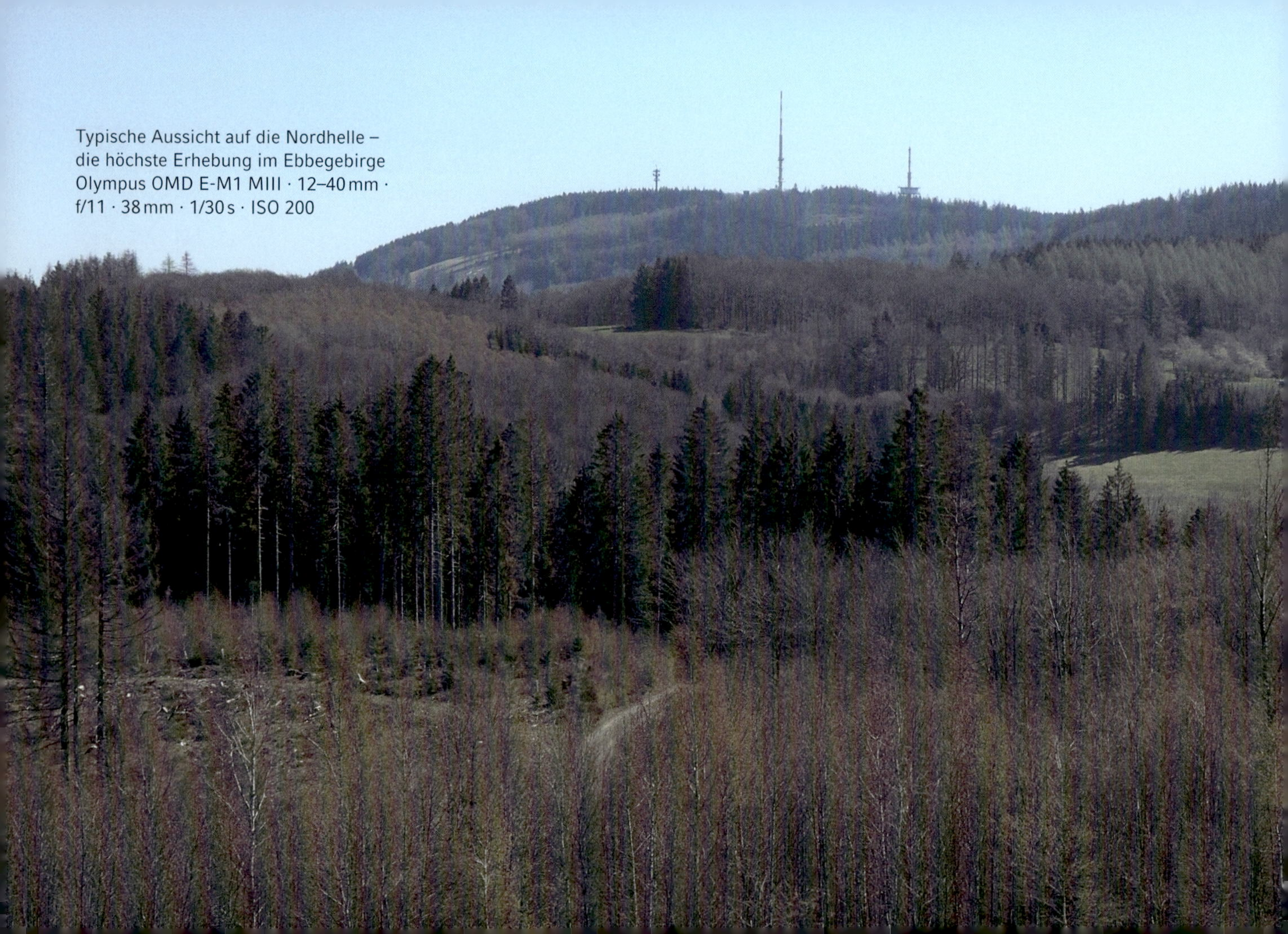

Typische Aussicht auf die Nordhelle – die höchste Erhebung im Ebbegebirge
Olympus OMD E-M1 MIII · 12–40 mm · f/11 · 38 mm · 1/30 s · ISO 200

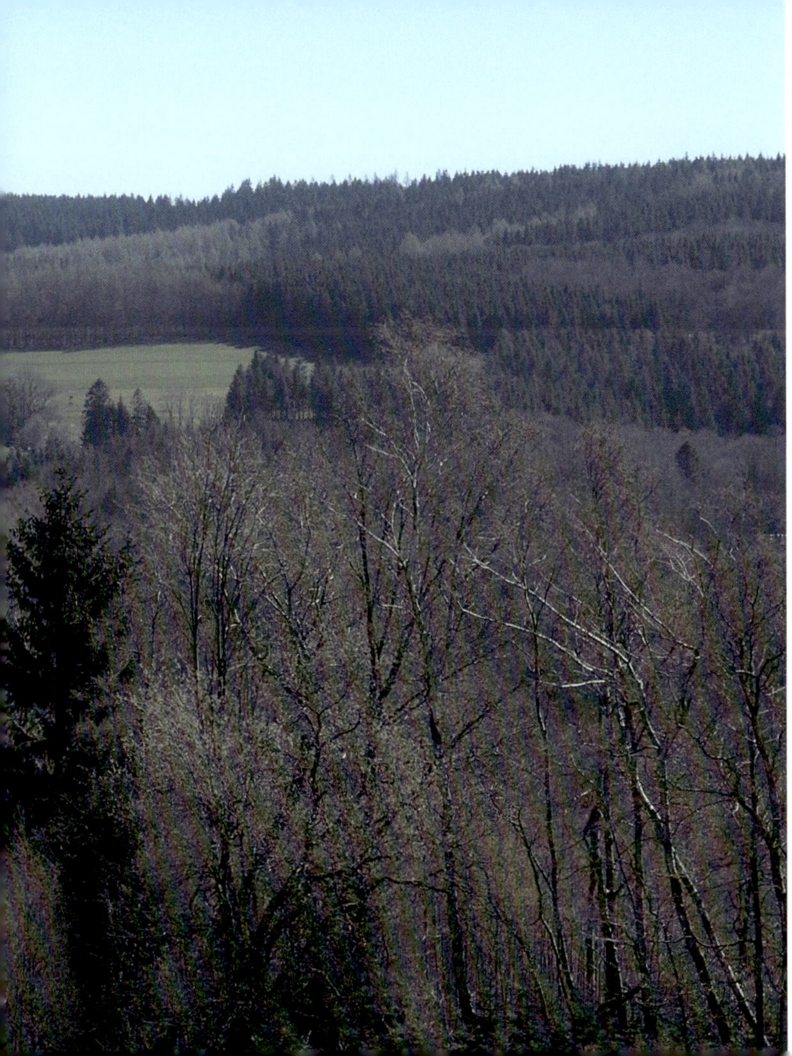

EBBEGEBIRGE

TOUR 3

Vom Eise befreit sind Strom und Bäche durch des Frühlings holden, belebenden Blick, so beginnt Goethes Osterspaziergang im Faust. Mit diesen Gedanken im Sinn stehen Sie vielleicht im Herveler Bruch vor dem Blütenmeer der Märzenbecher. Jedes Jahr überziehen sie große Flächen mit ihren weißen Blüten und erfreuen das Herz von Wanderern und Fotografen.

Die Aussichten von Nordhelle und Hoher Bracht werden Sie ebenfalls überzeugen. Weit geht der Blick von diesen Erhebungen ins Land.

Im Breiten Hagen bei Grevenbrück überraschen Sie die vielen Frühlingsblüher, die ihre Blüten dem Licht entgegenstrecken. Lerchensporn, Buschwindröschen, Lungenkraut und Waldmeister locken zum Fotografieren. Im Mai wird es der blühende Bärlauch sein.

Der Sommer lädt zum Bad in den zahlreichen Talsperren ein. Lister-, Bigge- und Fürwigge- und Jubachtalsperre sollen hier beispielhaft erwähnt werden. Das Tourziel »Jubachtalsperre« finden Sie unter *www.dpunkt.de/produkt/sauerland-fotografieren*.

EBBEGEBIRGE
TOUR 3

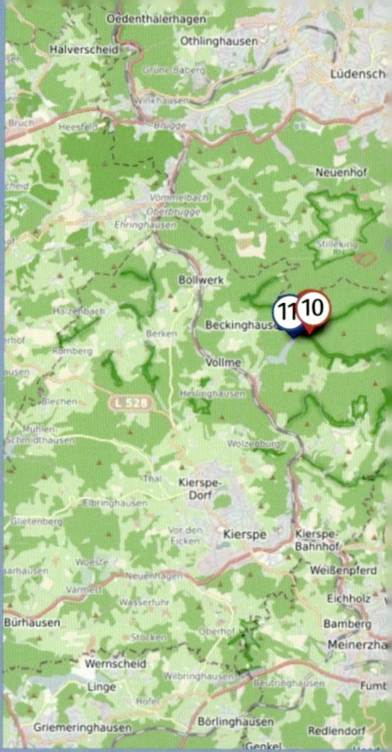

1. MÄRZENBECHER IM HERVELER BRUCH
2. EBBEMOORE AN DER NORDHELLE
3. TEICHE AM SAUERLÄNDER HÖHENFLUG
4. EINBLICKE IM FICHTENWALD
5. AUSSICHTEN AN DER NORDHELLE
6. GREVENBRÜCK – BREITER HAGEN
7. HOHE BRACHT
8. LISTERTALSPERRE
9. BIGGETALSPERRE
10. KASKADE AM JUBACH
11. JUBACHTALSPERRE

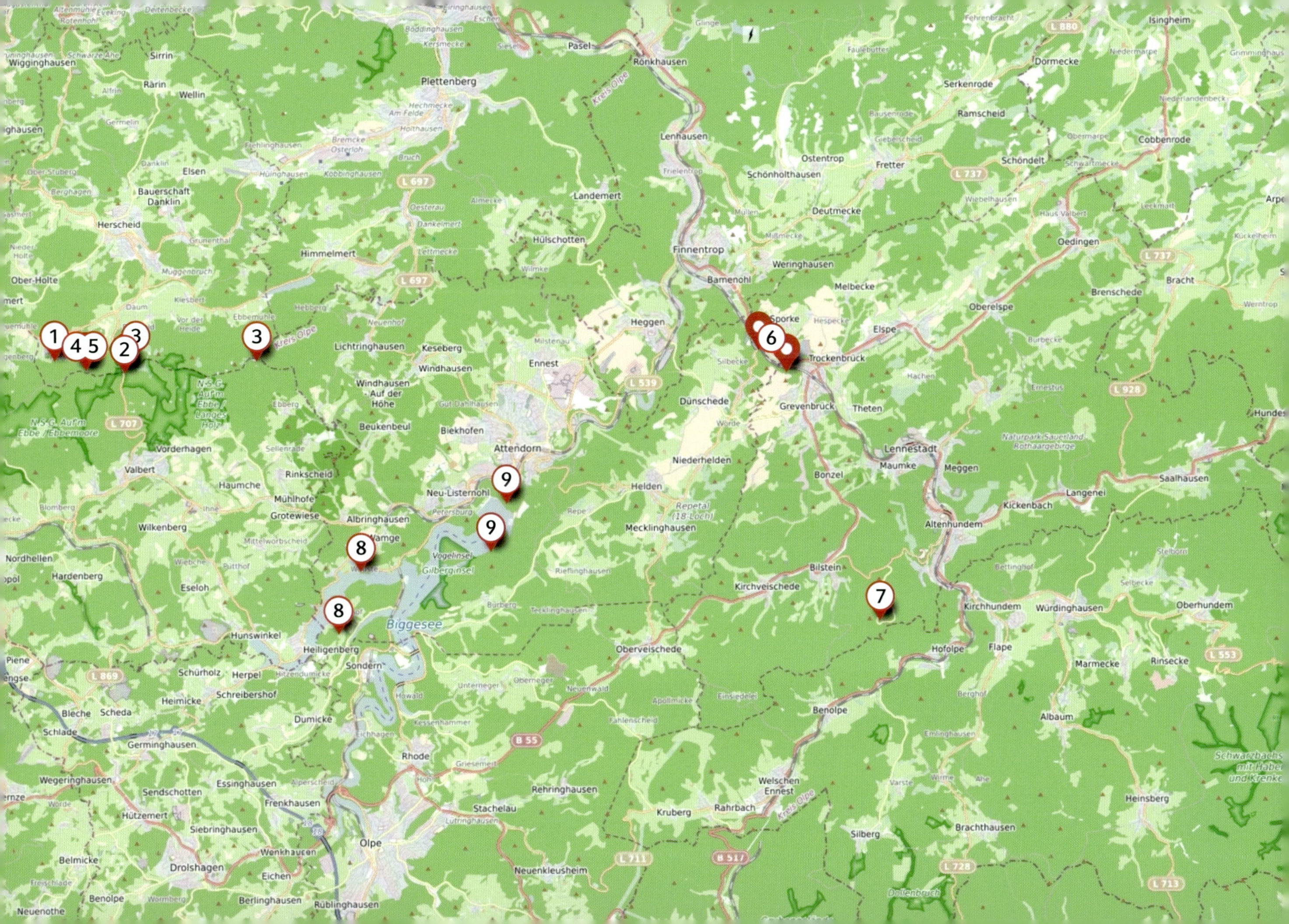
Pasel
Rönkhausen
Plettenberg
Wigginghausen
Sirrin
Rärin
Wellin
Lenhausen
Ostentrop
Schönholthausen
Fretter
Serkenrode
Ramscheid
Dormecke
Isingheim
Cobbenrode
Schöndelt
Elsen
Bauerschaft Danklin
Herscheid
Landemert
Deutmecke
Hülschotten
Himmelmert
Finnentrop
Bamenohl
Weringhausen
Melbecke
Oedingen
Ober-Holte
Heggen
Sporke
Elspe
Oberelspe
Brenschede
Bracht
Lichtringhausen
Keseberg
Windhausen
Ennest
Trockenbrück
Windhausen Auf der Höhe
Dünschede
Grevenbrück
Theten
Beukenbeul
Biekhofen
Attendorn
Lennestadt
Maumke
Meggen
Saalhausen
Vorderhagen
Valbert
Rinkscheid
Niederhelden
Bonzel
Haumche
Mühlhofe
Neu-Listernohl
Helden
Kickenbach
Langenei
Grotewiese
Albringhausen
Repetal (18-Loch)
Altenhundem
Wilkenberg
Mecklinghausen
Wamge
Nordhellen
Hardenberg
Eseloh
Vogelinsel
Gilberginsel
Bilstein
Kirchveischede
Kirchhundem
Würdinghausen
Oberhundem
Biggesee
Hunswinkel
Heiligenberg
Sondern
Oberveischede
Hofolpe
Flape
Marmecke
Rinsecke
Piene
Schürholz
Herpel
Schreibershof
Heimicke
Bleche
Scheda
Dumicke
Benolpe
Albaum
Schlade
Germinghausen
Rhode
Wegeringhausen
Essinghausen
Rehringhausen
Welschen Ennest
Sendschotten
Frenkhausen
Hützemert
Stachelau
Kruberg
Rahrbach
Heinsberg
Siebringhausen
Silberg
Brachthausen
Wenkhausen
Belmicke
Drolshagen
Olpe
Eichen
Neuenkleusheim
Benolpe
Berlinghausen
Neuenothe
Rüblinghausen
L 880
L 737
L 697
L 707
L 539
L 928
L 869
L 553
B 55
L 711
B 517
L 728
L 713
N.S.G. Aufm Ebbe / Ebbemoore
Naturpark Sauerland Rothaargebirge
Kreis Olpe
1
2
3
4
5
6
7
8
9

Parken

Location

1 MÄRZENBECHER IM HERVELER BRUCH

Beste Jahreszeit: im März zur Blütezeit der Märzenbecher
Bester Zeitpunkt: ganztägig
Anfahrt: »58849 Herscheid, Nordhelle« ins Navi eingeben.
Parken: Kommen Sie von Valbert, befindet sich der Parkplatz kurz hinter der Kuppe auf der linken Seite. Fahren Sie von Reblin zur Nordhelle, erreichen Sie den Parkplatz kurz vor der Kuppe auf der rechten Seite. 51.144825, 7.745379
Location: 51.146944, 7.718664
Weg: Am unteren Ende des Parkplatzes startet der Märzenbecherweg. Dem folgen Sie bis zum Wanderzeichen mit den zwei waagerechten Balken auf schwarzem Grund. Diesem Zeichen folgen Sie ein kurzes Stück geradeaus, biegen dann mit dem Zeichen nach rechts ab und gelangen so zu den Märzenbechern. Achtung: Im Bereich der Märzenbecher ist der Boden sehr feucht! Der Rückweg erfolgt über den Hinweg. Die Gehzeit beträgt ca. 75 Minuten.
Ausstattung: Stativ, Weitwinkel-Zoom, Makro-Objektiv, evtl. Polfilter

Ein sonniger Frühlingstag lockte mich hier zu den »Großen Schneeglöckchen«, wie die Märzenbecher auch genannt werden. Die warme Frühlingssonne tauchte den Weg in ein warmes Licht, sodass die Wanderung ein echter Genuss war. Bald leuchteten zwischen den Bäumen unzählige weiße Punkte auf. Die Blüten der Märzenbecher haben am unteren Rand gelbliche Tupfer und geben so auch schöne Makromotive ab.

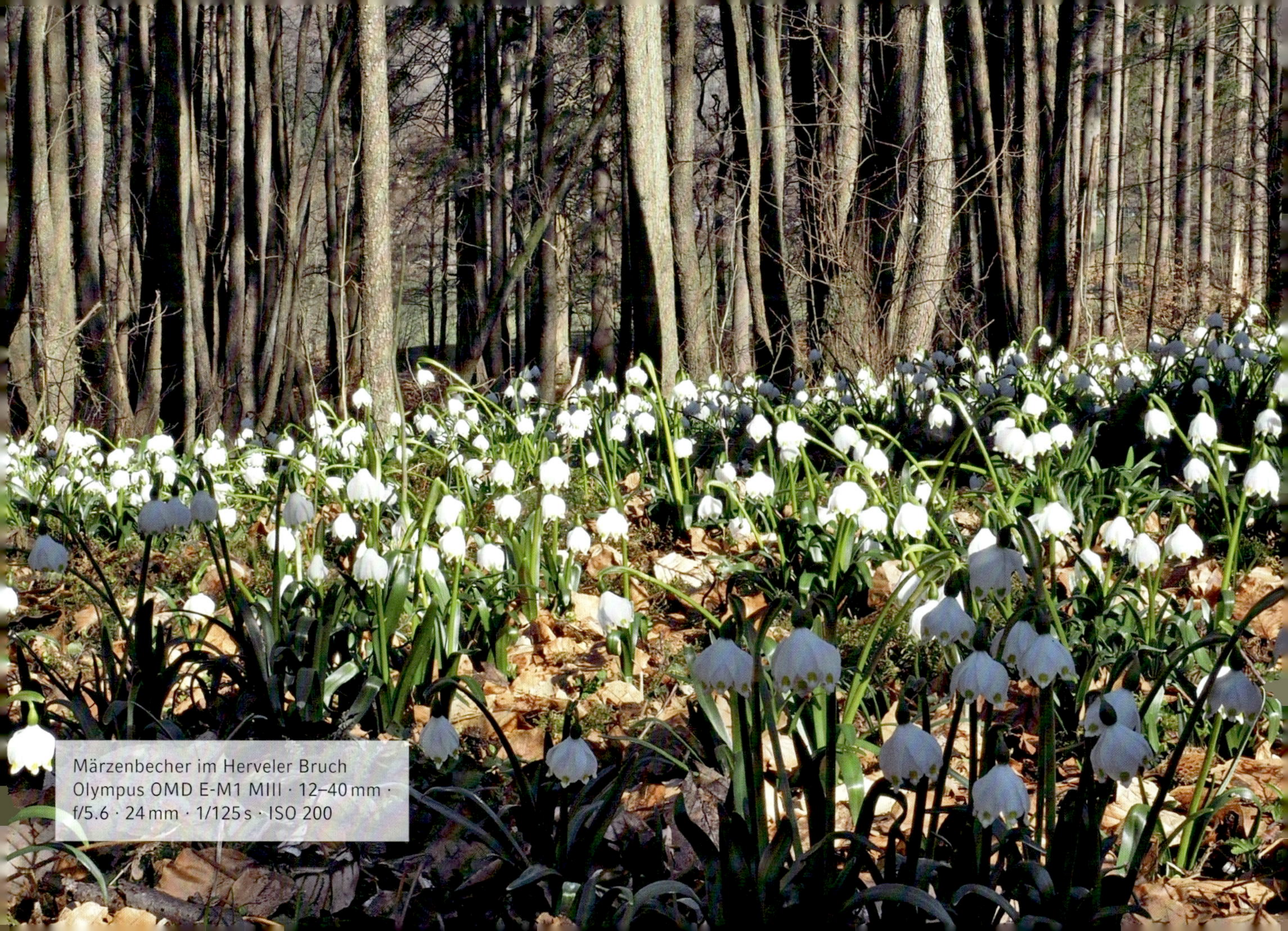

Märzenbecher im Herveler Bruch
Olympus OMD E-M1 MIII · 12–40 mm ·
f/5.6 · 24 mm · 1/125 s · ISO 200

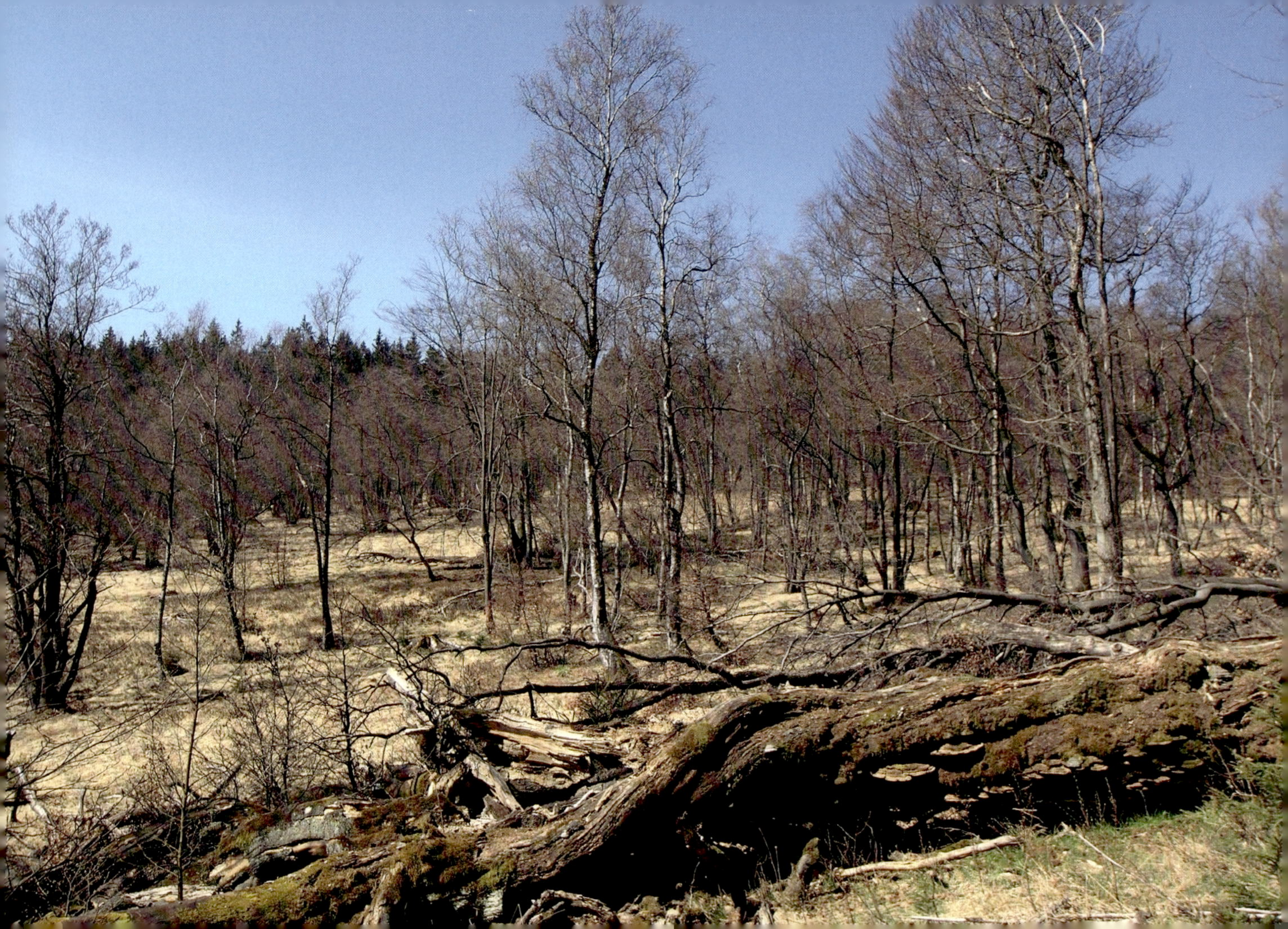

② EBBEMOORE AN DER NORDHELLE

Beste Jahreszeit: Sommer und Herbst
Bester Zeitpunkt: ganztägig
Anfahrt: »58849 Herscheid, Nordhelle« ins Navi eingeben.
Parken: 51.144224, 7.747204
Location (Tourstart): 51.143839, 7.746258
Weg: Sie gehen zunächst mit dem Zeichen »A2« Richtung Süden bis Sie auf den Sauerländer Höhenflug treffen. Das Wanderzeichen ist nun ein weißes »H« auf gelbem Grund. Nach ca. 200 Metern treffen Sie auf den Moorbirkenbruchwald »An der Huwe«. Nach ca. einem km kommen Sie zum Moor »Wilde Wiese«. Wenn Sie den Robert-Kolb-Turm erreicht haben, geht es steil hinunter zum Ski-Hang. Der Weg macht eine Rechtsbiegung und nach ca. 700 Metern biegen Sie links auf den Roteichenweg ab. Treffen Sie auf einen breiten Holzabfuhrweg, sehen Sie die Infotafel am Wolfsbruch. Dem Wanderzeichen »A4« folgend gehen Sie zurück zum Parkplatz.
Ausstattung: Stativ, Weitwinkel-Zoom, Makro-Objektiv

Parken

Location

Rothirsch und Schwarzstorch könnten Ihnen bei dieser Tour vor die Kamera kommen. Auch der Hochmoor-Perlmutterfalter findet sich hier. Der Sonnentau lädt zu einem Makrofoto ein. Von Juli bis August blüht die Moorlilie.

Das Hangmoor Wilde Wiese im Frühjahr
Olympus E-M1, 9–18 mm · f/5.6 · 14 mm · 1/640 s · ISO 200

Parken & Location

3 TEICHE AM SAUERLÄNDER HÖHENFLUG

Beste Jahreszeit: Sommer und Herbst
Bester Zeitpunkt: ganztägig
Anfahrt: »58849 Herscheid, Nordhelle« ins Navi eingeben.
Parken und Location: Startpunkt der Tour: 51.144224, 7.747204,
Weg: Vom Parkplatz gehen Sie den Südhangweg bis zur Wegkreuzung Spinne. Dort wechseln Sie halblinks auf den Höhweg und gehen diesen Weg bis Sie auf einen Wegweiser des Sauerländer Höhenflugs treffen, der nach rechts abbiegt. Auf dem Hinweisschild steht an oberster Stelle »Österfeld 12,9 km«. Diesem folgen Sie ca. 200 m bergab und erreichen die Teiche. Vom Abzweig können Sie die Teiche schon sehen. Der Rückweg erfolgt auf dem Hinweg.
Ausstattung: Stativ, Weitwinkel-Zoom, Makro-Objektiv

Im Quellgebiet des Wesebaches treffen Sie einen pfeifengrasreichen Birkenbruchwald an. Diese Wälder sind sehr selten. Pfeifengras und Farne überziehen den Boden mit einem grünen Teppich. Kröten, Frösche und Molche werden Sie hier vorfinden. Viele Libellenarten und Schmetterlinge fühlen sich an den Teichen heimisch. Wenn Sie sehr leise sind, könnte Ihnen auch einmal eine Ringelnatter begegnen. Im Herbst, wenn sich das Laub der Birken gelb gefärbt hat und sich im Wasser spiegelt, ergeben sich sehr schöne Motive.

Teiche am Sauerländer Höhenflug
Panasonic LUMIX DC-S5 · 16–35 mm · f/20 · 28 mm · 1/15 s · ISO 100

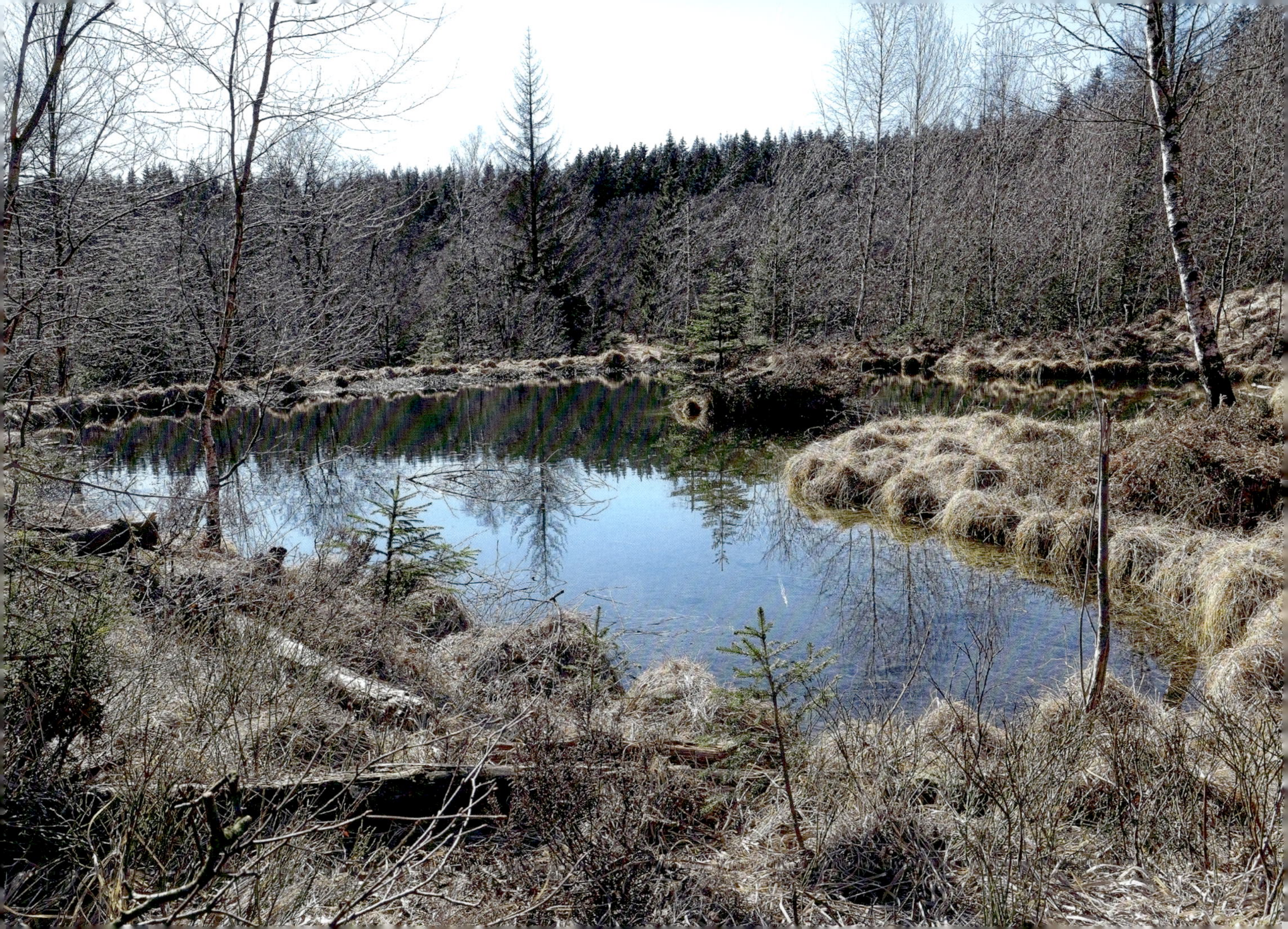

Parken

Location

4 EINBLICKE IM FICHTENWALD

Beste Jahreszeit: ganzjährig
Bester Zeitpunkt: ganztägig
Anfahrt: »58849 Herscheid, Nordhelle« ins Navi eingeben.
Parken: Kommen Sie von Valbert, befindet sich der Parkplatz kurz hinter der Kuppe auf der linken Seite. Fahren Sie von Reblin zur Nordhelle, erreichen Sie den Parkplatz kurz vor der Kuppe auf der rechten Seite. 51.144825, 7.745379
Location: 51.144377, 7.730828
Weg: Am unteren Ende des Parkplatzes beginnt der Märzenbecherweg. Folgen Sie ihm so lange, bis Sie links auf einen Fichtenwald treffen, dessen Boden mit grünem Moos überzogen ist. Dort suchen Sie sich eine Stelle für ein Foto.
Ausstattung: Stativ, Weitwinkel-Zoom, Makro-Objektiv, evtl. Polfilter, evtl. Fernauslöser

Fichtenwälder leiden überall unter dem Borkenkäfer. Auf der gegenüberliegenden Seite des Märzenbecherweges hat der Borkenkäfer schon gewütet. Die Flächen wurden abgeholzt. Auf der anderen Seite finden Sie noch einen naturverjüngten Fichtenwald. Deshalb empfehle ich Ihnen diesen Abschnitt des Waldes – er wird bald Seltenheitswert besitzen.

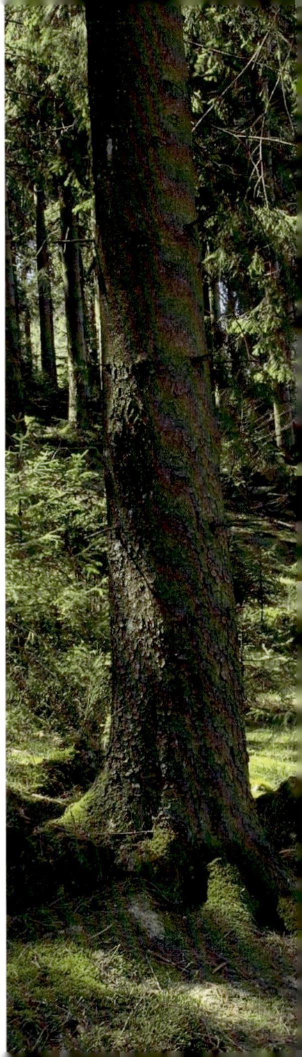

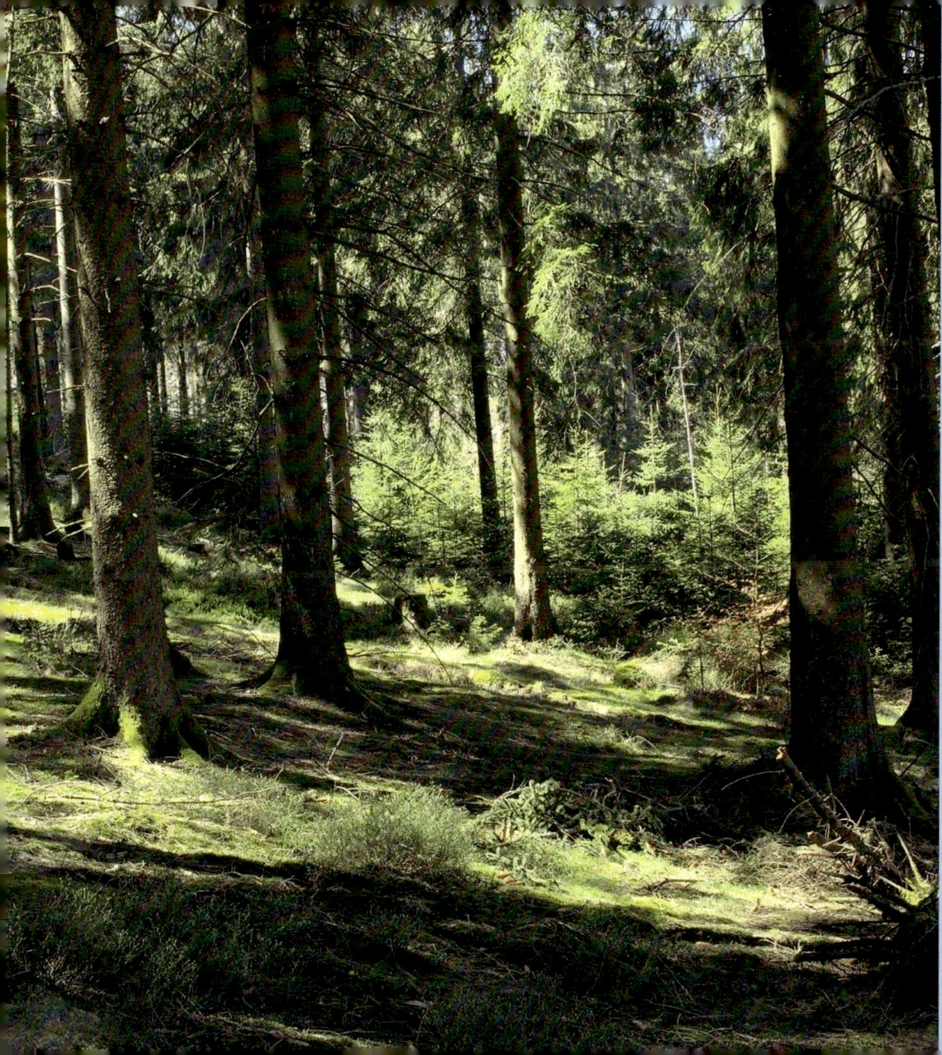

TIPP

Durch die sonnigen Stellen und den tiefen Schatten haben Sie mit hohen Dynamikunterschieden zu kämpfen. In diesem Fall bietet sich ein HDR-Foto an. Sie können die Kamera das HDR-Foto erstellen lassen. Besser fahren Sie mit einer Belichtungsreihe aus einem normal, einem unter- und einem überbelichteten Bild, die Sie dann zu Hause in der Nachbearbeitung zu einem HDR-Foto zusammenfügen (die meisten Kameras bieten hierzu die »Bracketing«-Funktion). Selbstverständlich fotografieren Sie vom Stativ.

Naturverjüngter Fichtenwald – eine Rarität
Olympus OMD E-M1 MIII · 12–40 mm · f/11 · –0,7 EV · 23 mm · 1/5 s · ISO 200

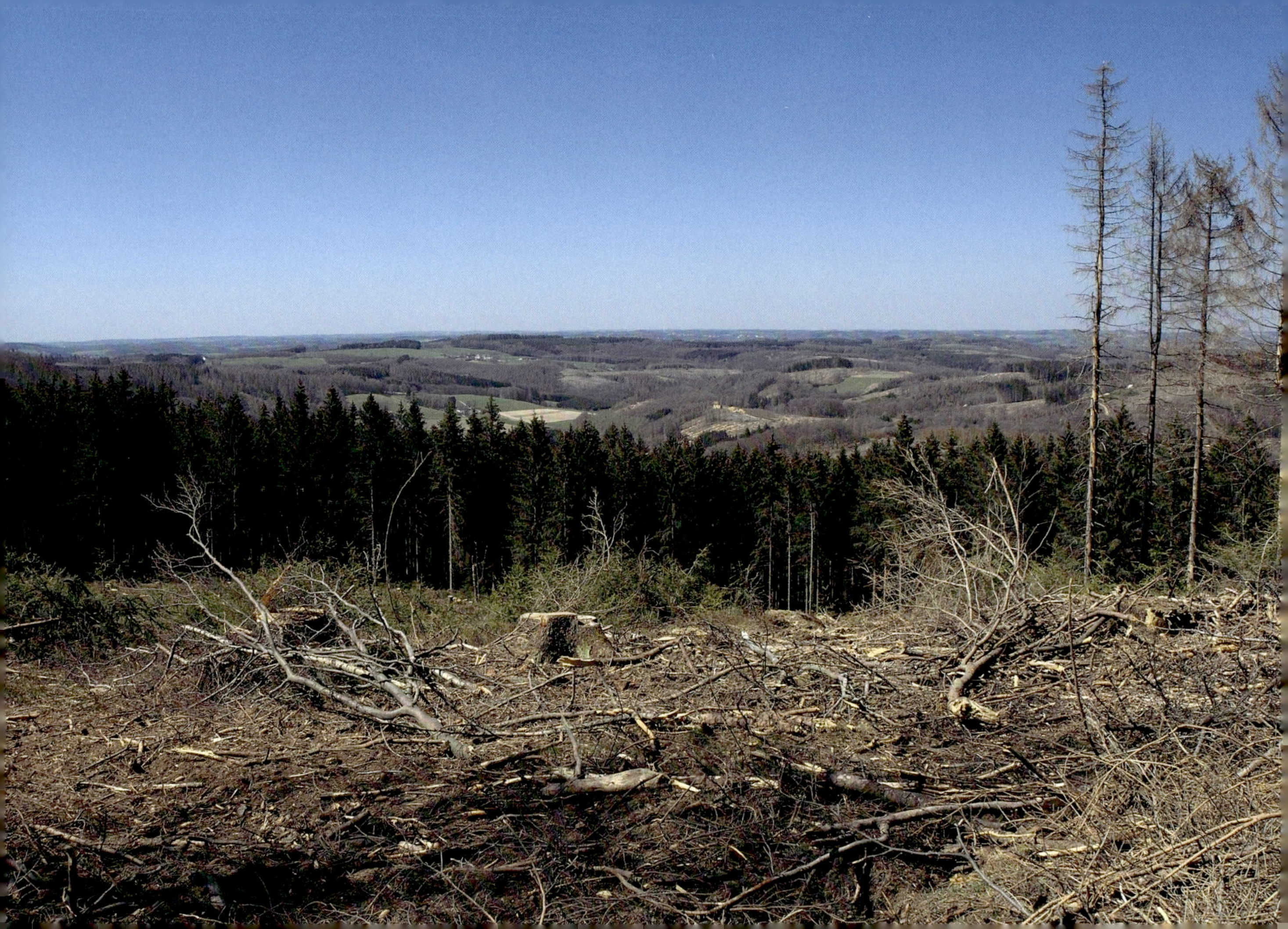

5 AUSSICHTEN AN DER NORDHELLE

Beste Jahreszeit: ganzjährig
Bester Zeitpunkt: ganztägig
Anfahrt: »58849 Herscheid, Nordhelle« ins Navi eingeben.
Parken: Kommen Sie von Valbert, befindet sich der Parkplatz kurz hinter der Kuppe auf der linken Seite. Fahren Sie von Reblin zur Nordhelle, erreichen Sie den Parkplatz kurz vor der Kuppe auf der rechten Seite. 51.144825, 7.745379
Location: 51.144377, 7.730828
Weg: Sie überqueren die Straße und steigen bergauf in Richtung Robert-Kolb-Turm. Dort oben finden Sie auch die Gaststätte »Nordhelle«. Auf dem Weg dorthin ergeben sich wegen der abgeholzten Fichtenbestände weite Blicke bis nach Lüdenscheid.
Ausstattung: Stativ, Weitwinkel-Zoom, Makro-Objektiv, evtl. Polfilter

Parken

Location

Eine von zahlreichen Aussichten im Sauerland. Der Borkenkäfer vernichtet, wie im Foto an den vier Fichten zu sehen ist, nach und nach die Fichtenbestände. Die Fichte war lange Zeit für das Sauerland prägend und benötigt ein feuchtes und kühles Klima. Die heißen Sommer der vergangenen Jahre haben dem Baum erheblich geschadet.

Der Borkenkäfer hat an der Nordhelle gewütet
Olympus OMD E-M1 MIII · 12–40 mm · f/8 · –1/3 EV · 20 mm · 1/125 s · ISO 200

Parken

Location

6 GREVENBRÜCK – BREITER HAGEN

Beste Jahreszeit: ganzjährig
Bester Zeitpunkt: ganztägig
Anfahrt: »57439 Attendorn, Repetalstraße 412A« ins Navi eingeben.
Parken: Parkmöglichkeit an der L880 vor dem Bahnübergang und der Einmündung in die B236: 51.149168, 7.996663
Location: Startpunkt des 3 km langen Rundweges: 51.148688, 7.996038,
Weg: Südlich vom Parkplatz führt eine Brücke über den Repebach. Dann folgen Sie dem Weg links hinauf nach Süden. Der Weg führt entlang der Bahn. Nach etwa 20 Minuten kommen Sie zu einem grünen Hinweisbalken »Breiter Hagen«. Diesem Hinweis folgen Sie bergauf zum Wald mit den Frühblühern.
Ausstattung: Stativ, Weitwinkel-Zoom, Makro-Objektiv, evtl. ein Teleobjektiv

Im Frühjahr treffen Sie hier Blumenteppiche von Buschwindröschen, Lungenkraut, Waldmeister, Schlüsselblume und Lerchensporn an. Auch der Uhu ist hier heimisch und mit etwas Glück treffen Sie auf ein Exemplar. Auf dem Talweg finden Sie unterhalb der Klippen viele verschiedene Farnarten vor. Der seltene Hirschzungenfarn, der Tüpfelfarn und der dornige Schildfarn sind hier beheimatet. Die Palette der Waldgesellschaften im Breiten Hagen erstreckt sich vom wärmeliebenden, trockenen Orchideen-Kalkbuchenwald, über den Waldgersten- und Waldmeister-Buchenwald bis hin zu einem von steilen Klippen durchsetzten Ahorn-Eschen-Schatthangwald.

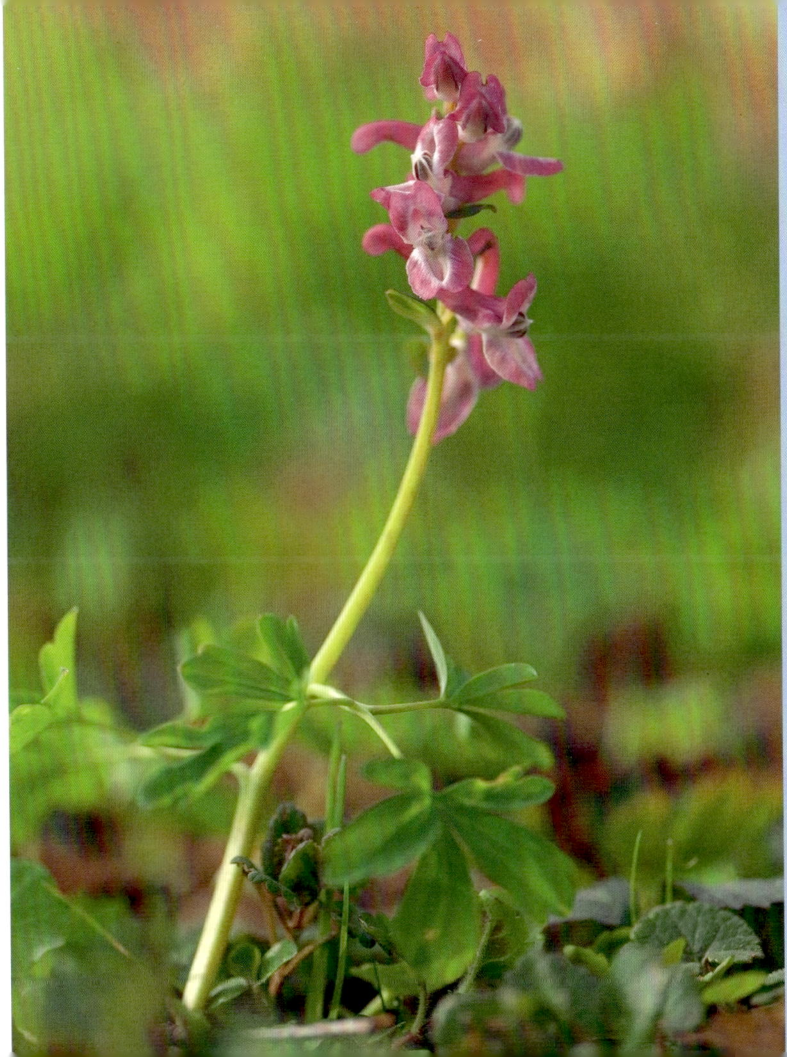

TIPP

Bevor Sie im Naturschutzgebiet Breiter Hagen Lerchensporn oder Bärlauch fotografieren, sollten Sie sich fragen, was genau Sie fotografieren wollen. Möchten Sie eine einzelne Pflanze in ihrer ganzen Schönheit ablichten oder die Ausdehnung der Pflanzen über eine weite Fläche? Beim Bärlauch bietet sich die letztere Version an – er breitet sich dicht gedrängt über große Flächen aus. Lerchensporn steht dagegen mehr oder weniger vereinzelt über größere Flächen verteilt. Da bietet es sich an, eine einzelne Pflanze mit einer offenen Blende und vielleicht einer Telebrennweite vor unscharfem Hintergrund »freizustellen« – wie im Bild links.

Lerchensporn als Solitär
Panasonic LUMIX DC-S5 · Sigma 105 mm · f/3.2 · 105 mm · 1/160 s · ISO 100

Parken

Location

7 BÄRLAUCHBLÜTE IM NATURSCHUTZGEBIET BREITER HAGEN

Beste Jahreszeit: April bis Mai
Bester Zeitpunkt: ganztägig
Anfahrt: »57439 Attendorn, Repetalstraße 412A« ins Navi eingeben.
Parken: Parkmöglichkeit an der L880 vor dem Bahnübergang und der Einmündung in die B236: 51.149168, 7.996663
Location: 51.143388, 8.006846
Weg: Südlich vom Parkplatz führt eine Brücke über den Repebach. Dann folgen Sie dem Weg links hinauf nach Süden. Der Weg führt entlang der Bahn. Nach etwa 20 Minuten kommen Sie zu einem grünen Hinweisbalken »Breiter Hagen«. Diesem Hinweis folgen Sie bergauf zum Wald mit den Bärlauchpflanzen.
Ausstattung: Stativ, Weitwinkel-Zoom, Makro-Objektiv, evtl. ein Teleobjektiv

Ab Mitte Mai wird der Wald von den weißen Blüten des Bärlauchs überdeckt. Großflächig überzieht er den Boden in den Wäldern des Breiten Hagen. Sie haben die Qual der Wahl, wie Sie die Pflanze in Szene setzen. Nehmen Sie eine einzelne Blüte als Makro auf oder fotografieren Sie einen der beiden mit weiß blühendem Bärlauch gesäumten Wege?

Folgen Sie von der Bank aus dem unteren Weg, treffen Sie auf große Flächen von Bärlauch und natürlich auf einen intensiven Duft von Knoblauch. Wenn Sie sichergehen wollen, nehmen Sie sich Zeit und probieren Sie alle drei Varianten aus.

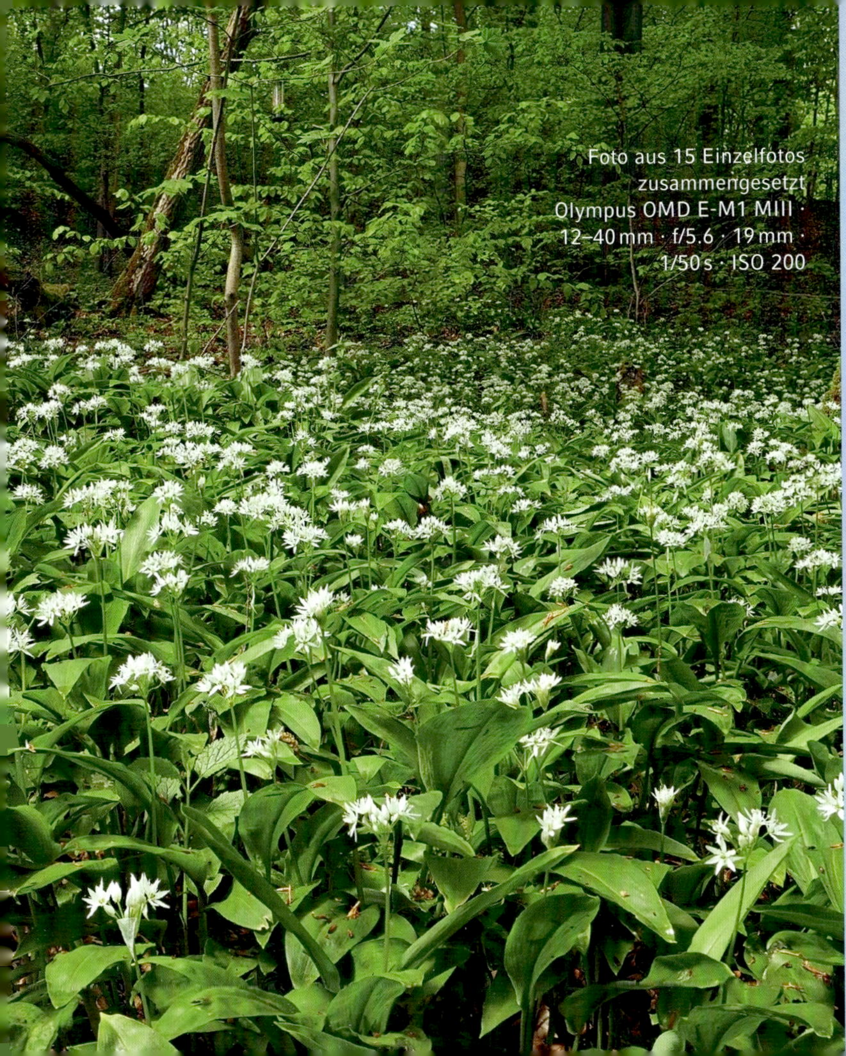

Foto aus 15 Einzelfotos zusammengesetzt
Olympus OMD E-M1 MIII · 12–40 mm · f/5.6 · 19 mm · 1/50 s · ISO 200

TIPP

Möchten Sie ein Foto mit Bärlauch als Fläche mit großer Schärfentiefe aufnehmen, empfehle ich Ihnen Foto-Stacking. Dabei macht die Kamera mehrere Fotos mit unterschiedlicher Schärfentiefe. Die Olympus OMD E-M1 MIII setzt diese Fotos dann kameraintern zu einem Foto zusammen und belässt die Originalbilder auf der Speicherkarte. Andere Kameras fotografieren die Szene mit unterschiedlicher Schärfentiefe und Sie müssen die Fotos dann mit einer entsprechenden Software zusammensetzen (beispielsweise mit Helicon Focus oder mit Affinity Photo, die beide recht preiswert sind).

Foto-Stacking funktioniert aber nur dann, wenn Ihr Motiv sich nicht bewegt. Im vorliegenden Fall können Sie den Bärlauch nur an einem möglichst windstillen Tag fotografieren. Andernfalls würden die Blüten verwischen.

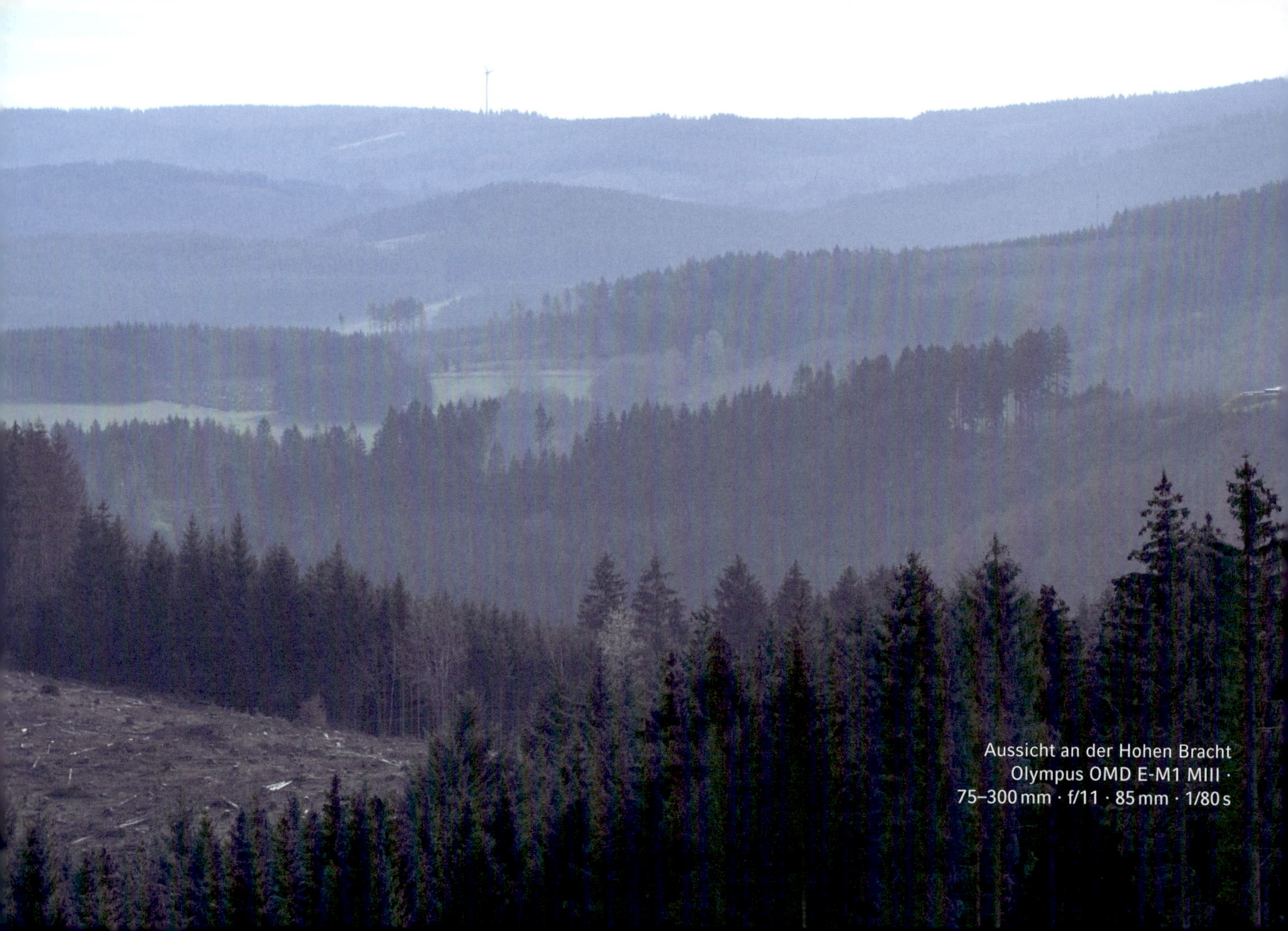

Aussicht an der Hohen Bracht
Olympus OMD E-M1 MIII ·
75–300 mm · f/11 · 85 mm · 1/80 s

8 HOHE BRACHT

Beste Jahreszeit: ganzjährig

Bester Zeitpunkt: ganztägig

Anfahrt: »57368 Lennestadt, Hohe Bracht« ins Navi eingeben.

Parken: in der Nähe des Turms, 51.083156, 8.044409

Location: direkt oben am Turm oder einige Punkte auf dem Rundweg »A1«

Weg: Zunächst wandern Sie dem roten Dreieck nach in Richtung Benolper Kreuz. An der Wegkreuzung treffen Sie auf Hinweisschilder mit unterschiedlichen Wanderhinweisen. Sie folgen dem Wanderzeichen »A1« und kommen so u.a. zum Aussichtspunkt Buscheid.

Ausstattung: Stativ, Weitwinkel-Zoom, Teleobjektiv

Parken & Location

TIPP

Wenn Sie eine stufige Landschaft vor sich haben, sollten Sie zur Bildgestaltung den Blickwinkel durch ein Teleobjektiv ein wenig einschränken. Dann kommen die Schwünge und Stufen der Landschaft besser zur Geltung – das Foto sieht gefälliger aus.

Rund um die Hohe Bracht ergeben sich viele Aussichten in die Bergwelt des Ebbegebirges. Hier haben Sie die Qual der Wahl. Direkt am Aussichtsturm auf der Hohen Bracht finden Sie die erste Aussicht. Folgen Sie dem Wanderzeichen »A1«, werden Sie einige Freiflächen antreffen, die erst vor Kurzem entstanden sind. Hier hat der Borkenkäfer den Fichtenwald dezimiert. Sie haben dadurch freie Sicht auf das Ebbegebirge.

Parken

Location 1

Location 2

9 LISTERTALSPERRE

Beste Jahreszeit: ganzjährig
Bester Zeitpunkt: ganztägig
Anfahrt: »57439 Attendorn, Listertalstraße« ins Navi eingeben.
Parken: In unmittelbarer Nähe der Staumauer finden Sie genügend Parkmöglichkeiten – 51.097009, 7.837285.
Location 1 (Staumauer): 51.095464, 7.839003
Location 2 (Aussichtspunkt Vossiepen): 51.080449, 7.830462
Weg: Parken Sie an der Staumauer, sind es nur wenige Schritte.
Ausstattung: Stativ, Weitwinkel-Zoom

Die Staumauer können Sie sehr gut von der Listertalstraße aus fotografieren. Vom Aussichtspunkt Vossiepen haben Sie eine schöne Sicht auf die gesamte Listertalsperre.

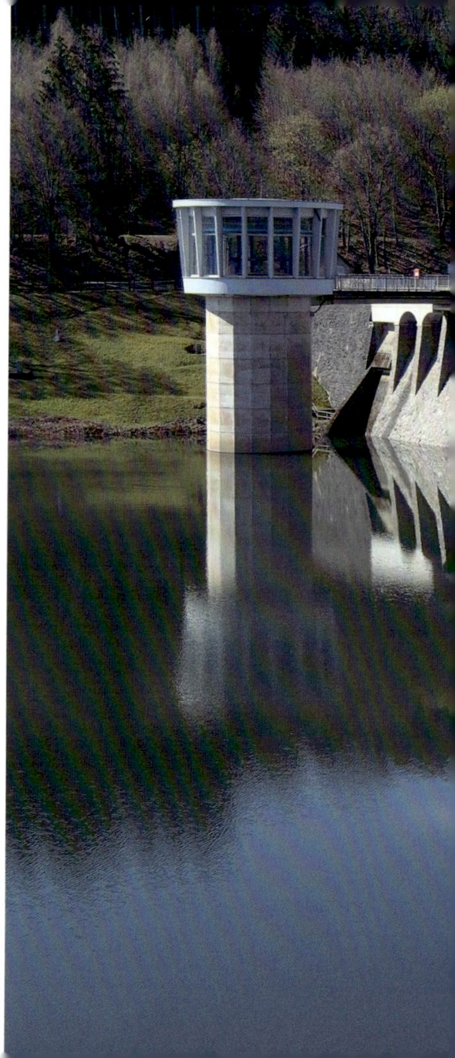

Staumauer der Listertalsperre
Olympus OMD E-M1 MIII · 12–100 mm · f/5.6 · 23 mm · 1/500 s · ISO 200

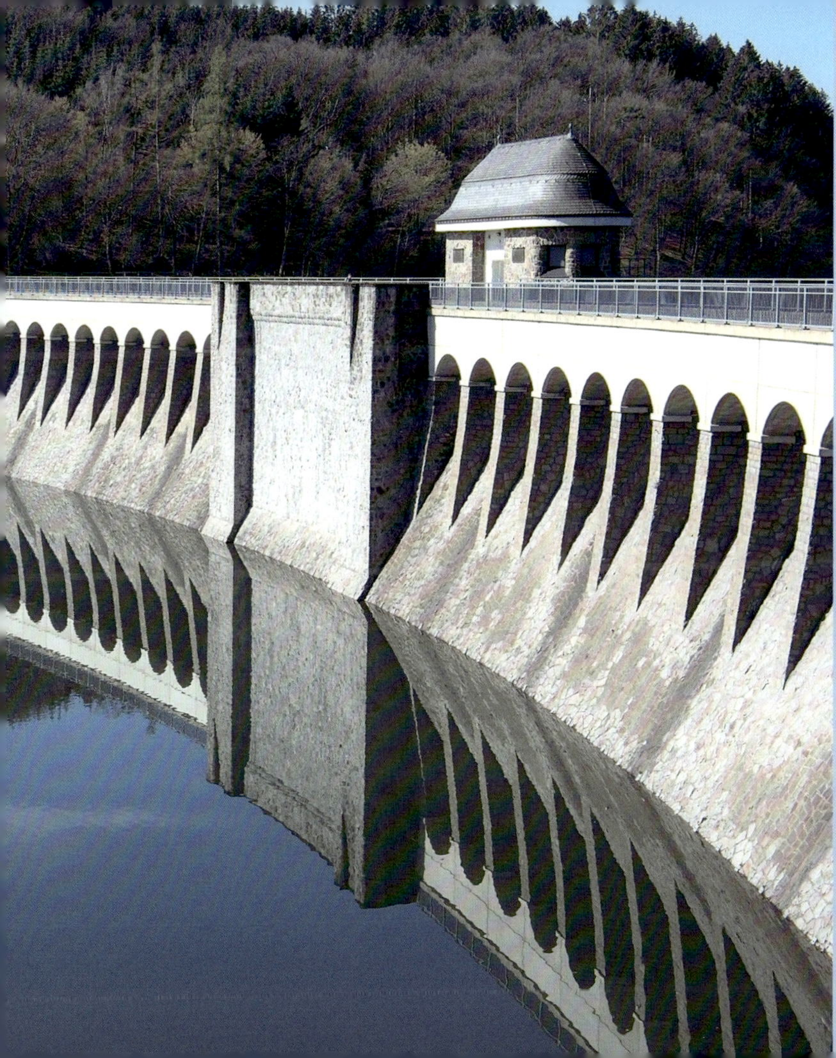

TIPP

Häufig werden Sie an einen See oder eine Talsperre im Sauerland kommen und das Gewässer bietet keine glatte Wasseroberfläche. Das ist ärgerlich, denn Sie möchten sicher, dass sich die Umgebung auf der glatten Oberfläche spiegelt. Hier hilft eine Langzeitbelichtung, bei der die Unruhe im Wasser zu einer Fläche verschwimmt.

Schrauben Sie dazu einfach einen starken ND-Filter (ND1000) vor das Objektiv, schließen Sie die Blende auf f/11 oder f/16 (nur bei Vollformatkameras) und fotografieren Sie mit einer entsprechend längeren Belichtungszeit – wie lange genau, ermitteln Sie abhängig vom Verlängerungsfaktor des ND-Filters und der eingestellten Blende mit Apps wie *ND Timer* (für iOS) oder *ND Filter* Timer (für Android). Auf dem fertigen Bild wirkt die Wasseroberfläche dann seidig glatt.

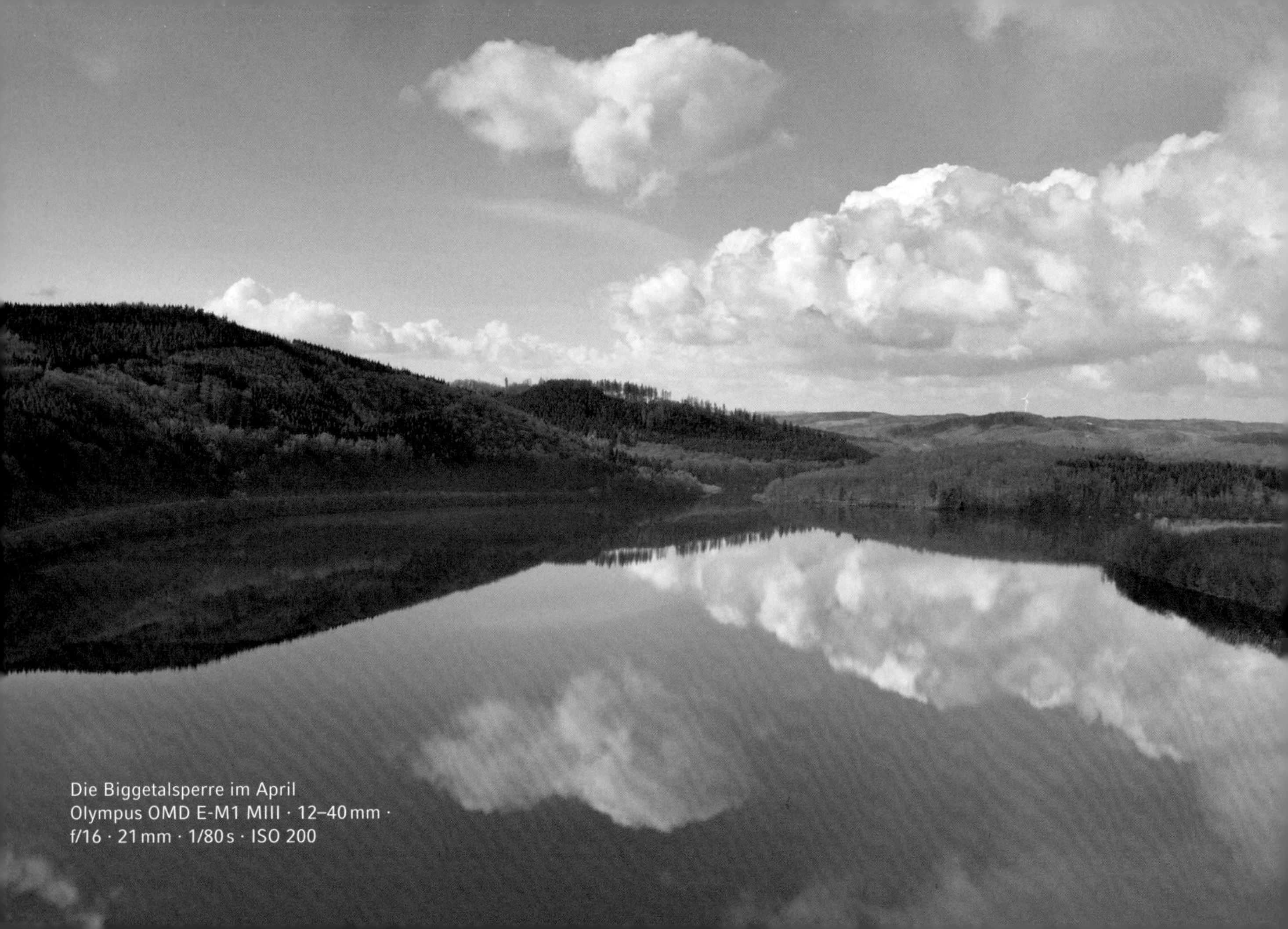

Die Biggetalsperre im April
Olympus OMD E-M1 MIII · 12–40 mm · f/16 · 21 mm · 1/80 s · ISO 200

10 BIGGETALSPERRE

Beste Jahreszeit: ganzjährig
Bester Zeitpunkt: ganztägig
Anfahrt: »57439 Attendorn, Waldenburger Bucht« ins Navi eingeben.
Parken: Sie parken direkt am Campingplatz: 51.11740, 7.902991.
Location 1 (Aussichtsplattform): 51.111902, 7.896854,
Location 2 (Blick auf die Gilberginsel): 51.100315, 7.890588
Weg: Sie überqueren die Straße und folgen dem Hinweis auf den Aussichtspunkt. Es geht steil bergan. Nach ca. 15 Minuten stehen Sie am Aussichtspunkt. Den zweiten Aussichtspunkt erreichen Sie, wenn Sie am Strandbad vorbeigehen und der Straße folgen, bis Sie an den Aussichtspunkt gelangen.
Ausstattung: Stativ, Weitwinkel-Zoom, Teleobjektiv

Parken

Location 1

Location 2

TIPP

Die Aussichtsplattform hat als Untergrund einen Gitterrost. Darauf lässt sich schlecht ein Stativ stellen. Nehmen Sie deshalb drei kleine Sperrholzplättchen als Unterlage für die Stativbeine mit.

Der Blick von der Aussichtsplattform reicht weit über die Biggetalsperre hinaus bis zu den Höhen des Ebbegebirges. Spannend wird es, wenn Sie dort eintreffen und Nebel herrscht. Meist haben Sie dann einen ruhigen und glatten Biggesee vor der Kamera. Löst sich dann der Nebel langsam auf, können Sie schöne Spiegelungen mit aufsteigendem Nebel ablichten.

Parken

Location

11 KASKADE AM JUBACH

Beste Jahreszeit: ganzjährig
Bester Zeitpunkt: ganztägig
Anfahrt: »58566 Kierspe-Vollme, Herlinghauser Weg« ins Navi eingeben.
Parken: Der Parkplatz befindet sich direkt hinter dem Bahnübergang und ist ziemlich holprig: 51.167822, 7.601812. An der Wandertafel können Sie ablesen, wo es zur Jubachtalsperre geht.
Location: Der Fotopunkt befindet sich ungefähr hier: 51.166900, 7.621303. Wegen des schmalen Tales hatte das Smartphone direkt am Fotopunkt keinen Empfang. Die Kaskade liegt etwas abseits rechts vom Weg.
Weg: Von der Staumauer folgen Sie dem Wanderzeichen »A2« auf dem rechten Weg um die Talsperre. Dieses Wanderzeichen führt Sie nach ca. 15 Minuten zum Jubach. Sie folgen dem Weg nach rechts dem Bach entlang. Der Rückweg erfolgt auf dem Hinweg.
Ausstattung: Stativ, Weitwinkel-Zoom, ND64-Graufilter (6 Stopps)

TIPP

Nach starken Regenfällen ist die Kaskade natürlich besonders ausgeprägt. Denken Sie an den ND-Filter, um eine längere Belichtungszeit zu erzielen.

Kaskade am Jubach
Olympus OMD E-M1 MIII · 12–40 mm · f/5.6 · 19 mm · 2" · ISO 200

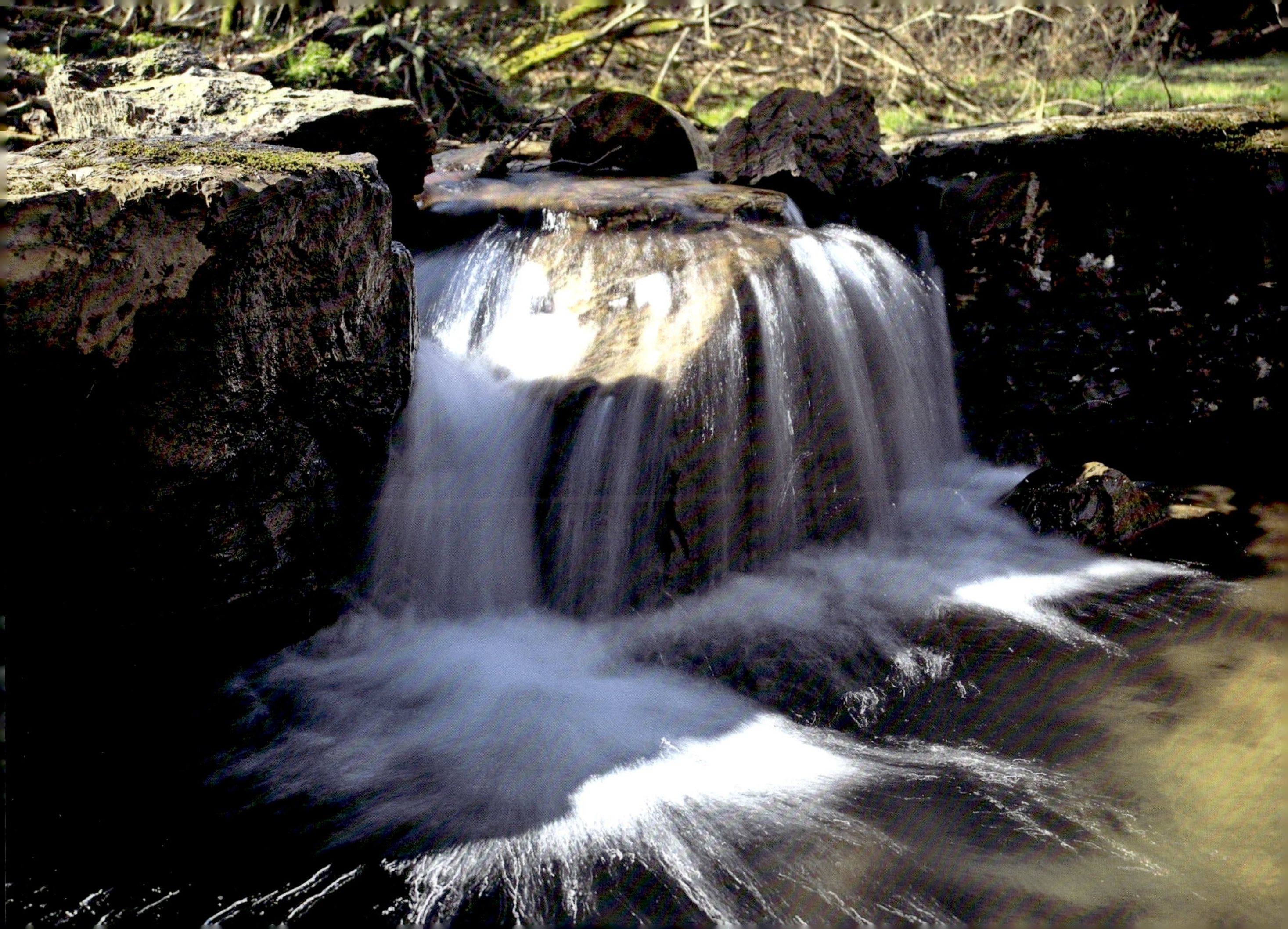

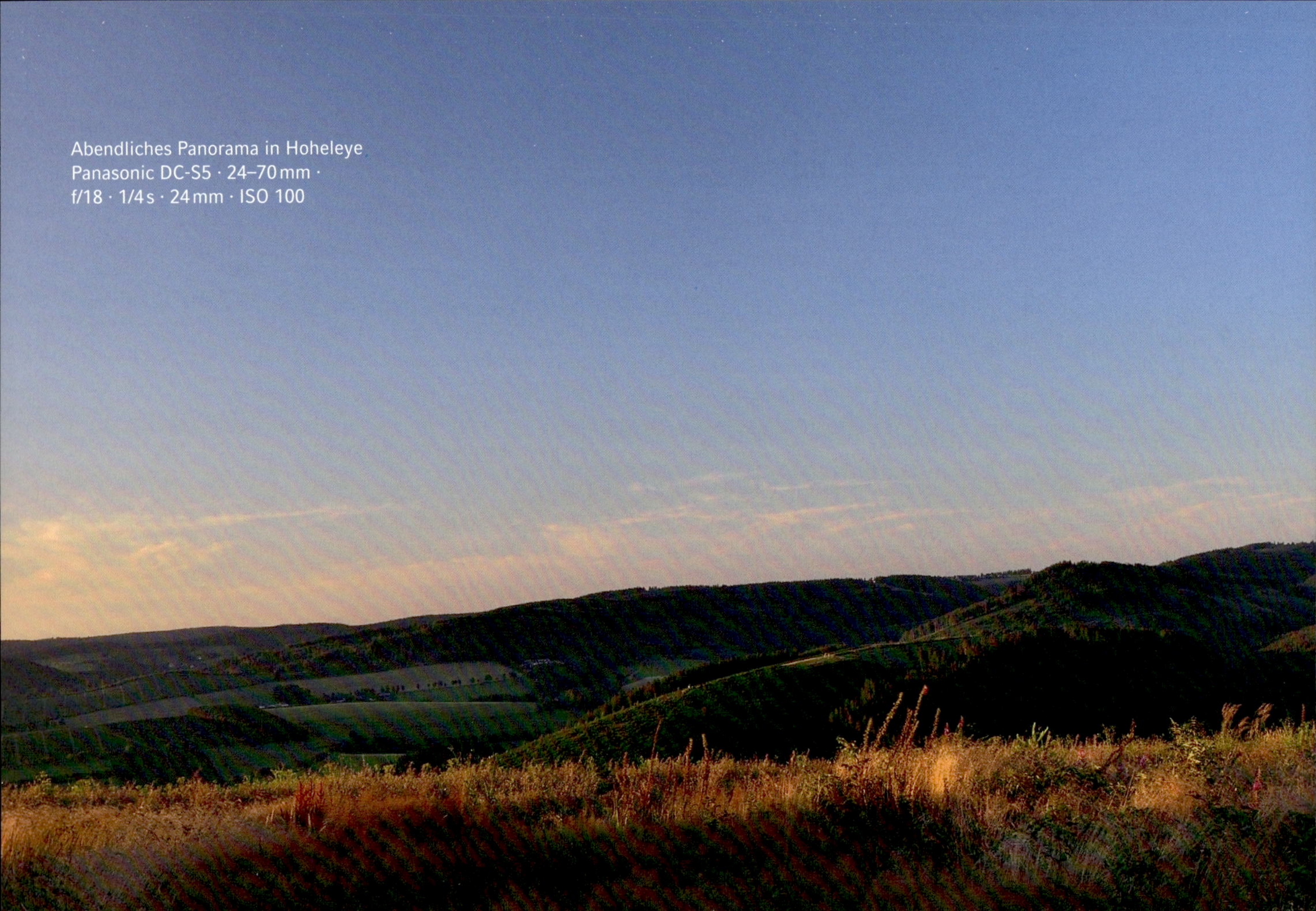

Abendliches Panorama in Hoheleye
Panasonic DC-S5 · 24–70 mm ·
f/18 · 1/4 s · 24 mm · ISO 100

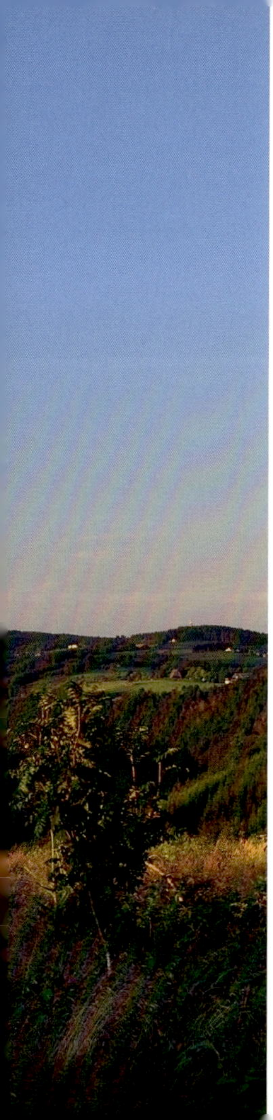

ROTHAARGEBIRGE NORD

TOUR 4

Die Fotoziele im Rothaargebirge sind so umfangreich, dass ich sie in eine Tour für den Nord- und eine Tour für den Südteil (Tour 5 ab Seite 149) aufgeteilt habe. Denn das Rothaargebirge hat Fotografen viel zu bieten: Hier werden die Berge höher, die Winter kälter und die Taleinschnitte steiler und schroffer.

Los geht es in Winterberg am Fuße des Kahlen Astens. Wenn sich morgens am Schmantelrundweg sanft die Dunstschleier aus dem Tal erheben, können Sie hier besondere Momente erleben und einzigartige Fotos mit nach Hause nehmen. Da lohnt sich das frühe Aufstehen. Ebenfalls lohnenswert für Sonnenaufgangsfotos sind der Hesborner Weg und der Kreuzbergweg.

Danach geht es zum Schluchtenpfad, wo der Bach nach starken Regenfällen über zahlreiche Kaskaden zu Tal rauscht – diese sind ein tolles Motiv für Langzeitbelichtungen.

Auch die Hochheide bei Niedersfeld wird Sie ab Mitte August in ihren Bann ziehen. Dann erhält der Sonnenaufgang durch die violett blühende Erika eine besondere Note. Auch die Kahle Pön bei Düdinghausen bietet dieses Schauspiel. Allerdings erfolgt die erste Mahd der Bergwiesen etwa Mitte Juli. Dann ist es zunächst mit der Blumenpracht vorbei. Beide Tourziele können Sie zusammen mit den übrigen Bonusinhalten auf der Website zum Buch unter dem Reiter *Zusatzmaterial* herunterladen: *https://dpunkt.de/produkt/sauerland-fotografieren/.*

Um die Laubfärbung einzufangen, empfehle ich Ihnen im Herbst Grönebach als Ziel. Der Besuch am Feldstein und Goldstein lohnt sich hingegen das ganze Jahr über.

ROTHAARGEBIRGE NORD

TOUR 4

1. MOLBECKEWEG
2. SCHMANTELRUNDWEG
3. KREUZBERGWEG
4. SCHLUCHTENPFAD
5. HESBORNER WEG
6. GRÖNEBACH
7. FELDSTEIN UND GOLDSTEIN
8. HOCHHEIDE IN NIEDERSFELD
9. SILBERSEE
10. DÜDINGHAUSEN

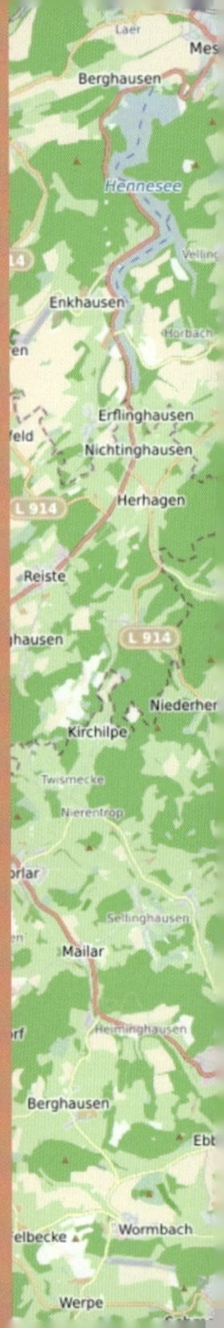

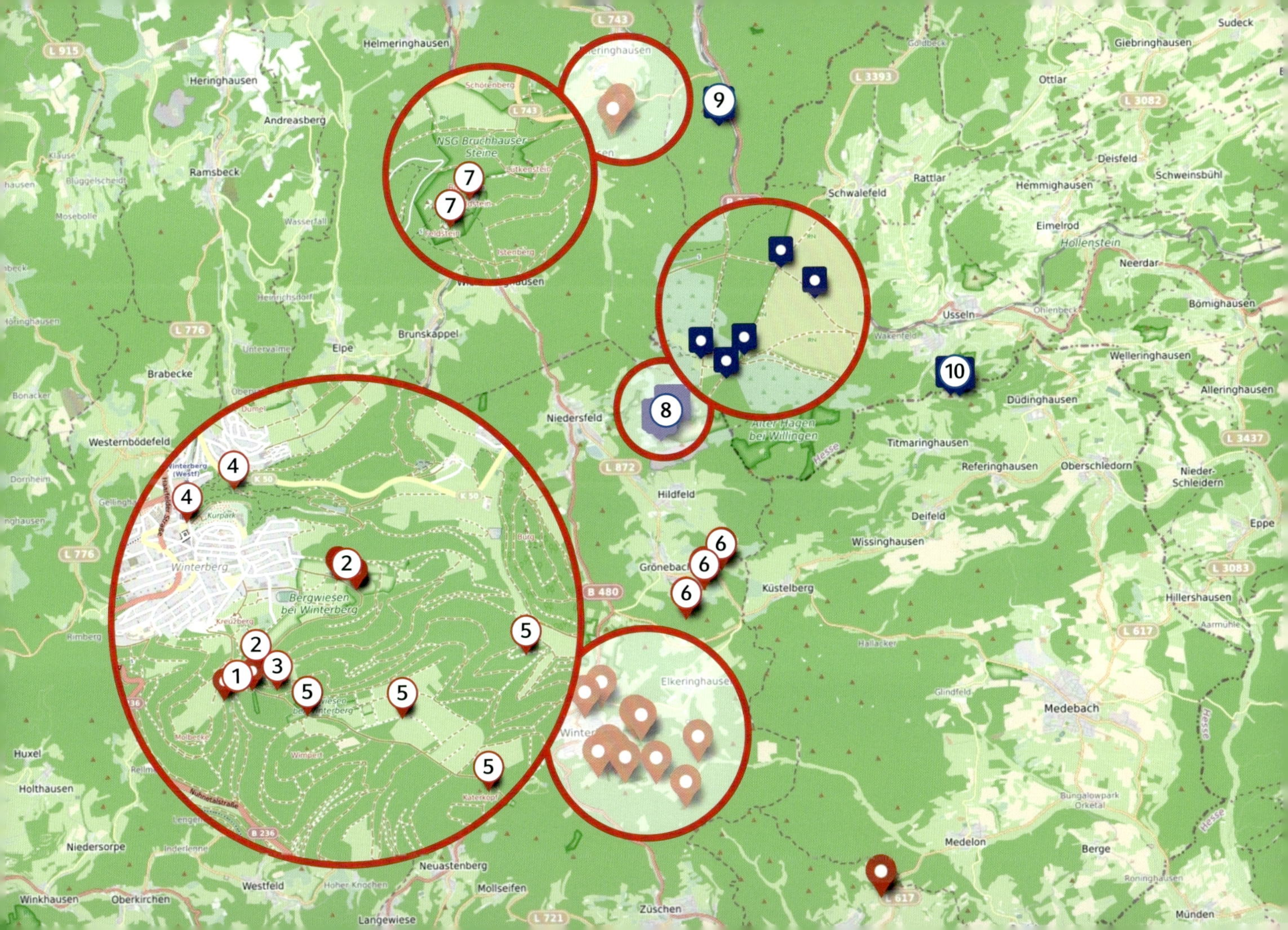

L 915
Helmeringhausen
L 743
Heringhausen
Andreasberg
Ramsbeck
NSG Bruchhauser Steine
7
7
9
Sudeck
Giebringhausen
Ottlar
L 3393
L 3082
Deisfeld
Rattlar
Schwalefeld
Hemmighausen
Schweinsbühl
Eimelrod
Hollenstein
Neerdar
Usseln
Bömighausen
10
Welleringhausen
Alleringhausen
Düdinghausen
Titmaringhausen
L 3437
Referinghausen
Oberschledorn
Nieder-Schleidern
L 776
Elpe
Brunskappel
Brabecke
Westernbödefeld
Niedersfeld
8
Alter Hagen bei Willingen
L 872
Hildfeld
Deifeld
Eppe
Wissinghausen
Grönebach
Küstelberg
B 480
L 3083
Hillershausen
Winterberg
Bergwiesen bei Winterberg
4
4
2
2
3
1
5
5
5
5
5
6
6
6
Elkeringhausen
L 617
Medebach
Huxel
Holthausen
Niedersorpe
Neuastenberg
Westfeld
Mollseifen
Winkhausen
Oberkirchen
Langewiese
Züschen
L 721
Medelon
Berge
Münden

Parken

Location

1 MOLBECKEWEG

Beste Jahreszeit: im Herbst von September bis November
Bester Zeitpunkt: ganztägig
Anfahrt: »59955 Winterberg, Hesborner Weg« ins Navi eingeben.
Parken: 51.186509 8.537527; die Parkmöglichkeit befindet sich auf der rechten Seite.
Location: 51.183619, 8.536653
Weg: Von der Parkmöglichkeit folgen Sie dem *Hesborner Weg* vorbei an der Schutzhütte am *Schmantelrundweg*, bis kurz darauf rechts ein Weg hinunter ins *Molbecketal* abzweigt. Diesem Weg folgen Sie bergab. Unten in der Senke geht links der *Molbeckeweg* ab. Sie wandern auf diesem Weg bis zur Straße Auf der Walme, der Sie bis zur *Schulstraße* folgen. Von der *Schulstraße* biegen Sie nach rechts auf die *Kapellenstraße* ab, die auf den *Hesborner Weg* trifft. Dann sind es nur noch einige Schritte, bis Sie wieder am Parkplatz sind.
Ausstattung: Stativ, Weitwinkel-Zoom, Makro-Objektiv, evtl. Polfilter

TIPP

Sehr schön lassen sich die giftigen Fliegenpilze in Szene setzen, wenn es nachts getaut oder am Tag zuvor geregnet hat. Dann ist der Hut mit Wassertropfen benetzt. Das ergibt eindrucksvolle Makros. Beachten Sie aber auch die kleinen Helmlinge am Wegesrand. Wenn diese Pilze von der Sonne angeleuchtet werden, ergeben sich auch schön ausgeleuchtete Makros. Daneben lassen sich noch viele andere Pilzarten am Wegesrand entdecken. Versuchen Sie auch einmal, einen Pilz mit einem Teleobjektiv zu fotografieren.

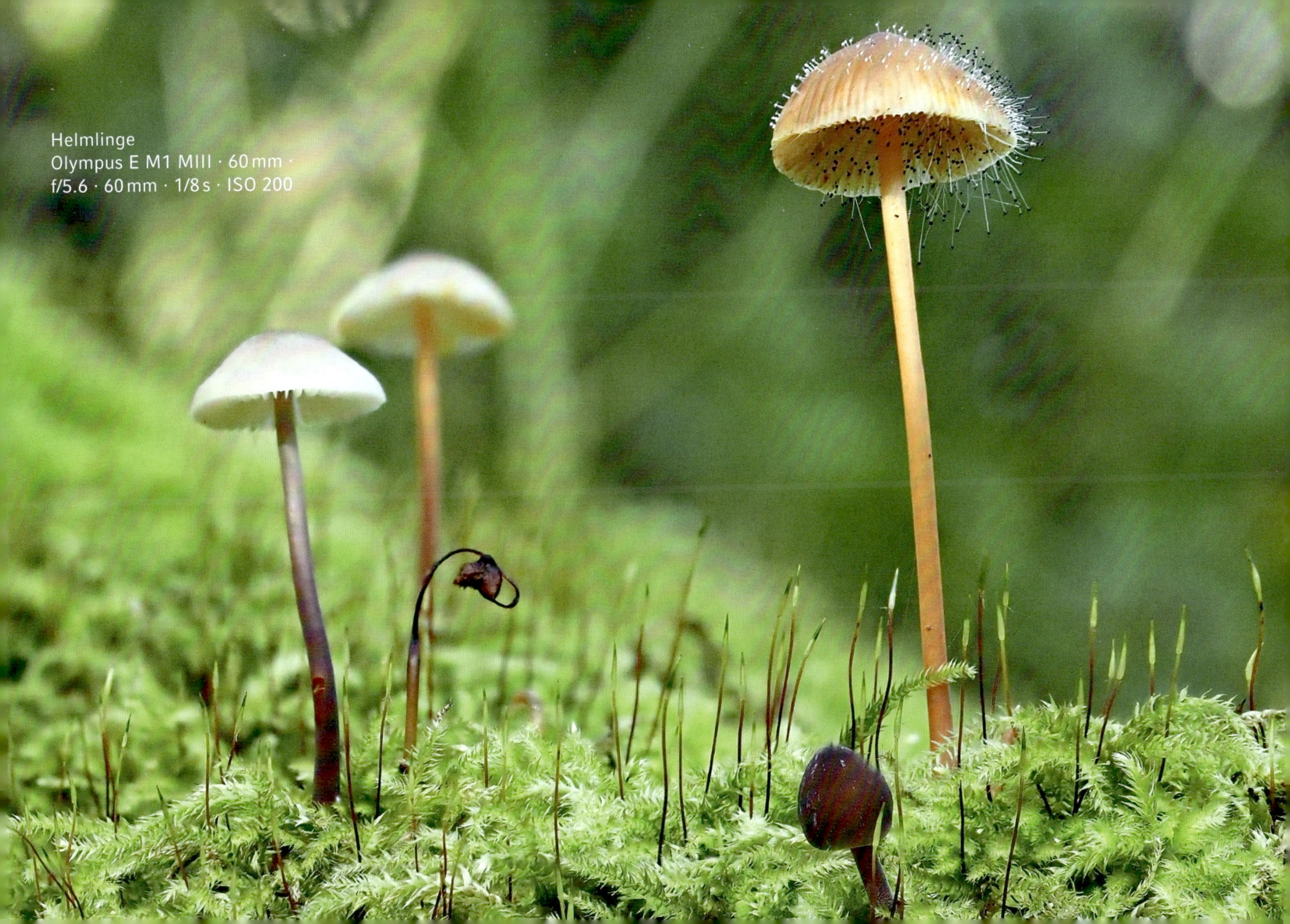

Helmlinge
Olympus E M1 MIII · 60 mm ·
f/5.6 · 60 mm · 1/8 s · ISO 200

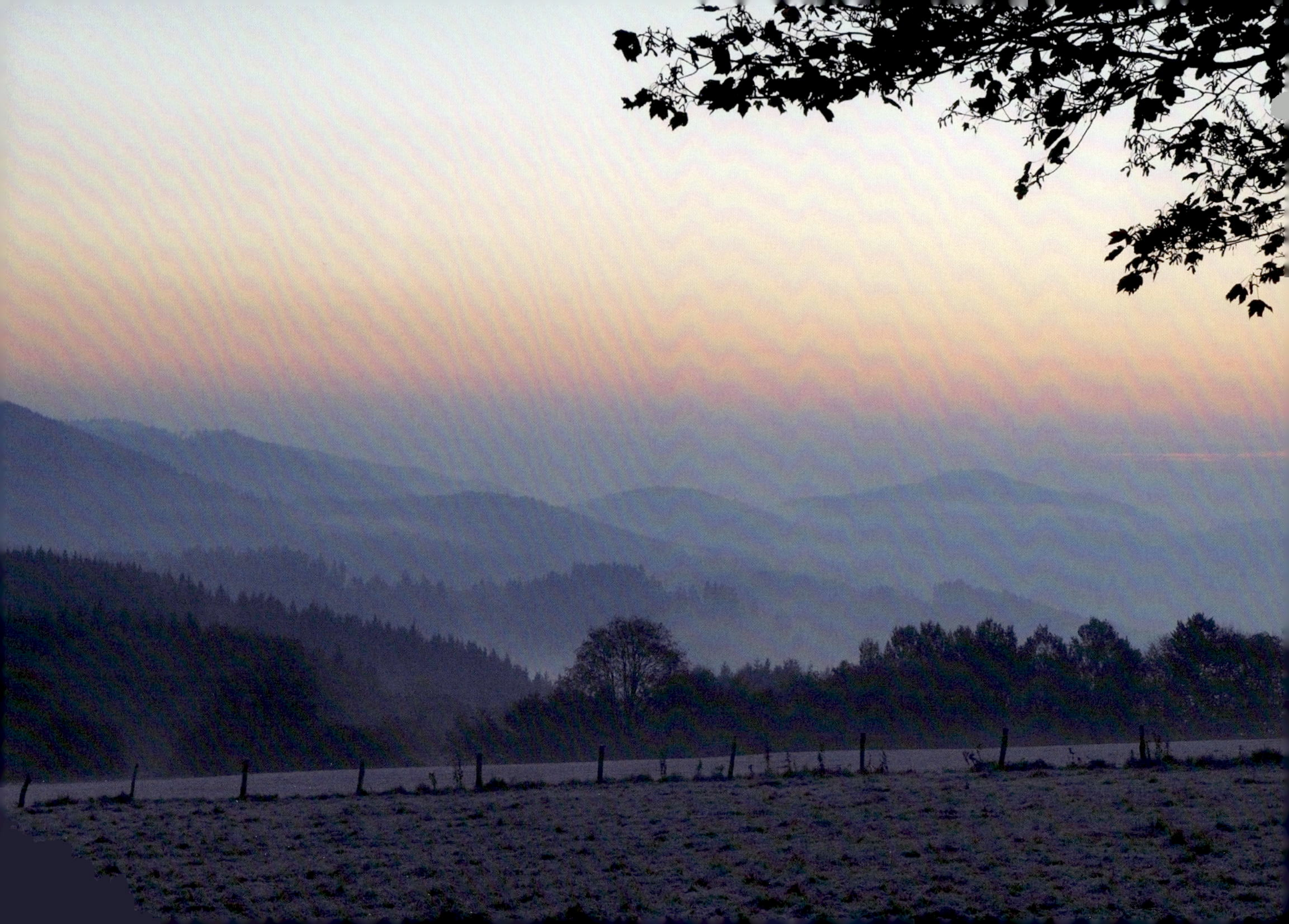

② SCHMANTELRUNDWEG **AUSBLICK 1**

Beste Jahreszeit: ganzjährig

Bester Zeitpunkt: Sonnenaufgang

Anfahrt: »59955 Winterberg, Hackeschladenweg« ins Navi eingeben.

Parken: Am Hackeschladenweg parken (für alle fünf nachfolgenden Ausblicke starten Sie von diesem Parkplatz aus), 51.193430, 8.543790

Location: 51.192139, 8.550023, kurz hinter dem Bauernhof

Weg: Vom Parkplatz gehen Sie in Richtung Wernsdorferstraße und dort halten Sie halbrechts auf den asphaltierten schmalen Fahrweg zu. Dort beginnt der Schmantelrundweg. Der Rückweg erfolgt auf dem Hinweg. Dauer ca. eine Stunde.

Ausstattung: evtl. ein Stativ, Weitwinkel-Zoom

Parken

Location

Der Blick geht zwar nach Nordosten, aber die Sonne streift die Berge Richtung Elkringhausen, sodass das Licht seitlich auf die Berge trifft. Meist sind diese im Frühjahr, Herbst und Winter noch in Dunst gehüllt. Häufig färbt sich dann der Himmel rot mit spannenden Lichtstimmungen. Im Sommer könnte dies auch nach einem Regentag der Fall sein, wenn sich am nächsten Tag klares Wetter mit Sonnenschein ankündigt.

Kühler Oktobermorgen am Schmantelrundweg
Olympus E30 · 12–60 mm · f/8 · 39 mm · 1/30 s · ISO 200

Location

SCHMANTELRUNDWEG AUSBLICK 2

Beste Jahreszeit: ganzjährig
Bester Zeitpunkt: Sonnenaufgang
Anfahrt: »59955 Winterberg, Hackeschladenweg« ins Navi eingeben.
Parken: siehe Seite 129
Location: 51.191333, 8.552158, vor bzw. hinter dem Wegekreuz
Weg: Vom Parkplatz gehen Sie in Richtung Wernsdorferstraße und dort halten Sie halbrechts auf den asphaltierten schmalen Fahrweg zu. Dort beginnt der Schmantelrundweg. Der Weg ist insgesamt sehr aussichtsreich am Anfang. Für alle Fotopunkte benötigen Sie ca. eine Stunde hin und zurück.
Ausstattung: evtl. ein Stativ, Weitwinkel-Zoom

Für den Sonnenaufgang direkt über den Bergen ist der Zeitpunkt im Jahr entscheidend. Da ziehen Sie am besten Ihre App (*Fototool* oder *PhotoPills*, siehe Seite 10–11) auf dem Smartphone zurate. Das Foto rechts wurde im Oktober aufgenommen. Zu diesem Zeitpunkt ist die Wahrscheinlichkeit sehr groß, dass im Tal Wolken liegen und Sie klare Sicht auf den Sonnenaufgang über den Bergen haben.

Obheiter am Schmantelrundweg
Olympus E30 · 12–60 mm · f/18 · 52 mm · 1/60 s · ISO 200

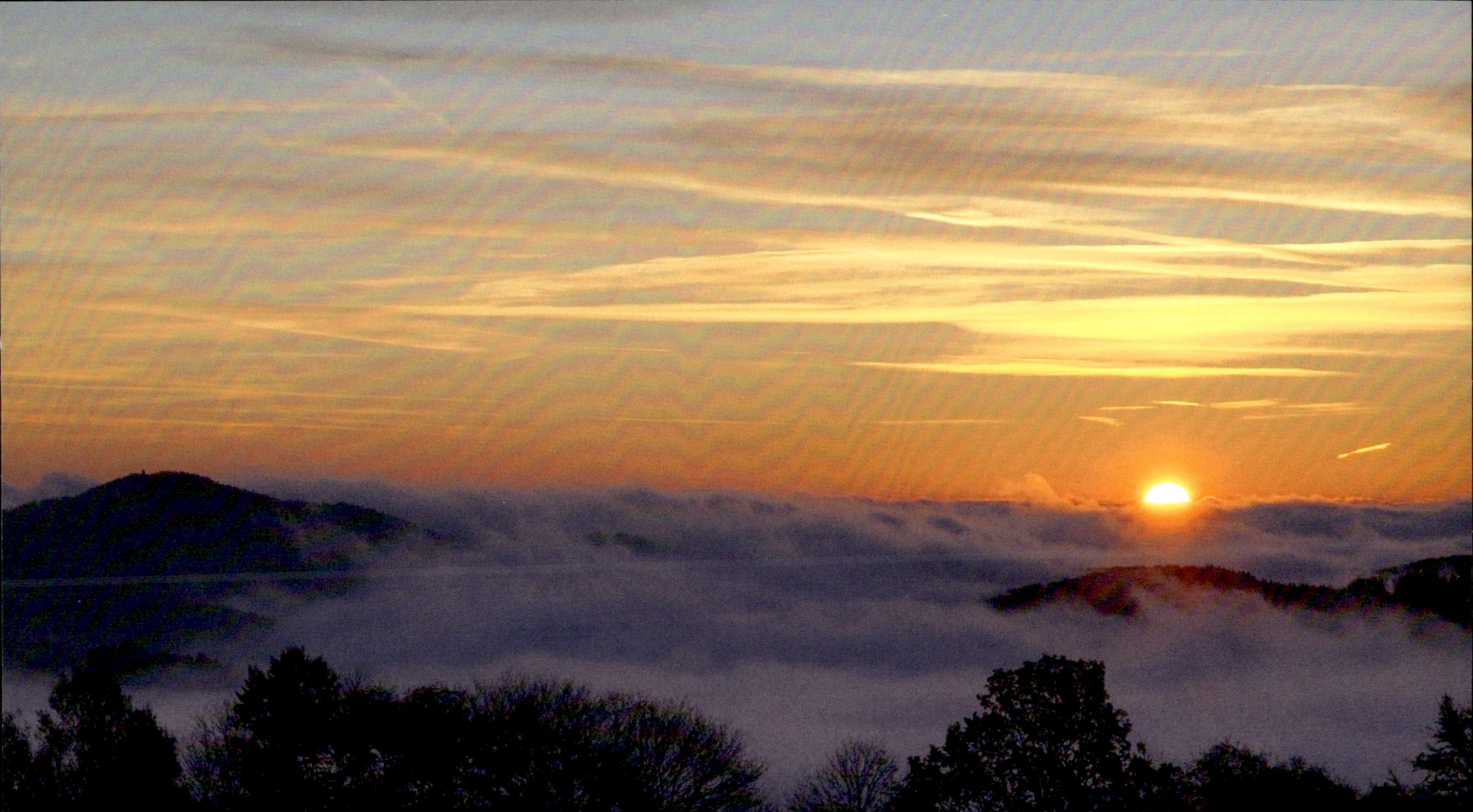

SCHMANTELRUNDWEG AUSBLICK 3

Location

Beste Jahreszeit: ganzjährig
Bester Zeitpunkt: Sonnenaufgang
Anfahrt: »59955 Winterberg, Hackeschladenweg« ins Navi eingeben.
Parken: siehe Seite 129.
Location: 51.191333, 8.552158, vor bzw. hinter dem Kreuz
Weg: Vom Parkplatz gehen Sie in Richtung Wernsdorferstraße und dort halten Sie halbrechts auf den asphaltierten schmalen Fahrweg zu. Dort beginnt der Schmantelrundweg. Für alle Fotopunkte benötigen Sie ca. eine Stunde hin und zurück.
Ausstattung: evtl. ein Stativ, Weitwinkel-Zoom

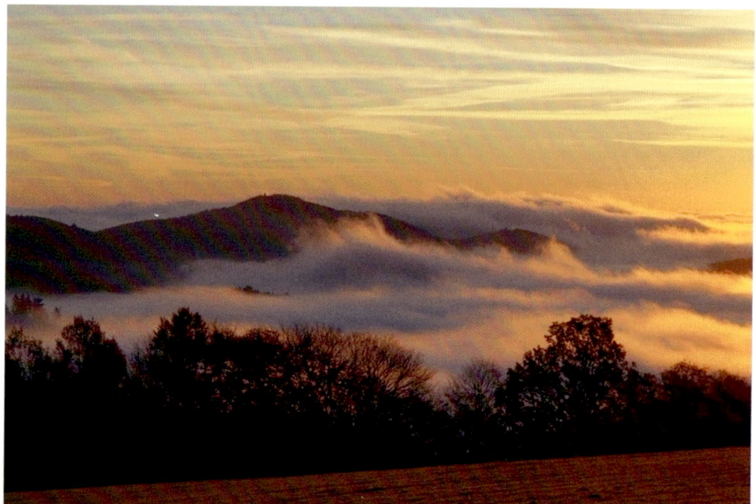

Bei diesem Foto war der Sonnenaufgang schon fortgeschritten und die Sonne strahlte die Wolken direkt an und färbte sie rot ein. Das Foto entstand etwas später an gleicher Stelle. Es lohnt sich, am Schmantelrundweg ein wenig zu warten und auf einen günstigen Augenblick zu hoffen.

Inversionswetterlage am Schmantelrundweg
Olympus E30 · 12–60 mm · f/18 · 60 mm · 1/50 s · ISO 200

SCHMANTELRUNDWEG AUSBLICK 4

Beste Jahreszeit: ganzjährig
Bester Zeitpunkt: Sonnenaufgang
Anfahrt: »59955 Winterberg, Hackeschladenweg« ins Navi eingeben.
Parken: siehe Seite 129
Location: 51.185842, 8.540496, vor der Schutzhütte an der Wiese
Weg: Vom Parkplatz gehen Sie in Richtung Wernsdorferstraße und dort halten Sie halbrechts auf den asphaltierten schmalen Fahrweg zu. Dort beginnt der Schmantelrundweg. Sie folgen dem Weg bis kurz vor die Schutzhütte. Der Rückweg erfolgt auf dem Hinweg.
Ausstattung: evtl. ein Stativ, Weitwinkel-Zoom

Location

Auch an diesem Fotopunkt geht die Sonne rechts über den Hügeln auf. Ziehen Sie *Fototool* oder *PhotoPills* (siehe Seite 10–11) auf Ihrem Handy zurate. Diese Apps geben Ihnen an, wo die Sonne in etwa aufgeht. Das Foto entstand Anfang Oktober nach einer Nacht mit erstem Bodenfrost. Dann können Sie auch mit leichtem Bodennebel rechnen.

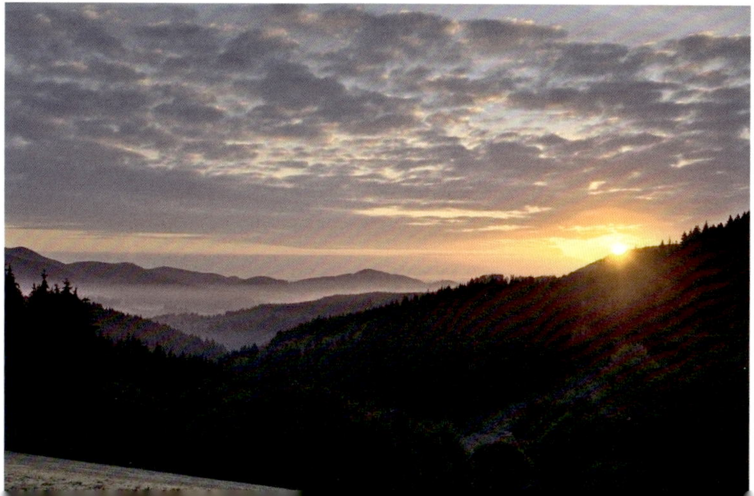

Sonnenaufgang am Schmantelrundweg
Olympus OMD E-M1 MIII · 12–40 mm · f/5.6 · 21 mm · 1/60 s · ISO 200

Location

SCHMANTELRUNDWEG AUSBLICK 5

Beste Jahreszeit: Winter
Bester Zeitpunkt: nach heftigem Schneefall
Anfahrt: »59955 Winterberg, Hackeschladenweg« ins Navi eingeben.
Parken: siehe Seite 129
Location: 51.192039, 8.549937. Am Bauernhof kommt ein Wiesenweg von rechts.
Weg: Vom Parkplatz gehen Sie in Richtung Wernsdorferstraße und dort halten Sie halbrechts auf den asphaltierten schmalen Fahrweg zu. Dort beginnt der Schmantelrundweg. Sie folgen dem Weg eine kurze Strecke. (Gehdauer ca. 20 Minuten.)
Ausstattung: evtl. ein Stativ, Weitwinkel-Zoom

Im Winter kommt es in Winterberg häufiger vor, dass es in der Nacht heftig schneit. Hüllt dann noch Nebel Stadt und Umgebung ein, bieten sich am Schmantelrundweg auch bei Nebel eindrucksvolle Wintermotive an.

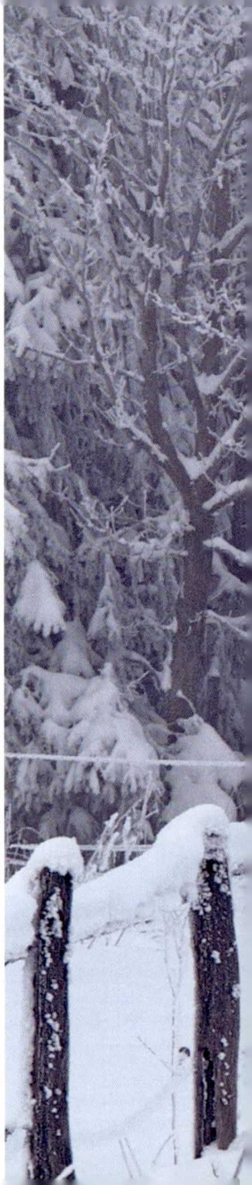

Ein grauer Wintertag am Schmantelrundweg
Olympus E30 · 12–60 mm · f/5.6 · 60 mm · 1/250 s · ISO 200

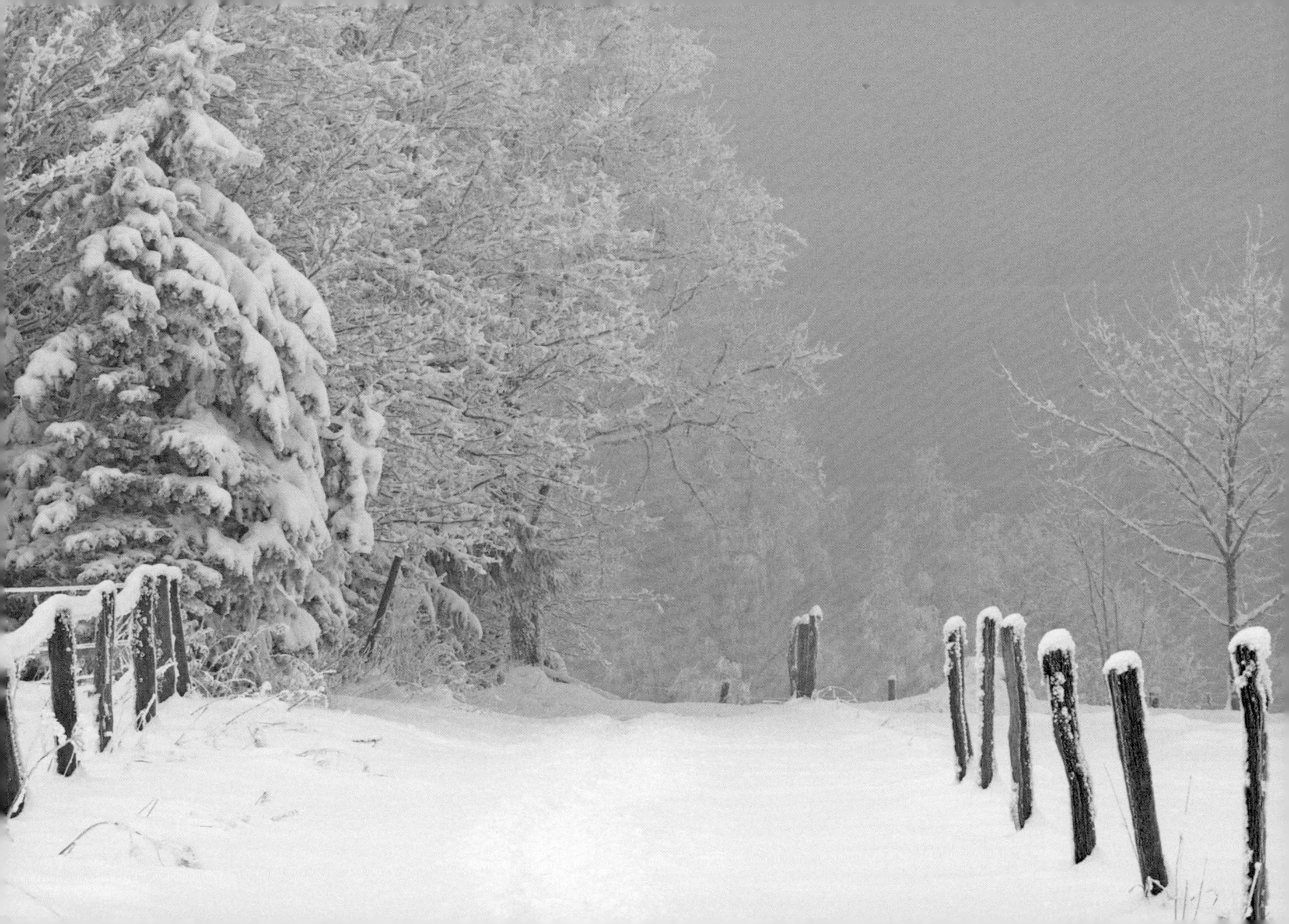

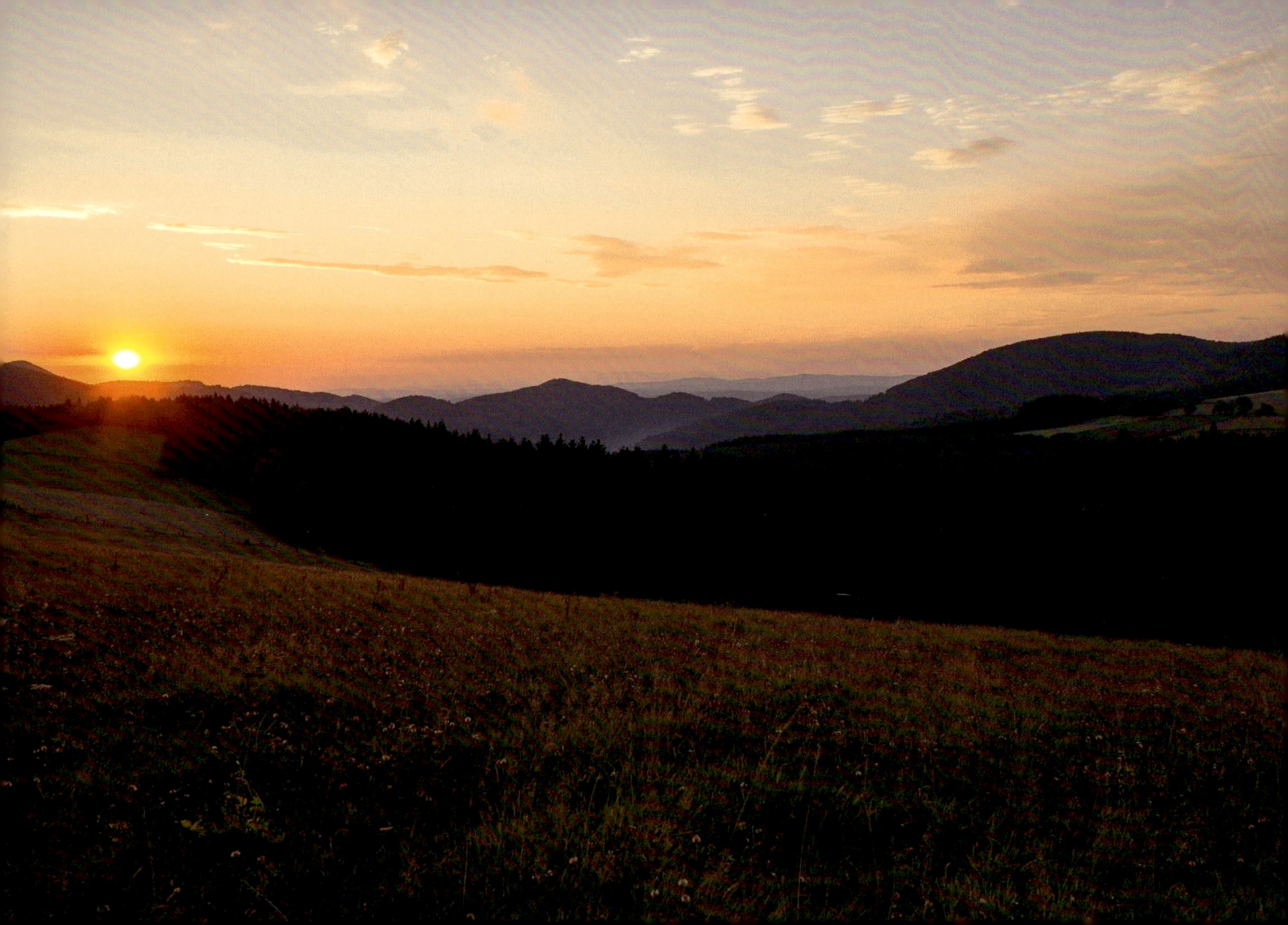

3 KREUZBERGWEG

Beste Jahreszeit: ganzjährig
Bester Zeitpunkt: Sonnenaufgang
Anfahrt: »59955 Winterberg, Hackeschladenweg« ins Navi eingeben
Parken: am Hackeschladenweg parken, 51.193430, 8.543790
Location: 51.184279, 8.542811
Weg: Vom Parkplatz gehen Sie in Richtung Wernsdorferstraße und dort halten Sie halbrechts auf den asphaltierten schmalen Fahrweg zu. Dort beginnt der Schmantelrundweg. Sie folgen dem Weg bis zur Schutzhütte und biegen dort rechts ab. Sie folgen dem Hesborner Weg ein Stück. Dann nehmen Sie den ersten nach rechts abbiegenden Weg. Sie steigen mit dem Weg leicht bergauf. Sie folgen dem Weg bis zu einer Scheune und biegen dort nach rechts ab. Es geht durch Wiesen bis zu einer Gabelung. Sie folgen dem Weg nach links und gelangen schon bald zum Schmantelrundweg und von dort zum Parkplatz. Dauer ca. eine Stunde.
Ausstattung: evtl. ein Stativ, Weitwinkel-Zoom

Parken

Location

Oberhalb der Wiesen bieten sich schöne Ausblicke. Wenn die Wiesen blühen, haben Sie bei Sonnenaufgang interessante Motive. Allerdings beginnt die erste Mahd von den Bergwiesen etwa Mitte Juli. Andere Wiesen werden schon früher gemäht. Dann ist es natürlich erst mal mit der Blütenpracht vorbei.

Sonnenaufgang am Kreuzbergweg
Olympus E-M5 · 17 mm · f/18 · 17 mm · 1/160 s · ISO 200

Parken

Tourstart

Location

4 SCHLUCHTENPFAD

Beste Jahreszeit: ganzjährig
Bester Zeitpunkt: ganztägig
Anfahrt: »59955 Winterberg, Am Kurpark« ins Navi eingeben.
Parken: Möglichst nah am Hotel »Oversum«: 51.195249, 8.538986
Tourstart: 51.196242, 8.532401
Location: 51.198491, 8.537984
Weg: Vom Parkplatz am Hotel »Oversum« vorbei gehen Sie in Richtung Pforte. Dort halten Sie sich rechts. Hier startet der Weg über Stufen ins Naturschutzgebiet Schluchtenweg. Der Weg ist mit Hinweistafeln ausgeschildert. Der Weg zum Bodensee und zurück dauert etwa eine Stunde. Wenn Sie den Rundweg in Gänze absolvieren, ergeben sich viele andere Fotopunkte. Es bleibt Ihrer Fotokunst überlassen, welcher Fotopunkt Ihnen zusagt.
Ausstattung: Weitwinkel-Zoom, Stativ und ND-Graufilter

TIPP

Den Weg sollten Sie nach starken Regenfällen gehen, sonst ist der Bach nur ein Schatten seiner selbst. Das wenige Wasser plätschert dann nur in kleinen Kaskaden zu Tal. Nach ausgiebigem Regen jedoch strömt es hinab.

Bachlauf im Schluchtenpfad
Olympus OMD E-M1 MIII · 12–40 mm · f/2.8 · 32 mm · 10 s · ISO 200 · ND64-Graufilter

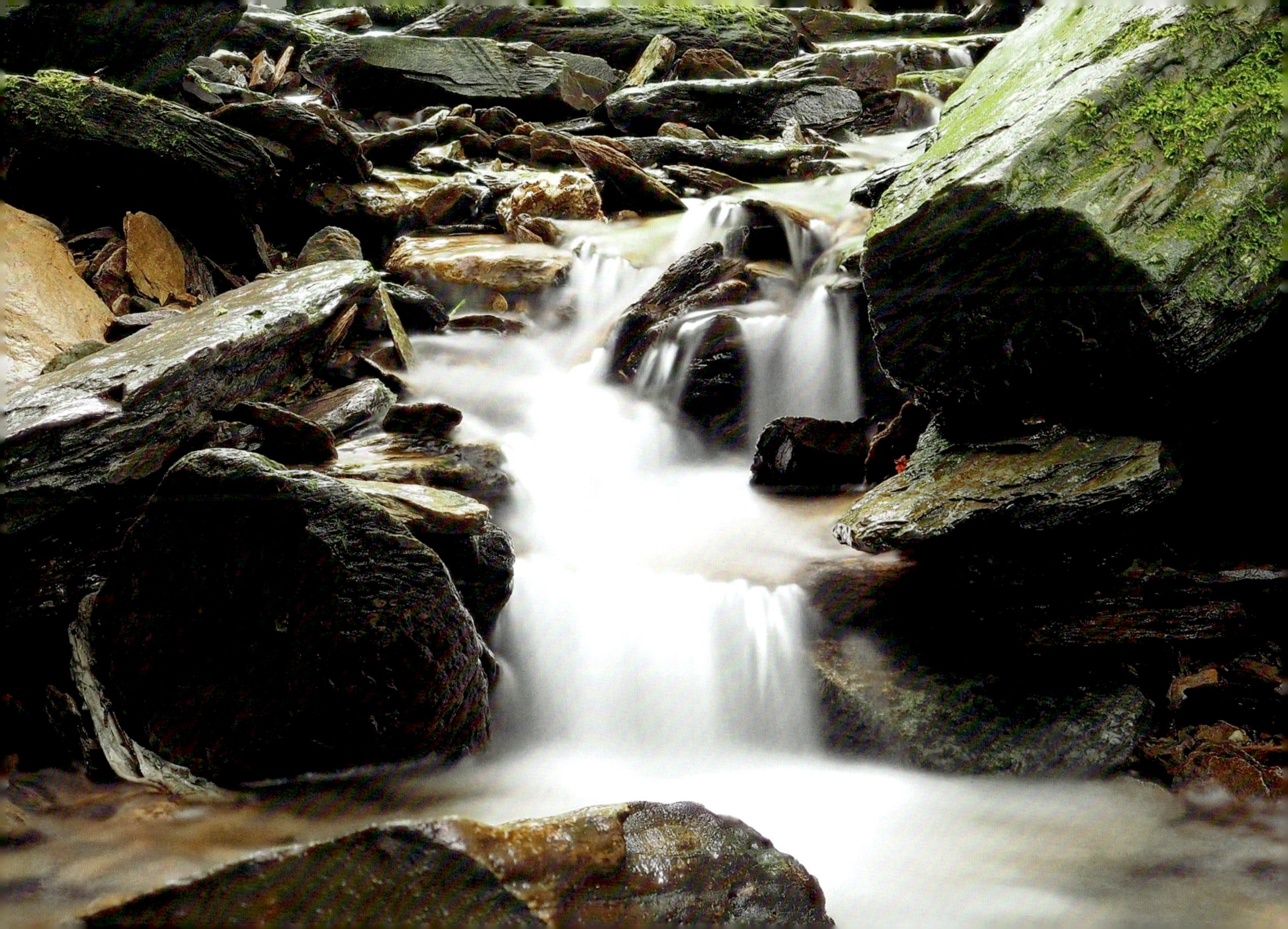

Morgens am Hesborner Weg
Panasonic LUMIX DC-S5 ·
24–70 mm · f/20 · 55 mm · 1/5 s ·
ISO 100 · GND 16

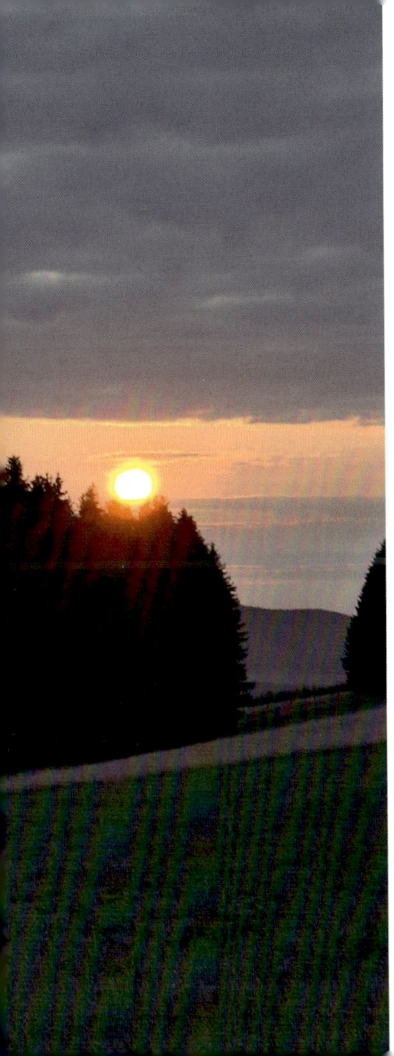

5 HESBORNER WEG

Beste Jahreszeit: ganzjährig
Bester Zeitpunkt: Sonnenaufgang und ganztägig
Anfahrt: »59955 Winterberg, Hesborner Weg« ins Navi eingeben.
Parken: Die Parkmöglichkeit befindet sich auf der rechten Seite vor dem Verkehrszeichen Durchfahrt verboten: 51.186645, 8.537482. Im weiteren Verlauf ist der Hesborner Weg nur noch für den landwirtschaftlichen und forstwirtschaftlichen Verkehr freigegeben.
Location 1 (Sonnenaufgang): 51.182447, 8.546317
Location 2 (Sonnenaufgang): 51.182218, 8.557392
Location 3 (Aussicht): 51.176985, 8.567480
Location 4 (Sonnenaufgang): 51.186606, 8.571984
Weg: Von der Parkmöglichkeit folgen Sie dem Hesborner Weg vorbei an der Schutzhütte am Schmantelrundweg, bis auf der linken Seite eine Bergwiese auftaucht. Auf der Wiese befindet sich der erste Fotopunkt. Der Fußweg bis zu diesem Punkt dauert etwa 10 Minuten. Nach weiteren 20 Minuten gelangen Sie zum zweiten Fotopunkt. Dazu biegen Sie vom Hesborner Weg an einer Scheune, die etwas zurückversetzt liegt, links ab und gehen bis zur Eberesche mit Sitzbank. Auf der Bank können Sie in Ruhe den Sonnenaufgang abwarten. Wahrscheinlich erhalten Sie Besuch von einer neugierigen Kuhherde, die sich für Sie und Ihr Tun interessiert. Wenn Sie weitere Fotopunkte erreichen möchten, dauert es noch etwa 45 Minuten bis zum Franzosenkreuz. Unterwegs und auch in der Nähe des Franzosenkreuzes erwarten Sie noch mehr schöne Aussichten.
Ausstattung: Stativ, Weitwinkel-Zoom, Grauverlaufsfilter

Parken

Location 1

Location 2

Location 3

Location 4

Ruhepol
Panasonic
LUMIX DC-S5 ·
24–70 mm ·
f/5.6 ·
28 mm ·
15 s · ISO 100 ·
GND 16

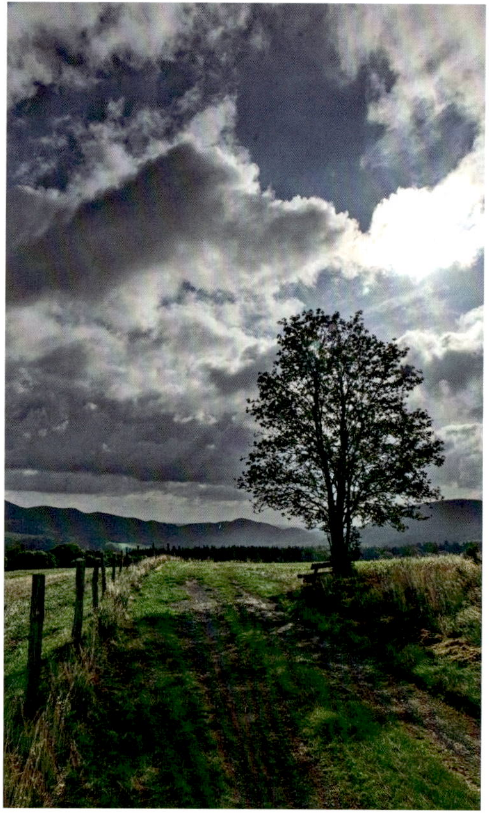

Am Fotopunkt mit Eberesche und Sitzbank umgibt Sie eine wunderbare Stille. An diesem Ort können Sie die Seele baumeln lassen und wunderschöne Augenblicke in der Natur genießen. Aus dem Tal steigen sanfte Nebel auf, die Morgendämmerung zeigt das erste Rot am Himmel, bevor das Licht der Sonne kräftiger wird. Es sind diese Augenblicke in der Natur, die die Landschaftsfotografie so attraktiv machen.

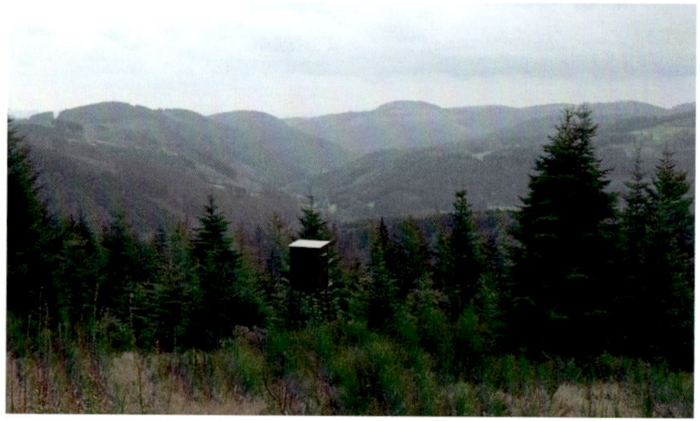

Ausblick am Hesborner Weg
Panasonic DC-S5 · Sigma 24–70 mm · f/9 ·
51 mm · 1/30 s · ISO 100

6 GRÖNEBACH

Beste Jahreszeit: ganzjährig
Bester Zeitpunkt: Herbst zur Zeit der Laubfärbung
Anfahrt: »59955 Winterberg, Niedersfelderstraße 2« ins Navi eingeben.
Parken: 51.229007, 8.559845
Location 1 (Ruipe-Ropes Hütte, Entenwiese): 51.217257, 8.568440
Location 2 (auf der Egge): 51.223692, 8.574764
Location 3 (Antoniusstein): 51.227842, 8.580862

Parken

Weg: Von der Wandertafel am Lambertusplatz aus wandern Sie nach rechts und steigen auf grasigem Pfad bergan zur Landstraße. Etwa 100 m geht es nach links an der Straße entlang und dann bergan zur Freizeitanlage »Schlade«. Den Weg können Sie nicht verfehlen, weil er hervorragend ausgeschildert ist. Holzschilder mit der Aufschrift »Dorfpfad« weisen den Weg. Der Dorfpfad umrundet auf zum Teil schmalen Pfaden das Örtchen Grönebach. Unterwegs werden Sie schöne Aussichten fotografieren können. In etwas weniger als drei Stunden lässt sich dieser Qualitätsweg, der als solcher vom Wanderverband ausgezeichnet wurde, erwandern.
Ausstattung: Stativ und Weitwinkel-Zoom

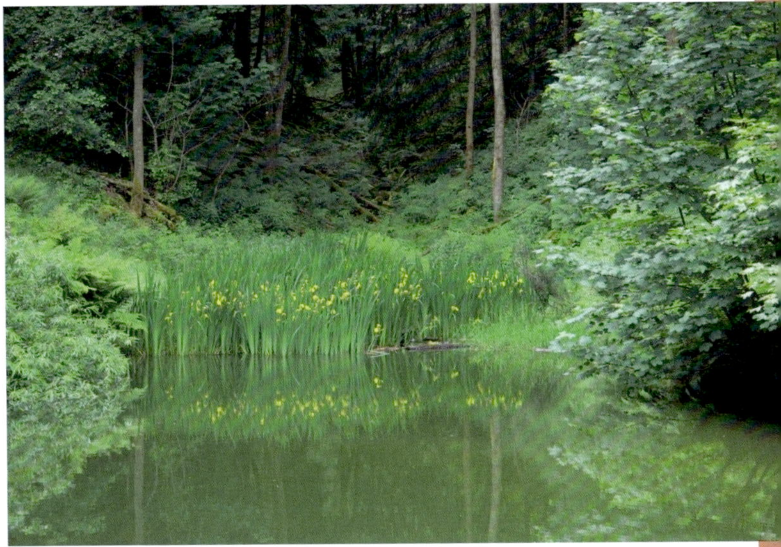

Teich an der Ruipes-Ropes-Hütte
Olympus OMD E-M1 MIII · 12–40 mm · f/2.8 · 40 mm · 1/125 s · ISO 200

Location 1

Location 2

Location 3

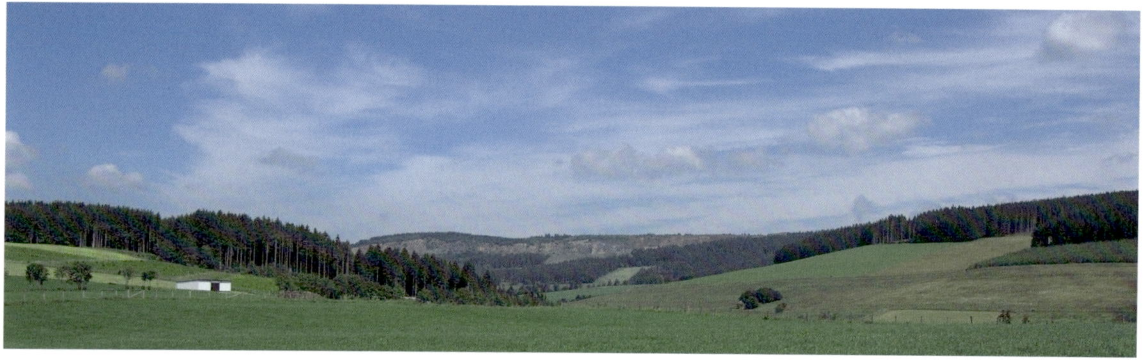

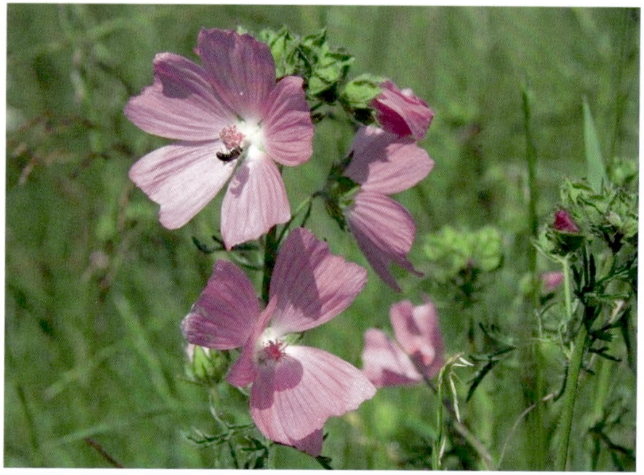

Vergessen Sie die Pflanzen am Wegesrand nicht, wie z. B. diese Malven
Olympus OMD E-M1 MIII · 12–40 mm · f/5.6 · 35 mm · 1/1000 s · ISO 200

Die Aussicht geht bis zum Clemensberg
Olympus OMD E-M1 MIII · 12–40 mm · f/5.6 · 12 mm · 1/400 s · ISO 200

7 FELDSTEIN UND GOLDSTEIN

Beste Jahreszeit: ganzjährig
(aber die Besteigung im Winter könnte rutschig sein)
Bester Zeitpunkt: ganztägig oder Sonnenuntergang
Anfahrt: »59939 Olsberg« ins Navi eingeben
Parken: An der L743 auf dem Wanderparkplatz Feuereiche: 51.328909, 8.563741
Location 1 (Goldstein): 51.322743, 8.546208
Location 2 (Feldstein:) 51.320877, 8.544091
Weg: Vom Parkplatz überqueren Sie die viel befahrene L743. Der Wanderweg zu den Bruchhauser Steinen biegt nach rechts ab. Sie folgen zunächst dem Hinweis »Bruchhauser Steine«. Dann halten Sie sich in Richtung Maluschke Platz. Und gehen zwischen Goldstein und Bornstein hindurch. Sie umrunden den Goldstein und folgen dem Weg abwärts. Gehen Sie weiter auf dem breiten Forstweg bis Sie wieder auf den Hinweg treffen. Auf *openstreetmap.de* sind die Wege sehr gut eingezeichnet. Sie ersparen sich durch diese kleine Wanderung den Eintritt und die Parkgebühren.
Ausstattung: evtl. ein Stativ, Weitwinkel-Zoom

Parken

Location 1

Location 2

92 Meter hoch ragen die Felsen aus dem Buchenwald. In den Wänden der Felsen brüten Uhus, Falken und andere seltene Vogelarten. Der Feldstein lässt sich sogar besteigen. Auch seltene arktisch-alpine Pflanzen sollen dort gedeihen.

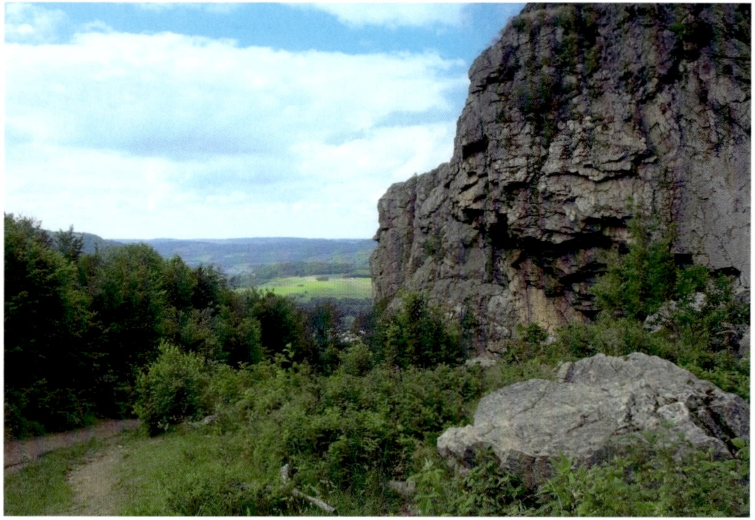

Ausläufer des Goldsteins
Olympus OMD E-M1 MIII · 12–40 mm · f/13 · 12 mm · 1/20 s · ISO 200

Am Goldstein
Olympus OMD E-M1 MIII · 12–40 mm · f/13 · 14 mm · 1/30 s · ISO 200

Schon in vorchristlicher Zeit haben hier Menschen am Bornstein, Ravenstein, Goldstein und Feldstein Schutz gesucht. Hier sollten Sie genau hinsehen, dann entdecken Sie eine alte Wallburg, die die Erbauer geschickt in den Fels eingearbeitet haben.

Die Aussicht am Maluschke-Platz ist leider zugewuchert.

In der Nähe liegt übrigens der Schmalah-Stausee (auch »Silbersee« genannt), dessen Besuch sich vor allem zur Laubfärbung im Herbst empfiehlt – mehr Informationen dazu finden Sie im Bonusmaterial auf der Buchwebsite (*www.dpunkt.de/produkt/sauerland-fotografieren/*, unter dem Reiter *Zusatzmaterial*).

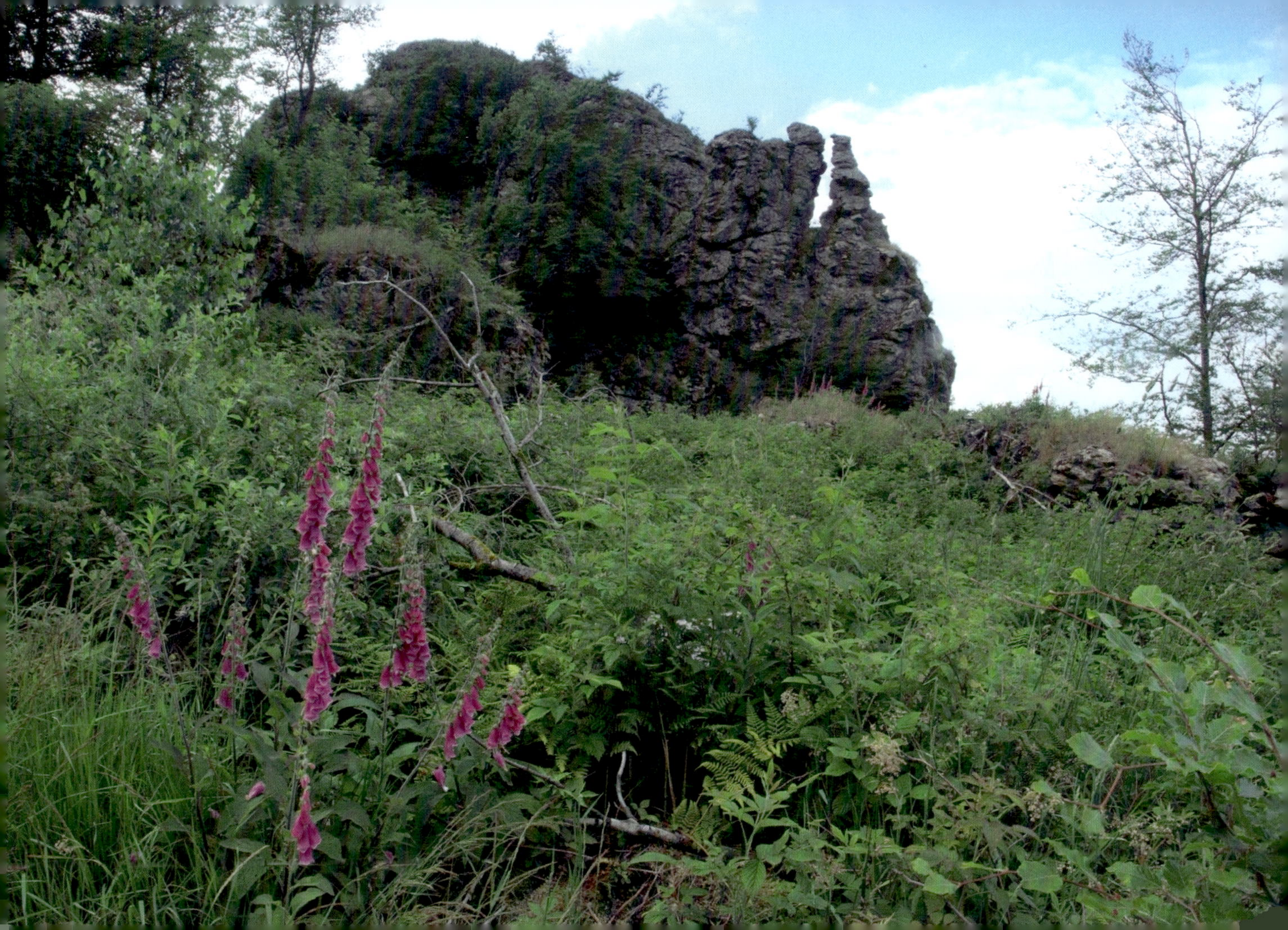

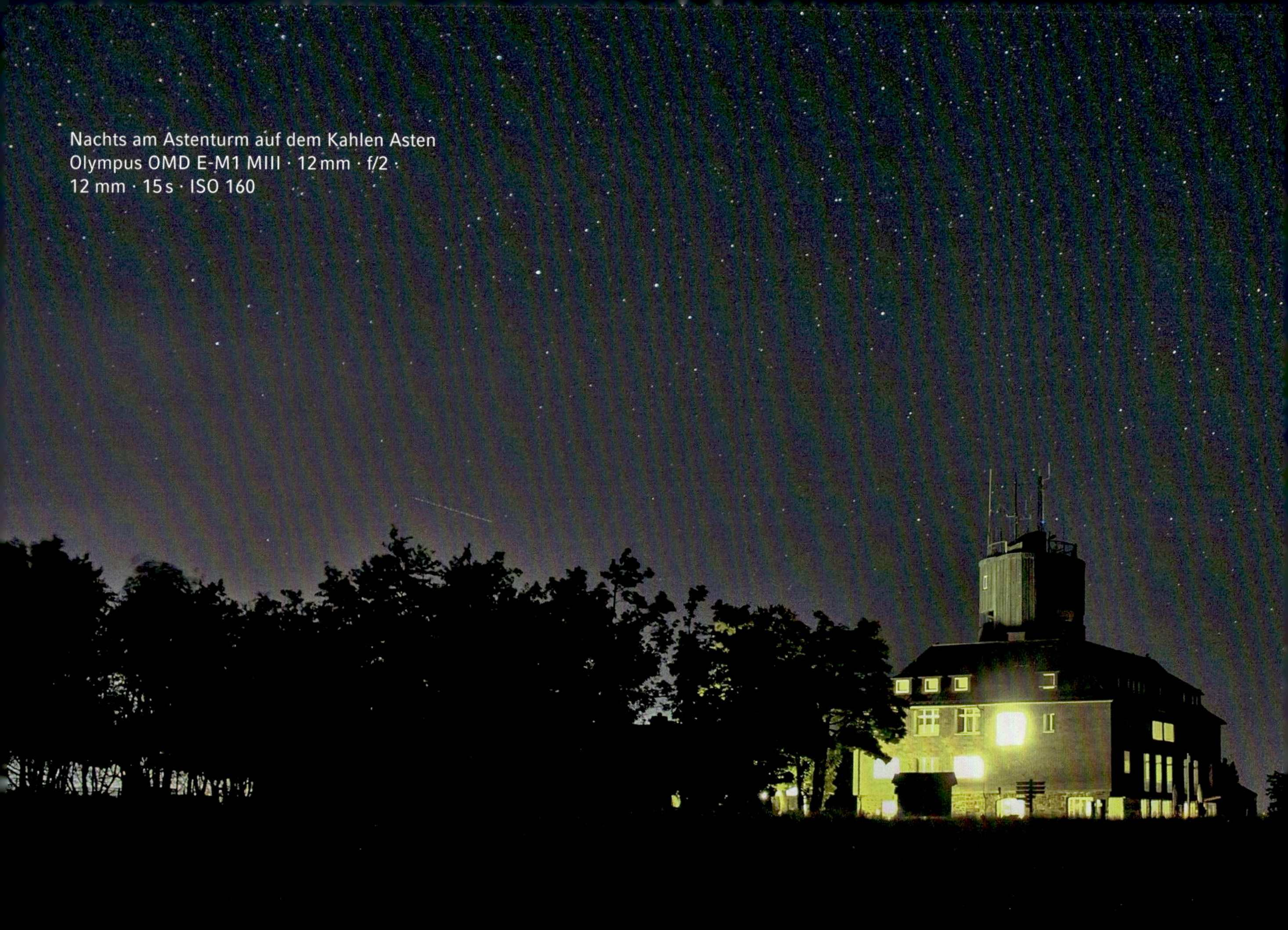

Nachts am Astenturm auf dem Kahlen Asten
Olympus OMD E-M1 MIII · 12 mm · f/2 ·
12 mm · 15 s · ISO 160

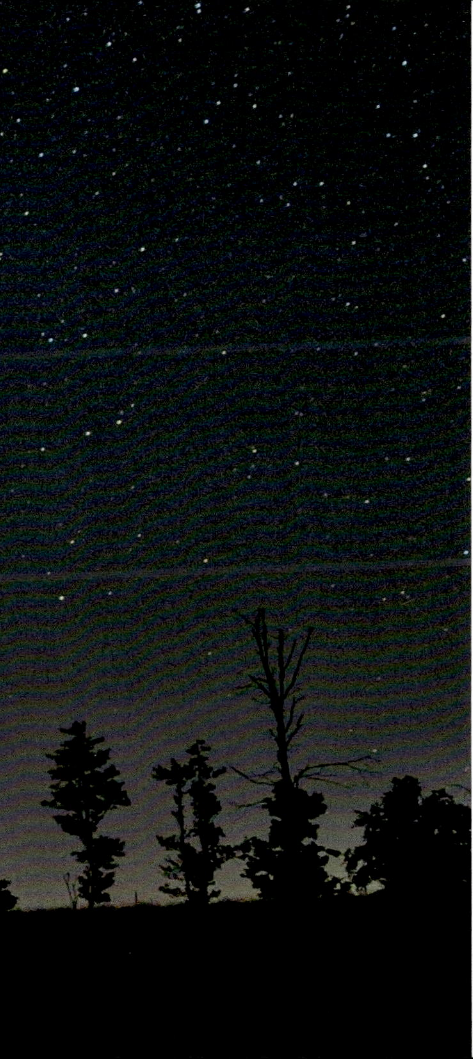

ROTHAAR-GEBIRGE SÜD
TOUR 5

Auch den Südteil des Rothaargebirges können Sie von Winterberg aus angehen. Los geht es auf dem Hausberg der Winterberger, dem bekannten Kahlen Asten, mit einem spannenden Thema: der Sternenfotografie. Auch rund um diesen Touristenmagneten haben Sie zahlreiche Möglichkeiten, Ihr fotografisches Können unter Beweis zu stellen. Etwa die morgendlichen Nebellagen auf dem Kahlen Asten mit der Astenheide reizen zum Fotoshooting.

Im Frühsommer blühen die Blumen auf den Bergwiesen um Winterberg und Altastenberg. Wenn dann am Abend die Sonne untergeht und die Blumen von der rot untergehenden Sonne angestrahlt werden, ergeben sich wunderschöne Motive.

Mitte Juni blüht auf der Renauwiese das gefleckte Knabenkraut. Ein sehenswertes Naturschauspiel, das mit dem sich anschließenden Renautal einen Besuch wert ist. Allerdings können Sie diese beiden Fotopunkte nur per pedes erreichen.

Die Höhendörfer wie Lenneplätze, Langewiese und Hoheleye sollten Sie zum Sonnenauf- oder Sonnenuntergang aufsuchen. Denn dann bieten sie weite Sichten ins Sauerland.

Dann folgt mit dem Besuch der Burgruine Rappelstein ein Besuch in die Kulturgeschichte des Sauerlandes – hier haben Sie einen schönen Ausblick auf den umgebenden Ort Nordenau. Hierzu finden Sie bei den Bonusinhalten zum Buch noch einen Fotospot (*www.dpunkt.de/produkt/sauerland-fotografieren/*, Reiter *Zusatzmaterial*).

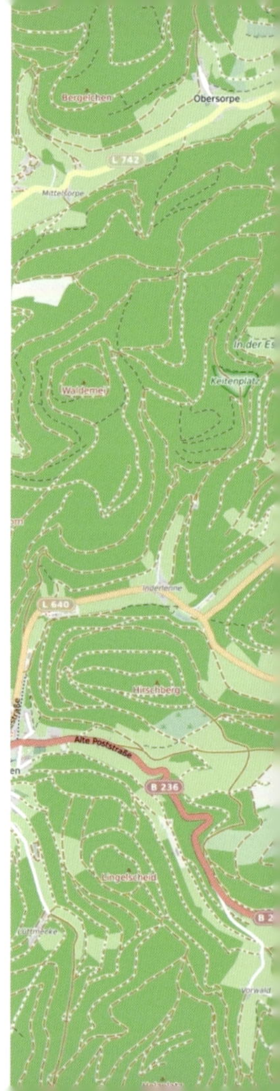

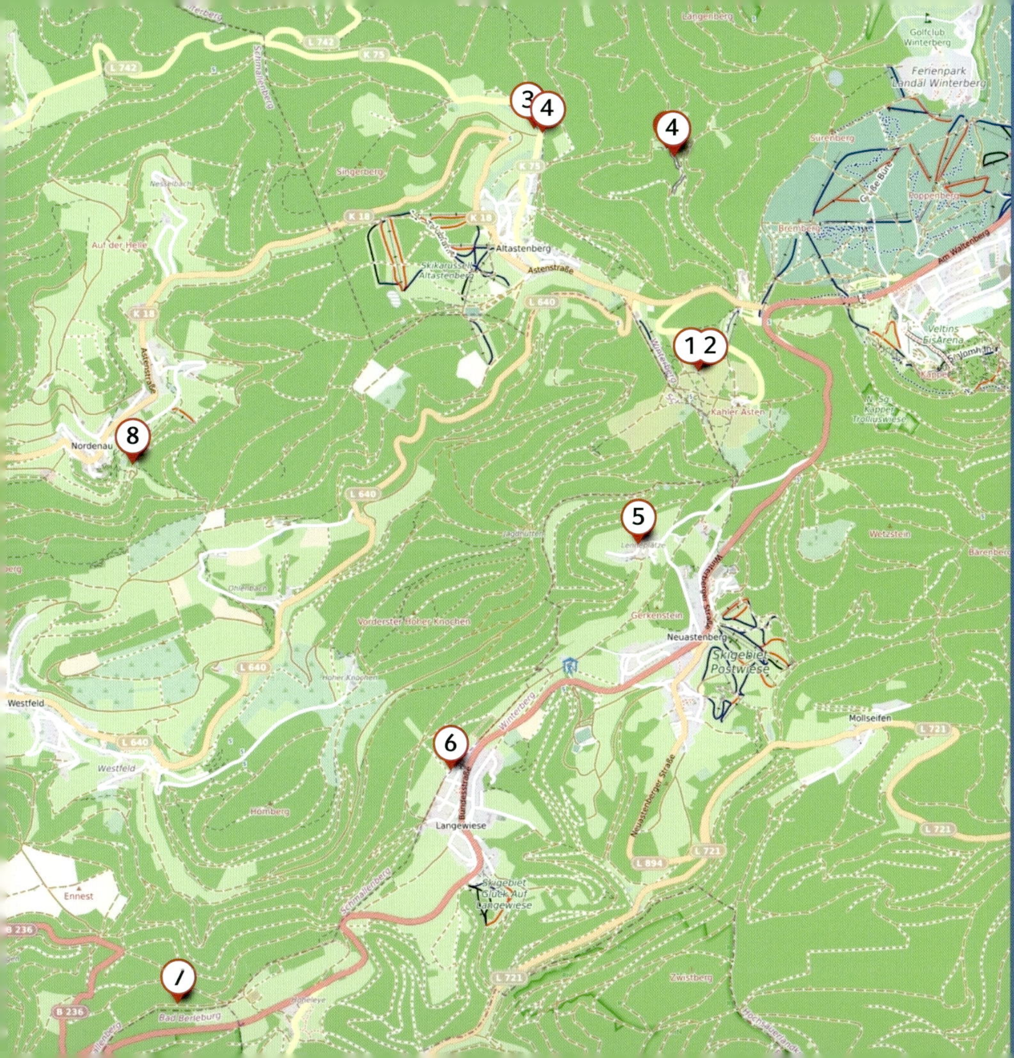

ROTHAARGEBIRGE SÜD

TOUR 5

1. KAHLER ASTEN
2. SONNENUNTERGANG AM KAHLEN ASTEN
3. ALTASTENBERG, BERGWIESENPFAD
4. RENAUWIESE UND RENAUTAL
5. LENNEPLÄTZE
6. LANGEWIESE
7. HOHELEYE
8. AUSSICHTSPLATTFORM BURG RAPPELSTEIN

Exkurs Sternenfotografie

- Bevor Sie in der Nacht den Sternenhimmel fotografieren, sollten Sie sich zunächst mit der Umgebung Ihres Fotopunktes vertraut machen. Fahren Sie z. B. abends nach 18:00 Uhr hoch zum Kahlen Asten. Um diese Zeit treffen Sie dort kaum noch Wanderer oder Spaziergänger an. Außerdem fallen keine Parkgebühren an. Zum Kahlen Asten können Sie nachts bequem mit dem Pkw fahren und dort direkt am Astenturm parken. Den Fotopunkt erreichen Sie dann nach kurzer Zeit. Außerdem ist die Lichtverschmutzung dort oben gering.
- Benutzen Sie ein Stativ. So können Sie dann den gleichen Bildausschnitt mit unterschiedlichen Kameraeinstellungen aufnehmen.
- Vergessen Sie Stirn- und Taschenlampe nicht. Mit der Stirnlampe stolpern Sie nicht über die Wege. Die Taschenlampe können Sie einsetzen, um evtl. einen Baum oder ein Gebäude auszuleuchten.
- Für die Belichtungszeit gilt folgende Faustformel für eine Vollformatkamera: 500 : Brennweite des Objektives. Für ein 24-mm-2.8-Objektiv gilt: 500 : 24 = 20,83 s, also sollten Sie eine Belichtungszeit von 20 Sekunden einstellen. Für eine MFT-Kamera gilt: 500 : Brennweite/Cropfaktor; z. B. 500 : 17/2 = 14,70 s aufgerundet 15 s.
- Den ISO-Wert stellen Sie zwischen 1600 und 3200 ein, je nach Rauschverhalten Ihrer Kamera.
- Das Problem mit dem Scharfstellen auf den Sternenhimmel können Sie u. a. wie folgt lösen:
  - Vergrößern Sie das Autofokusfeld auf eine 3×3-Matrix.
  - Fokussieren Sie mit dem Autofokus vor, bevor Sie in den manuellen Fokus schalten.

Die Einstellungen für die Olympus OMD E-M1 MIII:

- Belichtungszeit für die Festbrennweite 12 mm f/2 habe ich zwischen 15 s bis 20 s eingestellt.
- Der ISO-Wert liegt bei diesem Objektiv zwischen 1600 und 2000.
- Verwenden Sie ein lichtstarkes Objektiv, z. B. für MFT 17 mm f/1.8 bzw. für eine Vollformatkamera 14 mm f/2.8

Alle angegeben Werte sind abhängig von der Kamera und vom Objektiv. Es führt für Sie kein Weg daran vorbei, die Einstellungen zu testen.

Für Eigentümer einer Olympus OMD E-M1 MIII oder E-M1X gestaltet sich die Sternenfotografie wesentlich einfacher:

- Im Zahnradmenü stellen Sie unter dem Punkt A4 die Option *Sternenhimmel fotografieren* auf die Option *Genauigkeit* ein. Sie fotografieren ja vom Stativ. Sollten Sie aus der Hand fotografieren (was bei der Sternenfotografie nicht sinnvoll ist), wählen Sie die Option *Geschwindigkeit*.

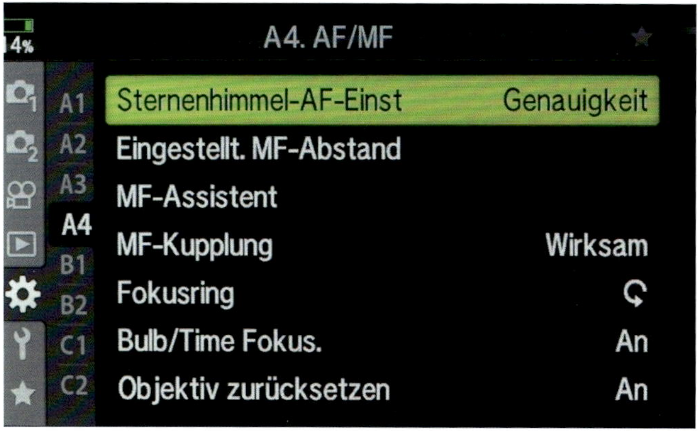

Das Zahnradmenü der Kamera

- Vergrößern Sie das Autofokusfeld auf eine 3×3-Matrix. So findet die Kamera die Sterne schneller.
- Schalten Sie in das *Control-Pane*l der Kamera mit *OK* und wählen Sie dort die Option *S-AF*. Durch Drücken der *OK*-Taste werden eine Reihe von Optionen angezeigt. Sie wählen die letzte Option *Sternenhimmel AF*. Am linken Rand erscheint das Symbol für *Sternenhimmel-AF*.

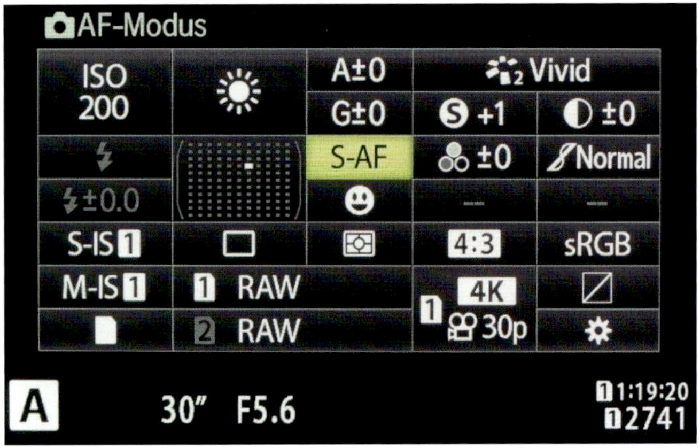

Das Control-Panel der Kamera

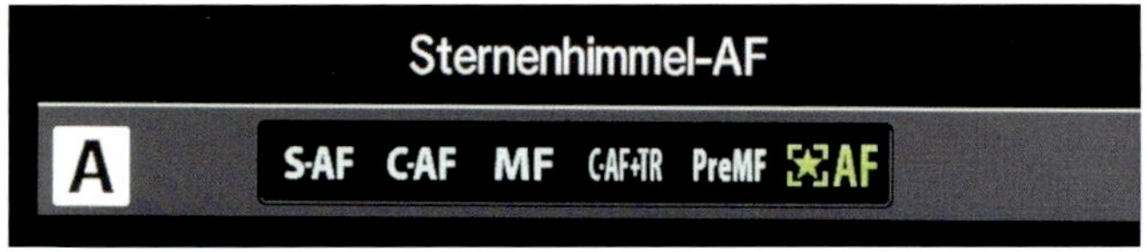

Das ausgewählte Symbol für Sternenhimmel fotografieren

- Nun drücken Sie die AE-L-Taste. Auf dem Monitor erscheint oben die Anzeige *Sternenhimmel aktiv*.
- Drücken Sie den Auslöser so lange halb durch, bis oben rechts am Monitor ein grüner Punkt aufleuchtet und das Fokusfeld grün eingerahmt wird. Sie können nun das Foto auslösen und erhalten ein Foto vom Sternenhimmel. Für weitere Fotos reicht das Drücken der AE-L-Taste, um den Modus zu aktivieren. Drücken Sie den Auslöser wiederum halb durch, bis der grüne Punkt erscheint und das Fokusfeld grün eingerahmt wird. Dann lösen Sie aus.

Wenn Sie mit einer anderen Kamera arbeiten, müssen Sie von Hand scharf stellen. Vergrößern Sie dazu einen hellen Stern im Live-View auf dem Kameradisplay und bewegen Sie den Fokussierring Ihres Objektivs in kleinen Schritten.

Möchten Sie Sternenhimmel und Landschaft im Foto haben, führt für Sie kein Weg an zwei Fotos mit gleichem Bildausschnitt vorbei. Im ersten Foto belichten Sie den Sternenhimmel korrekt. Das zweite Foto sollten Sie exakt auf den Vordergrund belichten. Die Belichtungszeit kann dann schon einmal 60 Sekunden und länger dauern. Im Fotobearbeitungsprogramm öffnen Sie dann beide Fotos als Ebenen und bearbeiten die Fotos dann entsprechend, sodass Sie als Ergebnis ein korrekt belichtetes Foto erhalten. In Gimp 2.10 gehen Sie wie folgt vor:

- Sie öffnen die Fotos als Ebenen. Als erste Ebene liegt das Foto mit dem exakt belichteten Sternenhimmel oben. Als untere Ebene ordnen Sie das Foto mit dem korrekt belichteten Vordergrund an.
- Wenn die Reihenfolge nicht stimmt, schieben Sie das Foto mit gedrückter linker Maustaste nach oben oder unten an die richtige Position.
- Danach ändern Sie den Modus der Ebenen von *Normal* in *Weiche Kanten*.

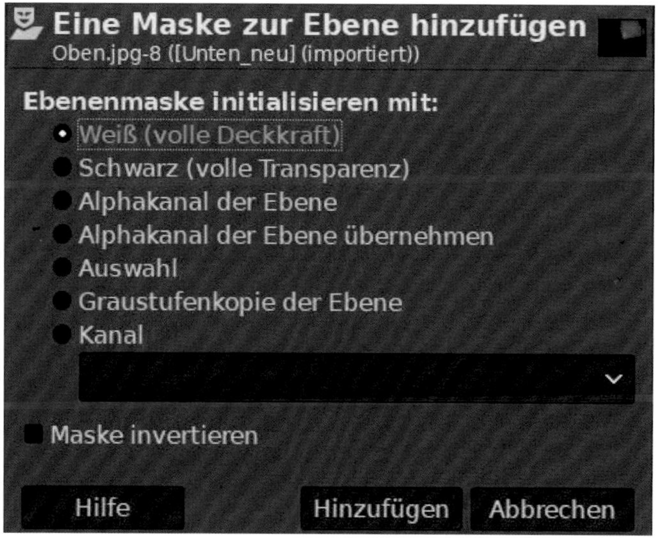

Alle Einstellungen für die Ebenen

- Im Anschluss daran fügen Sie dem oberen Foto eine Maske hinzu mit der Befehlsfolge *Ebene > Maske > Ebenenmaske hinzufügen*. Im Dialogfenster klicken Sie die Option *Weiß (Volle Deckkraft)* an.

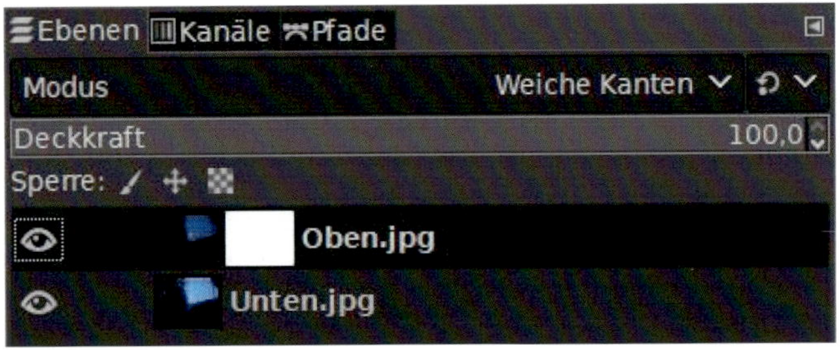

Dialogfenster Ebenenmaske

- Für den Pinsel zum Übermalen des dunklen Vordergrundes nehmen Sie folgende Einstellungen vor: *Härte 050* und *Größe 400*. Für knifflige Stellen verändern Sie die Größe entsprechend. Den Pinsel aktivieren Sie durch Drücken der Taste *P* oder über *Werkzeuge > Malwerkzeuge > Pinsel*.
- Mit gedrückter linker Maustaste maskieren (übermalen) Sie nun den dunklen Vordergrund des Fotos.
- Nach Abschluss des Übermalens exportieren Sie Ihr fertiges Bild mit *Datei > Exportieren*.

Das Vorgehen in Photoshop ist weitgehend identisch.

Die Einstellungen für den Pinsel

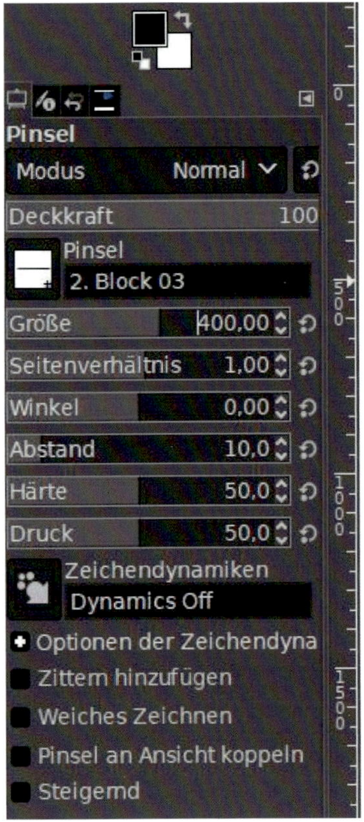

① KAHLER ASTEN

Beste Jahreszeit: ganzjährig
Bester Zeitpunkt: Sonnenaufgang und Sonnenuntergang zur Blütezeit der Heide auf dem Kahlen Asten
Anfahrt: »59955 Winterberg, Kahler Asten« ins Navi eingeben.
Parken: gebührenpflichtig bis 18:00 Uhr: 51.179679, 8.489715
Location: Auf dem Plateau finden Sie zahlreiche Motive, folgen Sie einfach den Wegen.
Ausstattung: Stativ, Weitwinkel-Zoom, Teleobjektiv

Parken & Location

Spätnachmittag am Kahlen Asten
Olympus OMD E-M1 MIII · 12–40 mm · f/5.6 · 40 mm · 1/4 s · ISO 200

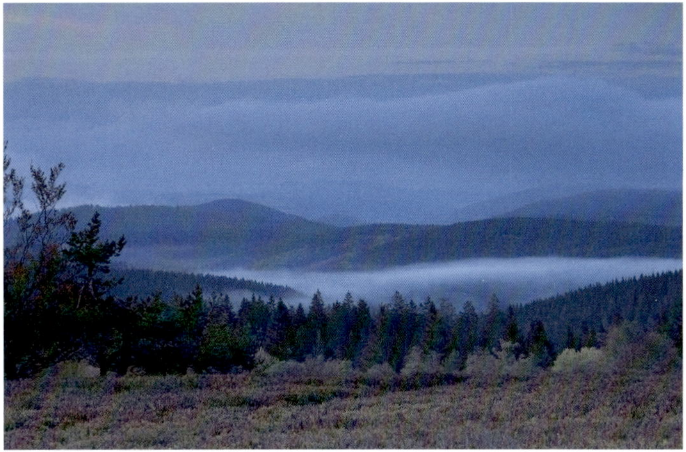

Parken

Location

2 SONNENUNTERGANG AM KAHLEN ASTEN

Beste Jahreszeit: ganzjährig
Bester Zeitpunkt: Sonnenaufgang und Sonnenuntergang zur Blütezeit der Heide auf dem Kahlen Asten
Anfahrt: »59955 Winterberg, Kahler Asten« ins Navi eingeben.
Parken: gebührenpflichtig bis 18:00 Uhr: 51.179679, 8.489715
Location: 51.181402, 8.485198. An diesem Punkt haben Sie freie Sicht nach Norden ins Sauerland. Im Sommer können Sie von diesem Punkt Sonnenuntergänge fotografieren.
Weg: Spazieren Sie auf dem Plateau auf den Wegen.
Ausstattung: Stativ, Weitwinkel-Zoom, Teleobjektiv

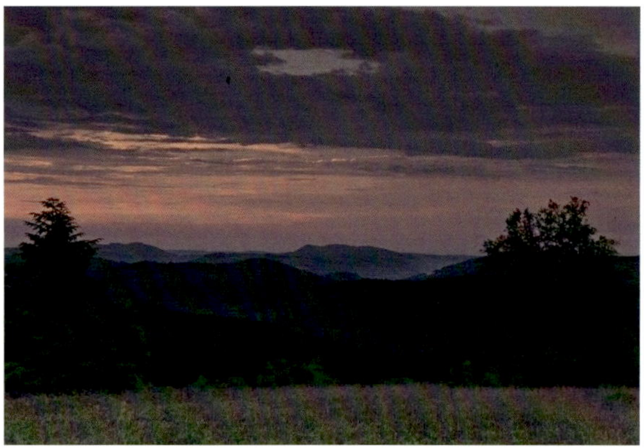

Abendstimmung am Kahlen Asten
Panasonic LUMIX DC-S5 · 24–70 mm · f/5.6 · 66 mm · 1/3 s · ISO 100

Nachts auf dem Kahlen Asten
Olympus OMD E-M1 MIII · 12 mm · f/2 · 12 mm · 15 s · ISO 1600

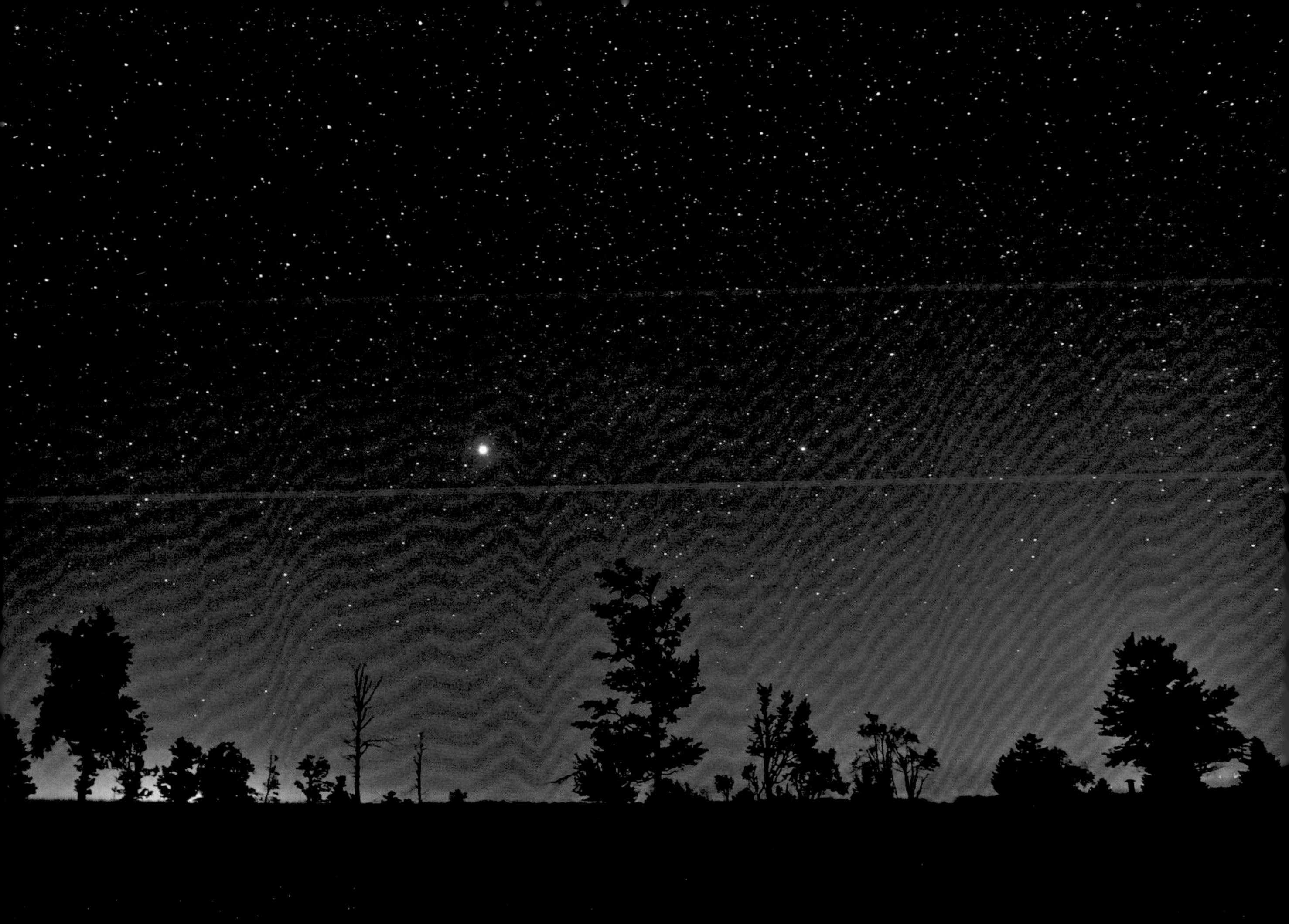

3 ALTASTENBERG, BERGWIESENPFAD

Parken

Location

Beste Jahreszeit: bis zur ersten Mahd im Juli
Bester Zeitpunkt: Sonnenaufgang und Sonnenuntergang
Anfahrt: »59955 Winterberg, Renauweg« ins Navi eingeben. Der Parkplatz befindet sich am Ende des Hotelkomplexes »Der Schöne Asten«.
Parken: Es gibt nur wenige Parkplätze: 51.196043, 8.469673.
Location: 51.196284, 8.468807
Weg: Sie überqueren die Straße und folgen dem Wiesenpfad nach rechts. Schon nach wenigen Metern werden Sie einen günstigen Standort für Kamera und Stativ finden. Informieren Sie sich vorher, wo genau die Sonne zur entsprechenden Jahreszeit untergeht. Eine gute Website finden Sie unter *www.sonnenverlauf.de*. Je nach Jahreszeit geht die Sonne genau im Abschnitt am Horizont unter, wo sie die Bergwiese beim Untergang bescheint. Eine grobe Faustregel ist die Zeit von Mai bis Juli. Allerdings erfolgt die erste Mahd der Bergwiesen etwa Mitte Juli.
Ausstattung: evtl. ein Stativ, Weitwinkel-Zoom

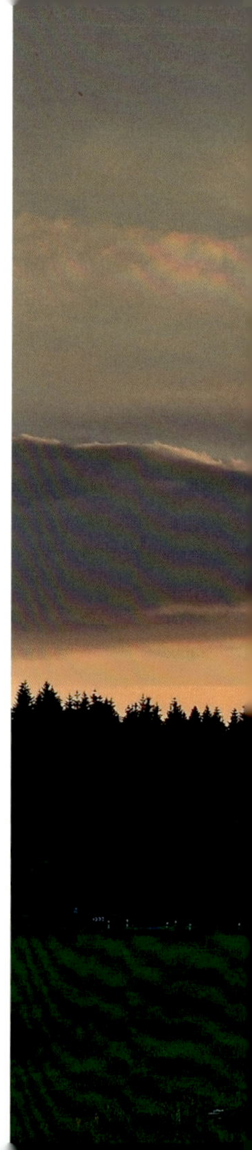

Abends an einer der Bergwiesen
Panasonic LUMIX DC-S5 · 24–70 mm · f/11 · 70 mm · 1/25 s · ISO 100

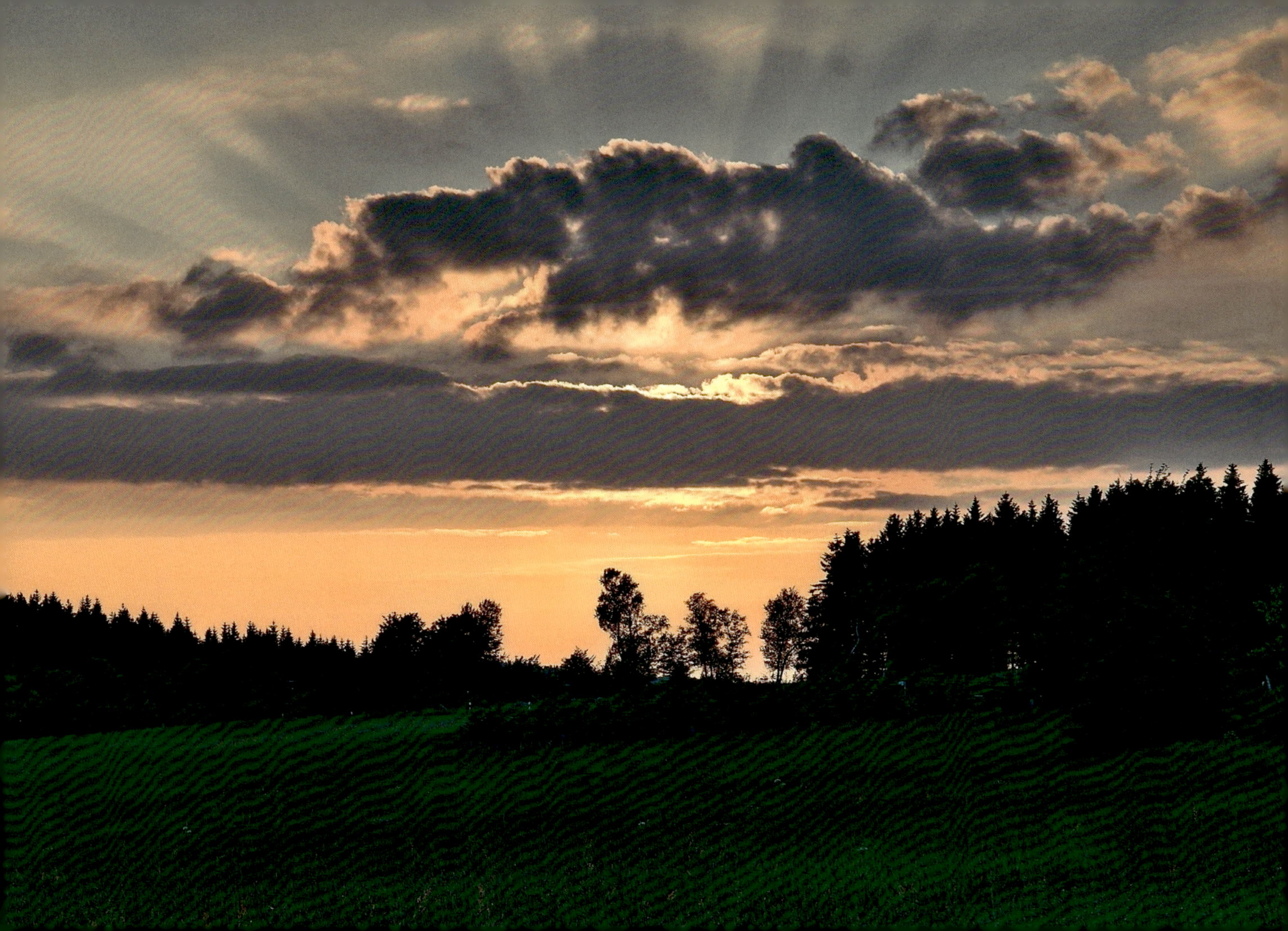

Parken

Location 1

Location 2

Location 3

4 RENAUWIESE UND RENAUTAL

Beste Jahreszeit: ganzjährig
Bester Zeitpunkt: ganztägig
Anfahrt: »59955 Winterberg, Renauweg« ins Navi eingeben.
Parken: Der Parkplatz befindet sich am Ende des Hotelkomplexes »Der schöne Asten«: 51.19367, 8.46894.
Location 1 (Tourstart): 51.196000, 8.469671
Location 2 (Maiglöckchen und Knabenkraut): 51.195072, 8.482022
Location 3 (auf dem Holzbohlenweg im Renautal): 51.194518, 8.482793
Weg: Vom Parkplatz folgen Sie nicht dem Hinweis Renautal, den Sie am Parkplatz vorfinden, sondern Sie wandern hinter dem Hotelkomplex Richtung Altastenberg. Nach etwa 200 m in Richtung Altastenberg hinter dem Hotelkomplex zweigt ein Weg nach links ab. Sie wandern mit dem Wanderzeichen des Sauerländer Höhenflugs – weißes »H« auf gelbem Grund – bergab zur Renauwiese. Kurz vor Erreichen der Renauwiese finden Sie linker Hand an einer Holzbank noch sehr schöne Baumpilze. Für den Rückweg folgen Sie entweder dem Hinweg oder dem Wanderzeichen »AS1«.
Ausstattung: evtl. ein Stativ, Weitwinkel-Zoom, evtl. ein Makro-Objektiv, ND-Filter für Langzeitbelichtungen

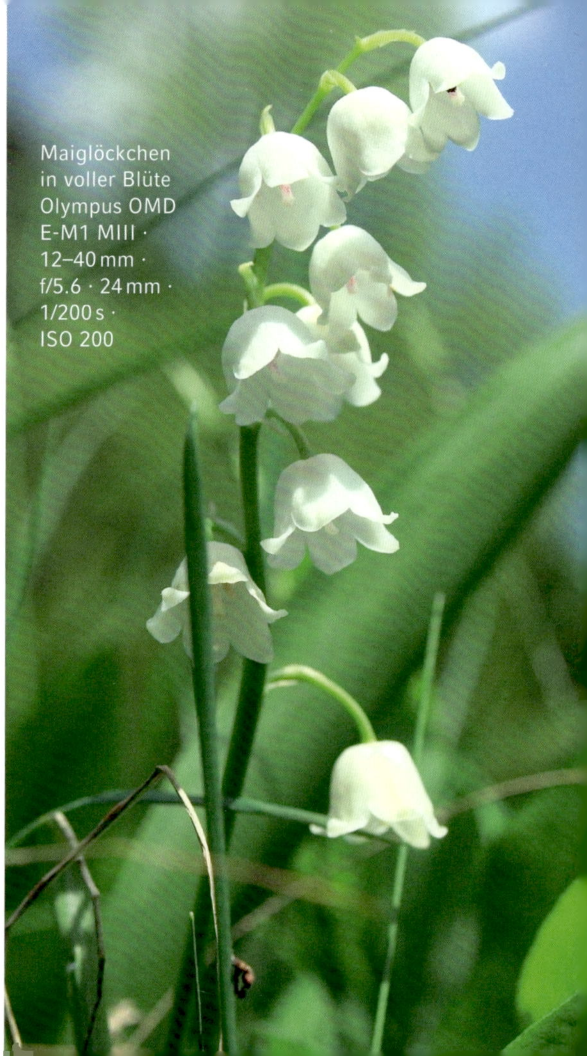

Maiglöckchen in voller Blüte Olympus OMD E-M1 MIII · 12–40 mm · f/5.6 · 24 mm · 1/200 s · ISO 200

Dieser Weg von ca. 60 Minuten Gehdauer führt Sie durch schöne Wälder zunächst zur Renauwiese. Hier wachsen das gefleckte Knabenkraut und Maiglöckchen. Diese Orchidee blüht etwa ab Mitte Juni bis Ende Juni und zieht mit ihren filigranen Blüten das Auge des Betrachters auf sich.

Wenn die weißen Blüten der Maiglöckchen im Wind schaukeln, könnte man glatt ein leises Glockenläuten vernehmen. An sonnigen Stellen auf der Wiese leuchten in zartem Lila oder Weiß die Blüten dieser Orchideen aus dem Gras hervor. Mitte Juni werden die Farbtupfer immer zahlreicher und mischen sich mit den anderen Blumen auf dieser Wiese – ein farbenfrohes Bild.

Wenige Meter weiter beginnt dann das Renautal, durch das sich die Renau schlängelt. Auf Holzbohlenpfaden kann man den Bachlauf mit seinen Pflanzen am Ufer erkunden, ohne nasse Füße zu bekommen. Dieser kleine Bach hat sich nämlich im Tal breitgemacht und beansprucht sehr viel Platz. Erkunden Sie dieses Gewässer in Ruhe und erleben Sie die Insektenwelt am Wasser.

Gehen Sie dann weiter, werden Sie im Renautal über Holzbohlenwege durch das Tal geführt. Blühen die Sumpfdotterblumen am Ufer der Renau, haben Sie ein farbenfrohes Motiv einschließlich der fließenden Renau.

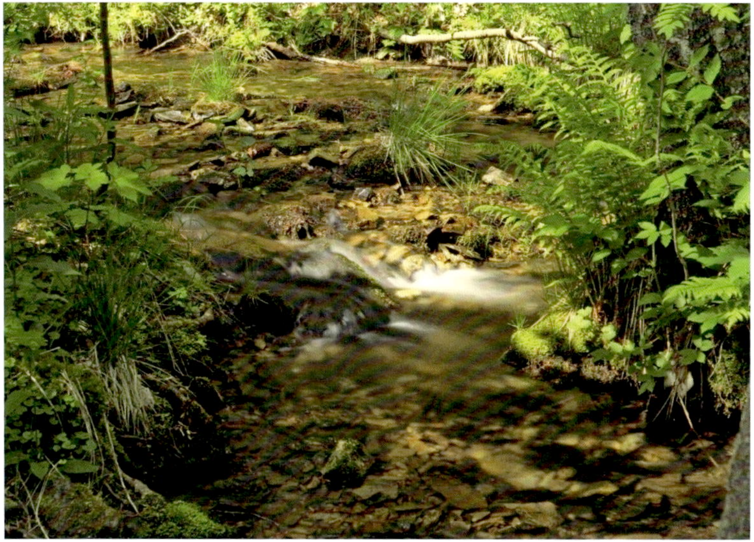

Die Renau
Olympus OMD E-M1 MIII · 12–40 mm · f/5.6 · 40 mm · 2 s · ISO 200

Exkurs Sonnenauf- und Sonnenuntergang fotografieren und bearbeiten

- Informieren Sie sich über die Apps *Fototool* oder *PhotoPills* (siehe Seite 10–11) oder via *www.sonnverlauf.de* darüber, wo die Sonne untergeht – denn das verändert sich über das Jahr. Im Sommer liegt der Untergang mehr im Westen, während er im Winter im Südwesten liegt.
- Fotografieren Sie vom Stativ. So können Sie alle Einstellungen in Ruhe vornehmen und auch den Bildausschnitt beibehalten.
- Verwenden Sie einen Grauverlaufsfilter. Damit können Sie die Dynamikunterschiede zwischen Himmel und Landschaft einigermaßen ausgleichen. Hilfreich ist ein Rechteckfilter, den Sie nach oben bzw. unten verschieben können. Ein vor die Linse des Objektivs geschraubter GND-Filter lässt sich nicht verschieben. Die dunklen Bereiche im Foto können Sie in Darktable im Modul *Schatten und Spitzenlichter* aufhellen (in Lightroom im Modul *Entwickeln* im Abschnitt *Grundeinstellungen*).

- Auch die Farben des Himmels können Sie im Modul *Verlaufsfilter* entsprechend anpassen.

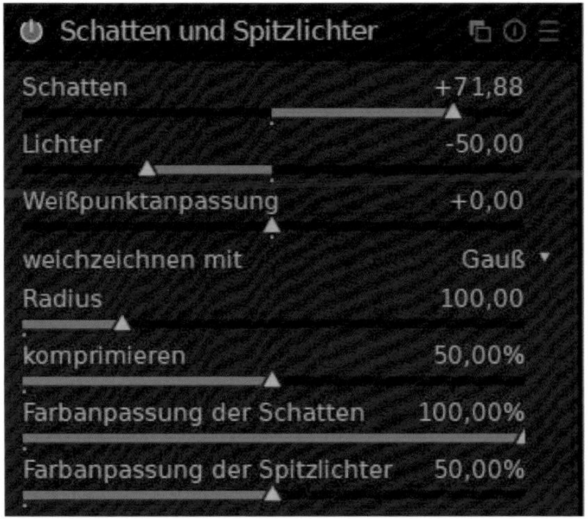

Beispielhafte Einstellung im Modul »Schatten und Spitzlichter«

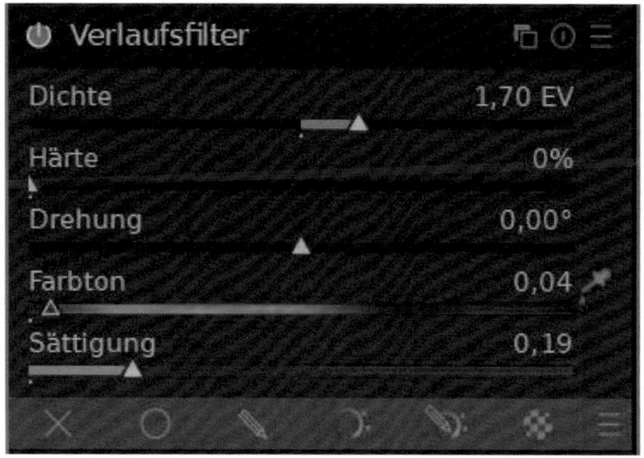

Beispielhafte Einstellungen im Modul »Verlaufsfilter«

- Sollte Ihnen die Farbe des Himmels nicht zusagen, können Sie das Rot des Himmels im Modul *Farbkontraste* verfeinern.

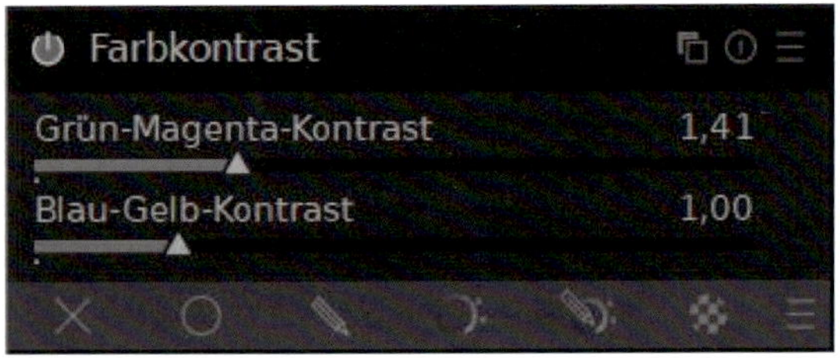

Beispielhafte Einstellungen im Modul »Farbkontraste«

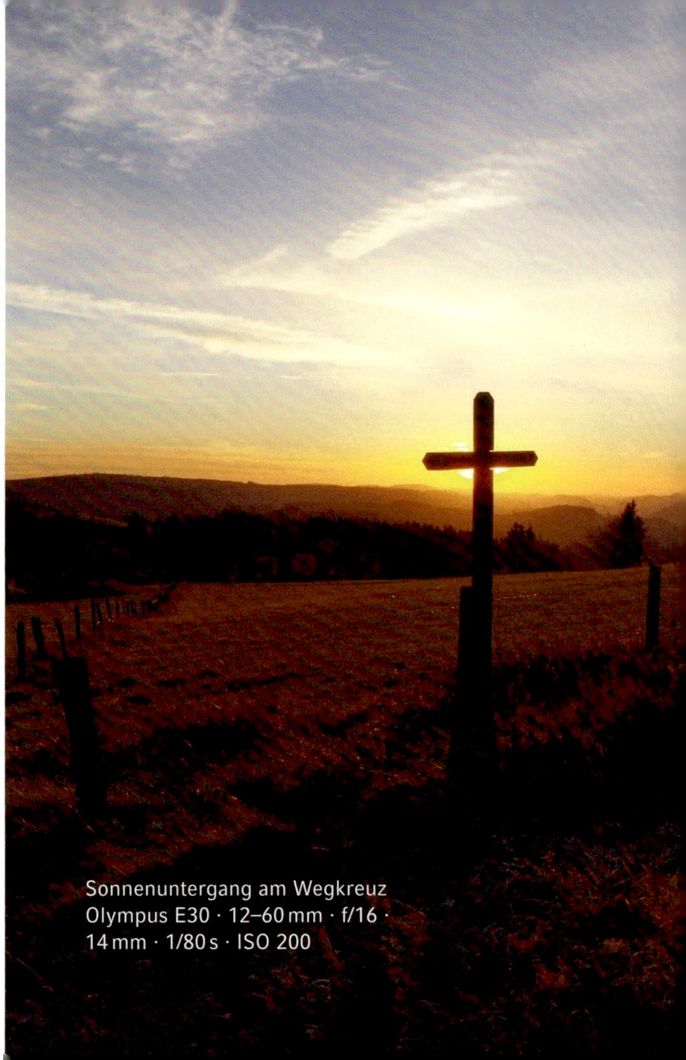

Sonnenuntergang am Wegkreuz
Olympus E30 · 12–60 mm · f/16 · 14 mm · 1/80 s · ISO 200

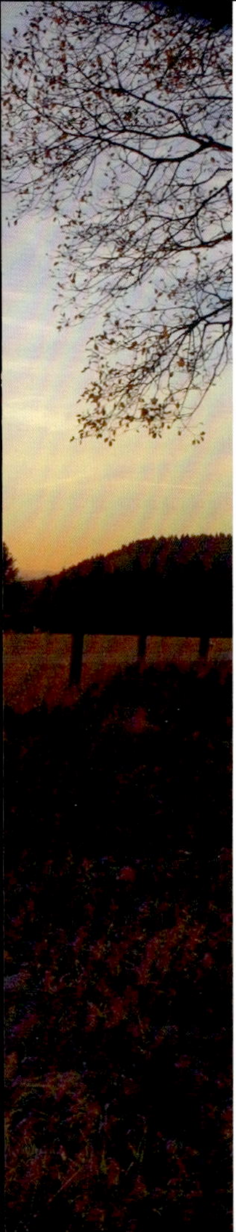

5 LENNEPLÄTZE

Beste Jahreszeit: ganzjährig
Bester Zeitpunkt: Sonnenuntergang
Anfahrt: »59955 Winterberg-Lenneplätze« ins Navi eingeben.
Parken: Am Rand des Fahrweges: 51.169401, 8.4882486
Location 1: 51.166285, 8.478911
Location 2: 51.160755, 8.478824
Location 3: 51.166145, 8.480511
Weg: Vom Parkplatz steigen Sie leicht bergan und folgen dem Weg bis zum Gerkenstein. Dort haben Sie eine schöne Fernsicht nach Westen.
Ausstattung: evtl. ein Stativ, Weitwinkel-Zoom

Parken

Location 1

Location 2

Location 3

TIPP

Von Lenneplätze führt ein asphaltierter Fahrweg nach Langewiese und weiter bis zum Albrechtsplatz. Halten Sie auf diesem Weg Ihre Kamera mit Weitwinkel stets bereit, denn von diesem Weg haben Sie eine weite Sicht in den Naturpark Sauerland-Rothaargebirge. Die Aufnahmen in Lenneplätze und Langewiese sind alle vom Wegesrand entstanden. Der Weg ist nicht beschwerlich und leicht zu gehen. Dieser Weg gehört zu unseren bevorzugten Routen. Im Herbst können Sie die aufsteigenden Nebel beobachten und fotografieren. Sie müssen nur frühzeitig dort sein.

Parken

Location

6 LANGEWIESE

Beste Jahreszeit: ganzjährig
Bester Zeitpunkt: Sonnenaufgang und Sonnenuntergang
Anfahrt: »59955 Winterberg, Bundesstraße 45« ins Navi eingeben.
Parken: Sie parken auf dem Schützenplatz: 51.157048, 8.462049.
Location: 51.156832, 8.460539
Weg: Sie überqueren den Schützenplatz und erreichen den asphaltierten Fahrweg, der rechts nach Lenneplätze und links weiter zum Albrechtsplatz führt. Am Wegesrand finden Sie viele Fotopunkte für ein abendliches Sonnenuntergangsfoto. Der Blick geht in Richtung Hunau.
Ausstattung: Stativ und Weitwinkel-Zoom

Natürlich können Sie auch Sonnenaufgangsfotos in Langewiese fotografieren. Dazu fahren Sie zur Straße An der Höh und parken das Auto am Straßenrand. Sie folgen dem Rothaarsteig – Wanderzeichen weißes liegendes »R« auf rotem Grund – leicht bergan bis zum Rastplatz am Rothaarsteig. In der Hütte kön-

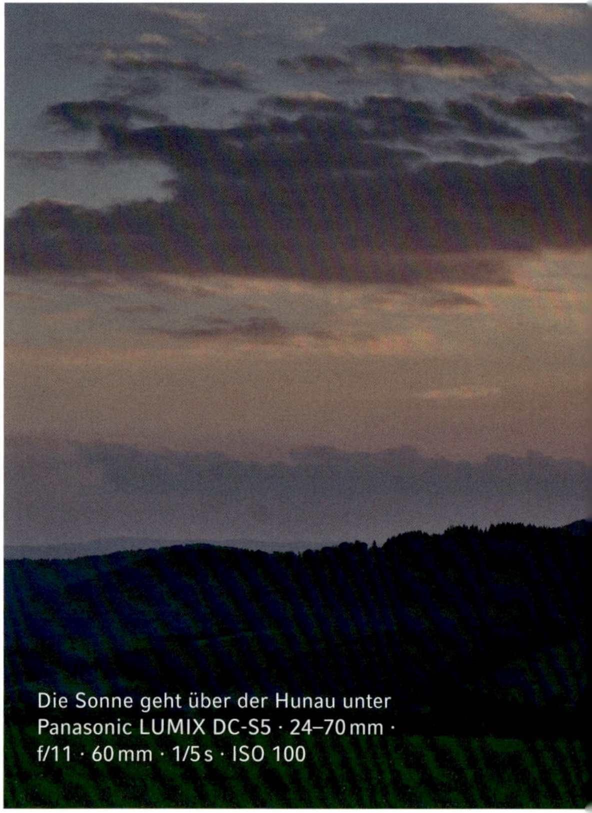

Die Sonne geht über der Hunau unter
Panasonic LUMIX DC-S5 · 24–70 mm · f/11 · 60 mm · 1/5 s · ISO 100

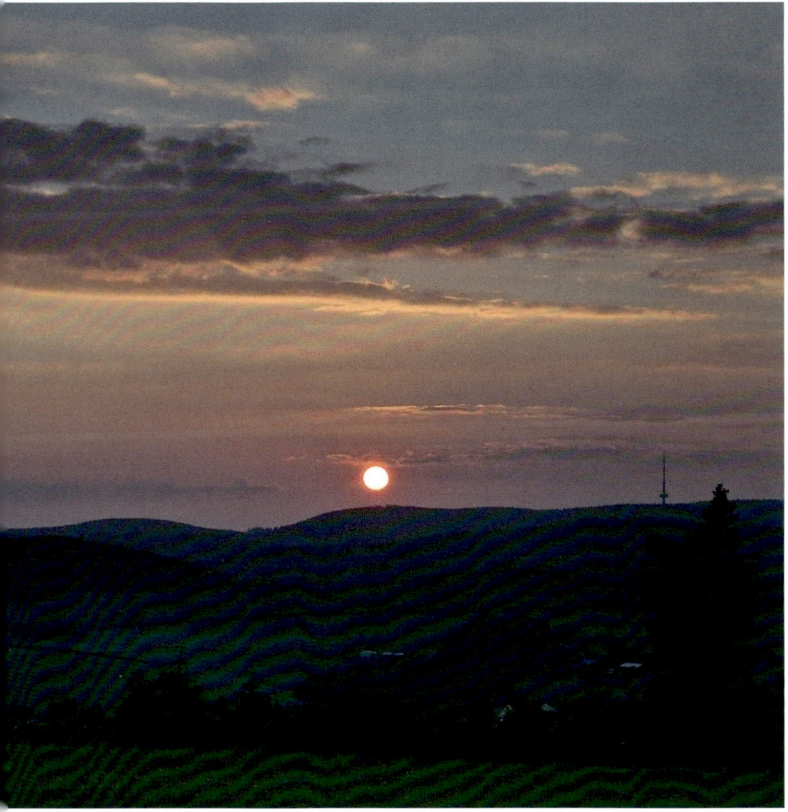

nen Sie in Ruhe den Sonnenaufgang abwarten. Suchen Sie sich am Weg einen geeigneten Fotopunkt. Dieser variiert je nach Jahreszeit.

Es sind besondere Momente, wenn die Sonne morgens aufgeht oder am Abend über der Hunau untergeht. Im Herbst steigen dann schon mal morgens wie abends leichte Nebelschleier aus dem Tal auf und zaubern eine mystische Landschaft. Diese Augenblicke sollten Sie sich nicht entgehen lassen.

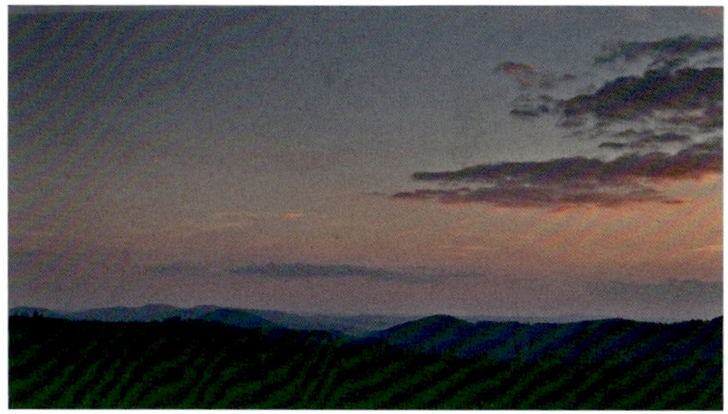

Abendstimmung in Langewiese
Panasonic LUMIX DC-S5 · 24–70 mm · f/11 · 60 mm · 1/5 s · ISO 100

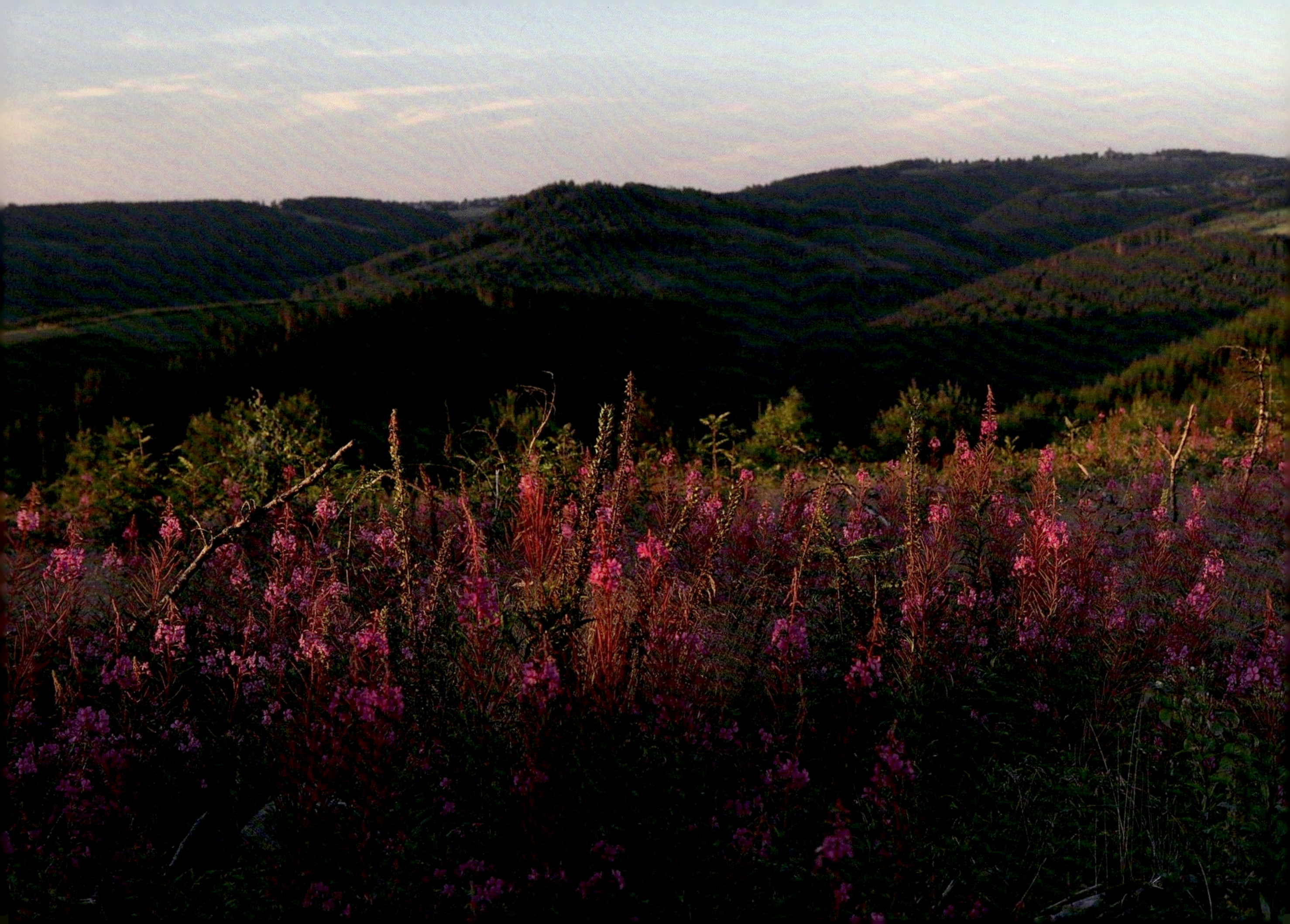

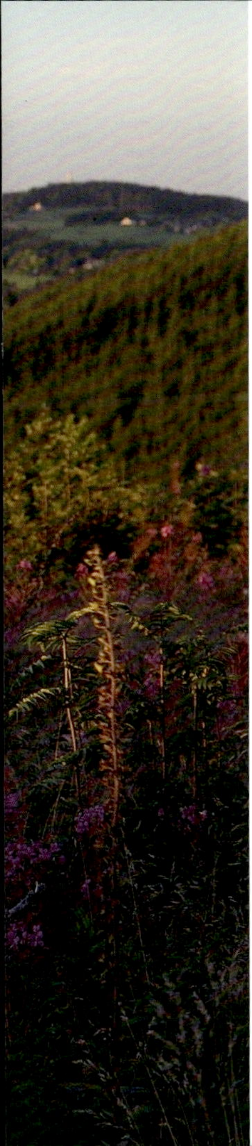

7 HOHELEYE

Beste Jahreszeit: ganzjährig
Bester Zeitpunkt: Sonnenaufgang und Sonnenuntergang
Anfahrt: »59955 Winterberg, Hoheleye 17« ins Navi eingeben.
Parken: vor der Hoheleyerhütte: 51.142945, 8.439918
Location: 51.142206, 8.433454

Weg: Sie folgen dem Wegweiser zum Albrechtsplatz leicht bergauf. Nach wenigen Minuten erreichen Sie auf dem Weg eine Weihnachtsbaumkultur. Dort blühen im August die Weidenröschen sehr schön. Der Blick reicht weit ins Sauerland und mit einem abendlichen Sonnenuntergang erzielen Sie ansprechende Fotos. Das warme Licht der Sonne kommt von der linken Seite und verleiht Ihren Fotos einen warmen Ton. Das Foto links gibt diese abendliche ruhige Stimmung wieder.
Ausstattung: Stativ und Weitwinkel-Zoom

Parken

Location

Weideröschen in Hoheleye
Panasonic LUMIX DC-S5 · 24–70 mm · f/5.6 · 1/15 s · 53 mm · ISO 100

Parken 1

Parken 2

Location

8 AUSSICHTSPLATTFORM BURG RAPPELSTEIN

Beste Jahreszeit: ganzjährig
Bester Zeitpunkt: Sonnenuntergang
Anfahrt: »57392 Schmallenberg, Am Sonnenpfad 2« oder »Astenstraße« ins Navi eingeben.
Parken: Touristeninfo (1): 51.176703, 8.423416 oder (2) Astenstraße: 51.175984, 8.423556
Location: 51.1754375, 8.4250625
Weg: An der Kirche St. Hubertus gehen Sie vorbei hoch zur Burg Rappelstein.
Ausstattung: evtl. ein Stativ, Weitwinkel-Zoom

Weithin sichtbar thront der Burgfried der Burg Rappelstein oberhalb der Kirche von Nordenau. Mit dem Bau der Burg Nordenau um 1260 beginnt die Geschichte des Ortes, als Sitz der Edelherren von Grafschaft. Mit der Burg sollte die alte »Heeresstraße«, die von Köln über Kassel bis nach Leipzig führte, abgesichert werden. Zur damaligen Zeit war diese Straße eine bedeutende Fernhandelsverbindung. Streitigkeiten zwischen den Grafen von Waldeck und dem Erzbischof von Köln führten ab dem 14. Jahrhundert dazu, dass die Burg nach und nach verfiel. Um den weiteren Verfall zu verhindern, erteilte das Amt für Landschaftspflege und Frühgeschichte 1965 die Genehmigung, die Burgruine zu restaurieren. Von der Aussichtsplattform haben Sie einen ausgezeichneten Ausblick über den Ort Nordenau, das Nesselbachtal und das Land der tausend Berge.

Beiden Bonusinhalten auf der Buchwebsite finden Sie auch noch einen Fotospot zum Ort Nordenau: *www.dpunkt.de/produkt/sauerland-fotografieren/*, unter dem Reiter *Zusatzmaterial*).

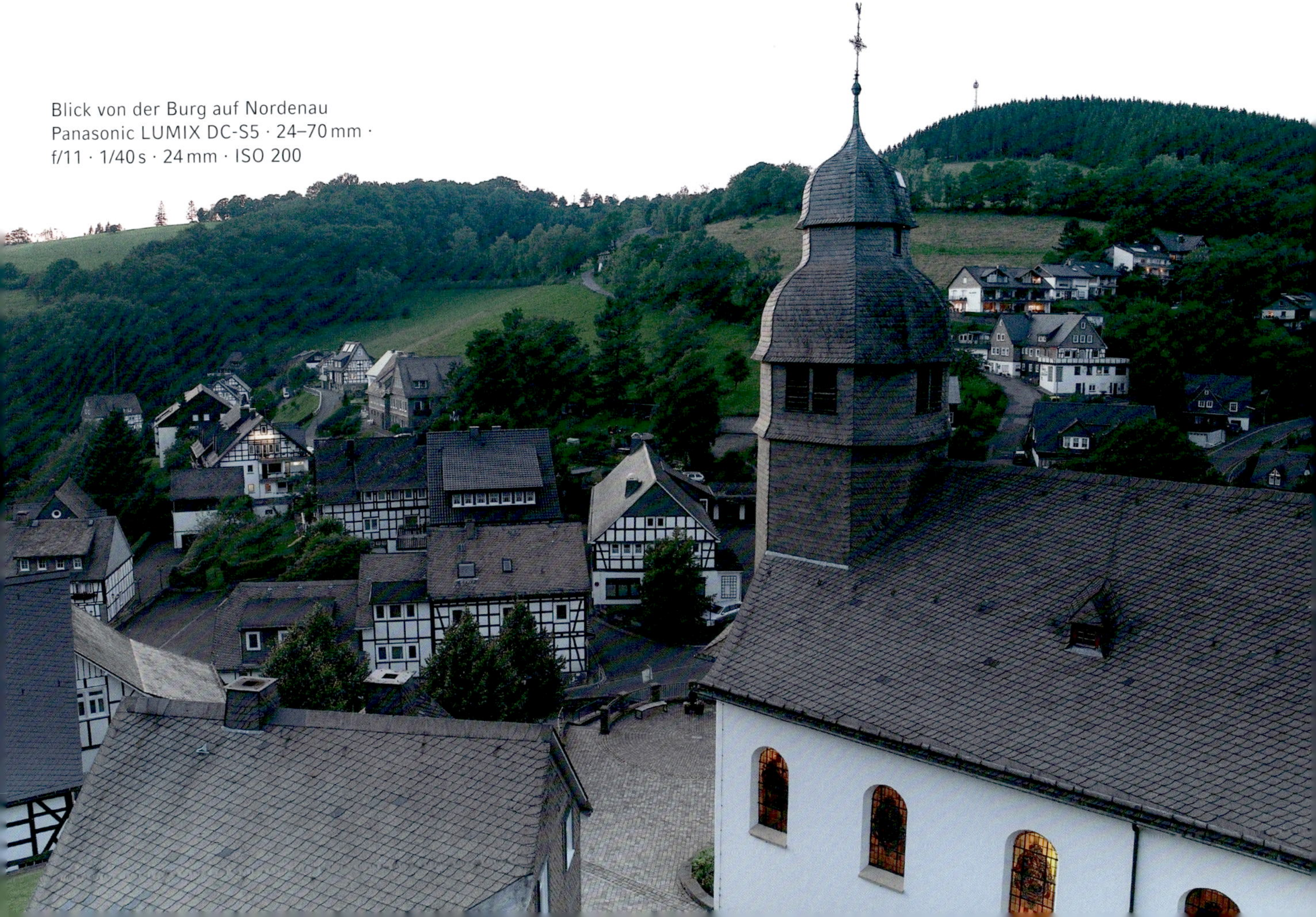

Blick von der Burg auf Nordenau
Panasonic LUMIX DC-S5 · 24–70 mm ·
f/11 · 1/40 s · 24 mm · ISO 200

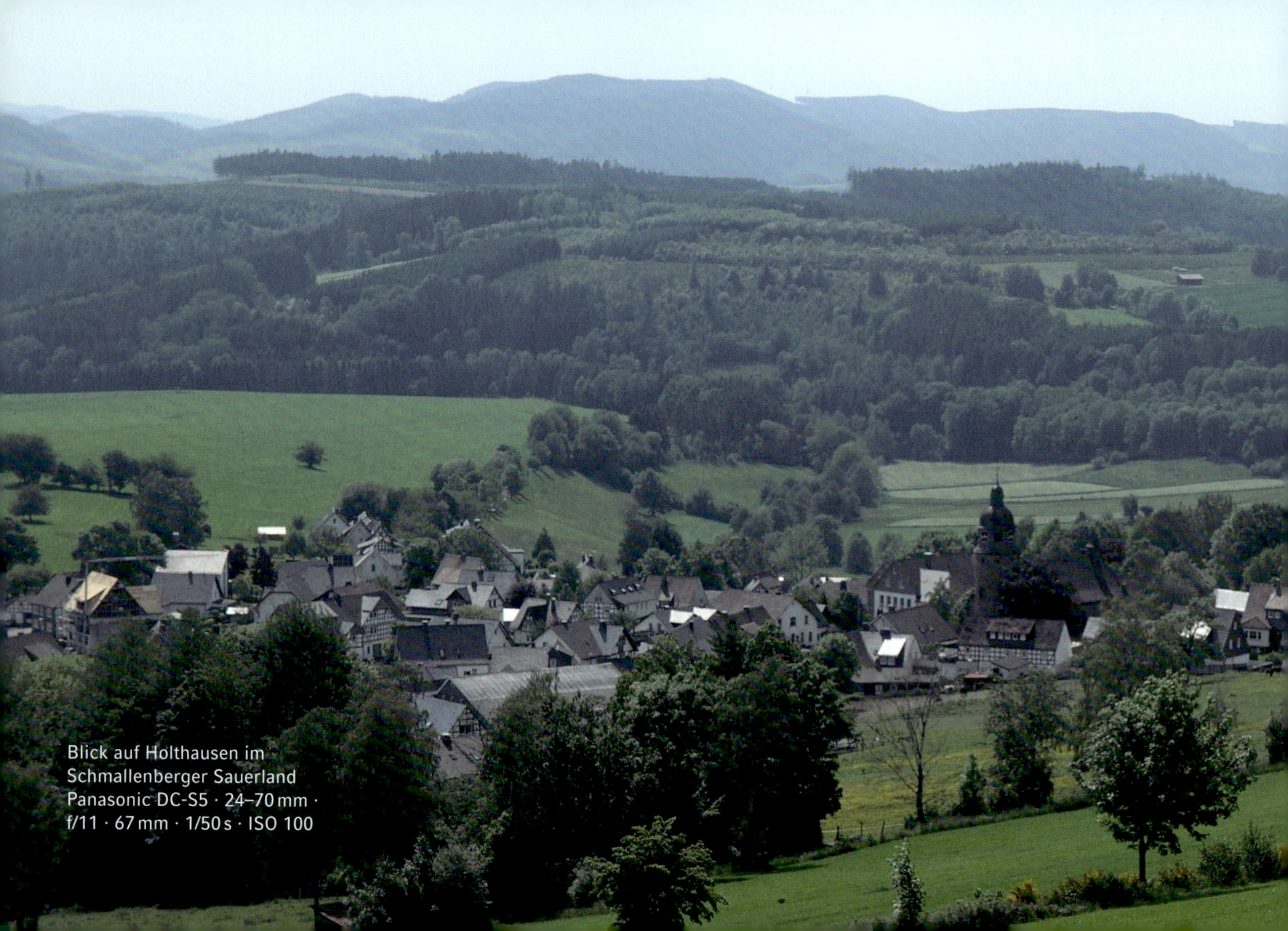

Blick auf Holthausen im
Schmallenberger Sauerland
Panasonic DC-S5 · 24–70 mm ·
f/11 · 67 mm · 1/50 s · ISO 100

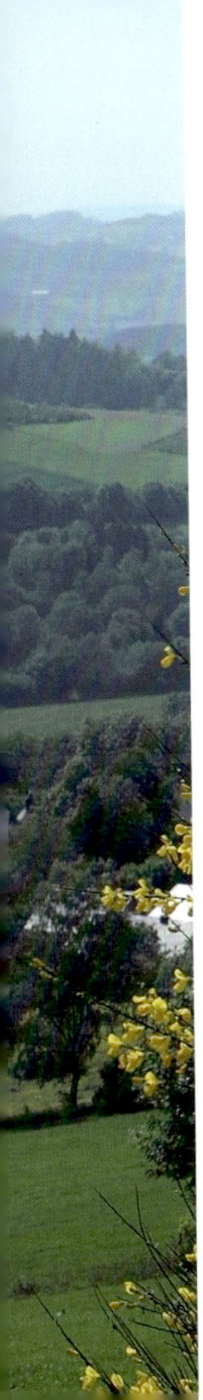

SCHMALLENBERGER SAUERLAND

TOUR 6

Im Schmallenberger Sauerland finden Sie eine typische Mittelgebirgslandschaft vor: Mischwälder, im Tal fließende Bäche und oftmals weite Aussichten ins Land der tausend Berge. Nach Osten steigen die Berge an und erreichen im Kahlen Asten einen Höhepunkt. Für Sonnenaufgänge müssen Sie deshalb nicht nur sehr früh aufstehen, sondern auch hoch hinaus wandern. Jagdhaus wäre beispielsweise ein Tipp für eine weite Sicht nach Osten. Oberhalb von Bracht-Herschede gehen die Blicke auch weit nach Osten. Von der Fahrstraße in Herschede sind viele Sonnenaufgangsfotos möglich. Nach Westen fallen die Berge im Schmallenberger Sauerland sanft ab, sodass Sie viele Punkte für einen schönen Sonnenuntergang finden werden.

In der Nähe von Oberkirchen werden Sie mit einem dunklen Kapitel des Sauerlandes am Hexenplatz konfrontiert. Am Skulpturenweg hat eine Künstlerin dieses Kapitel der Hexenverfolgung mit Hexenbüchern aufgearbeitet.

Nutzen Sie einen Spaziergang in den Wäldern dieser Landschaft, um einmal tief durchzuatmen. Atmen Sie die würzige Luft ein und erleben Sie den weiten Blick ins

Land der tausend Berge, wenn Sie aus dem Wald heraustreten und von den weiten Blicken überrascht werden. Von diesen Aussichten gibt es viele in dieser Gegend.

Eine der »Urpfarreien des Sauerlandes«, die Kirche St. Peter und Paul in Wormbach, sollten Sie auf jeden Fall besuchen. Schon in heidnischer Zeit war Wormbach eine Kultstätte. Die spätromanische Hallenkirche zeichnet sich durch die Ausmalung mit Tierkreiszeichen aus. In der Apsis findet sich eine Darstellung des »Jüngsten Gerichts«. Die barocke Ausstattung aus dem 18. Jahrhundert fügt sich harmonisch in das Innere aus romanischer Zeit ein. Der Friedhof umgibt die Kirche mit einheitlichen Holzkreuzen. Das Gebäude der Kirche in Berghausen, St. Cyriakus, wurde etwa um 1200 bis 1220 im romanischen Stil erbaut und ist eine der ältesten erhaltenen Kirchen im Hochsauerlandkreis – sehenswert!

SCHMALLENBERGER SAUERLAND
TOUR 6

1. ST. COSMAS UND DAMIAN
2. ROTWILDGEHEGE BÖDEFELD
3. OHLENBACH
4. WESTFELD, LENNEGRUND
5. KAHLER ASTEN-STEIG
6. ANTONIUSSTEIG
7. SCHWEDENSTEIG-HEIDENSTRASSE
8. OBERKIRCHEN
9. HEXENKESSEL
10. HARTMECKETAL
11. OBERHENNEBORN
12. HOLTHAUSEN
13. WORMBACH
14. WERPE
15. RUND UM DEN BEERENBERG
16. BERGHAUSEN
17. GRAFSCHAFT
18. SCHANZE
19. JAGDHAUS
20. ALMERT

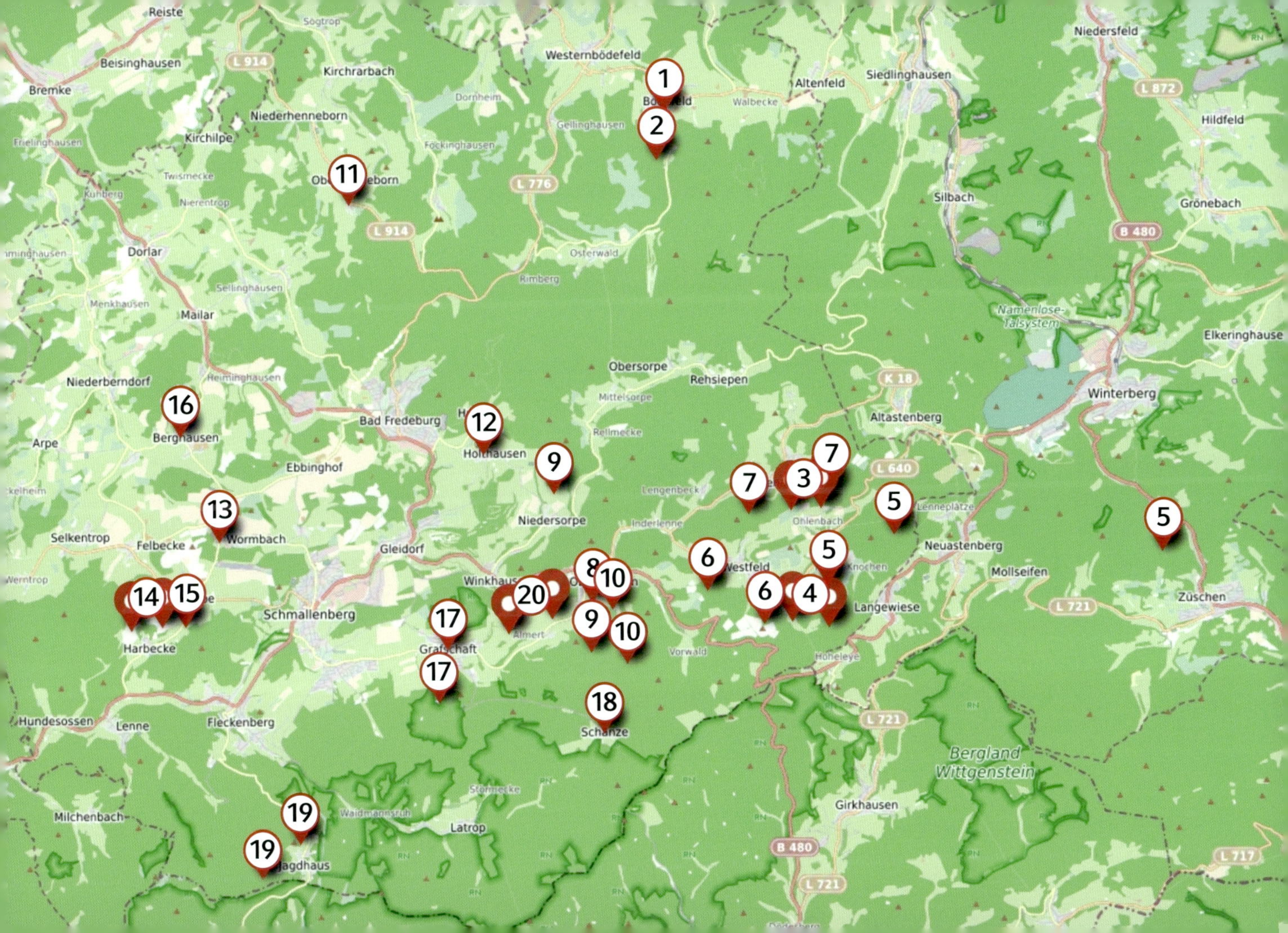

Reiste
Sogtrop
L 914
Beisinghausen
Bremke
Kirchrarbach
Westernbödefeld
Dornheim
Altenfeld
Siedlinghausen
Niedersfeld
Walbecke
L 872
Niederhenneborn
Gellinghausen
Hildfeld
Frielinghausen
Kirchilpe
Fockinghausen
Twismecke
L 776
Silbach
Kuhberg
Nierentrop
L 914
Gronebach
B 480
Dorlar
Osterwald
Sellinghausen
Rimberg
Menkhausen
Mailar
Namenlose-Talsystem
Elkeringhause
Obersorpe
Rehsiepen
K 18
Niederberndorf
Heiminghausen
Mittelsorpe
Winterberg
Bad Fredeburg
Rellmecke
Altastenberg
Berghausen
Arpe
Holthausen
Ebbinghof
L 640
Lengenbeck
Ohlenbach
Lenneplätze
Niedersorpe
Inderlenne
Selkentrop
Felbecke
Wormbach
Gleidorf
Neuastenberg
Westfeld
Knochen
Mollseifen
Werntrop
Winkhausen
Züschen
Schmallenberg
Langewiese
L 721
Harbecke
Grafschaft
Almert
Vorwald
Hoheleye
L 721
Hundesossen
Lenne
Fleckenberg
Schanze
Bergland Wittgenstein
Störmecke
Milchenbach
Waidmannsruh
Latrop
Girkhausen
B 480
L 717
Jagdhaus
L 721

Parken

Location

1 ST. COSMAS UND DAMIAN

Beste Jahreszeit: ganzjährig
Bester Zeitpunkt: ganztägig
Anfahrt: »57392 Schmallenberg, St. Vitus-Schützenstraße 1« ins Navi eingeben.
Parken: gegenüber der Kirche: 51.246131, 8.393067
Location: Kirche St. Cosmas und Damian: 51.245835, 8.393686
Weg: Sie überqueren die Straße und gehen zum Portal der Kirche.
Ausstattung: evtl. ein Stativ, Weitwinkel-Zoom

Ende des 11. Jahrhunderts wurde eine erste Kirche errichtet. Sie gehörte zum Kloster Grafschaft. Im Jahr 1723 wurde die Kirche als einschiffiges Gebäude errichtet. Die heutige Kirche wurde im Jahr 1910 um den Kirchturm der alten Kirche herum errichtet. Die Innenausstattung wie Hochaltar, Kanzel, Seitenaltäre, Heiligenfiguren und Bilder stammen aus dem 18. Jahrhundert.

Wenn Sie die Kirche betreten, werden Sie von dem Glanz und der prachtvollen Ausstattung überrascht werden. Leider können Sie das Kircheninnere nicht betreten, da Ihnen ein Eisengitter den Zutritt zum Inneren verwehrt. Fotos können Sie durch das Eisengitter machen. Ein Verweilen auf einer Kirchenbank ist leider nicht möglich. So können Sie die prachtvolle Ausstattung und die Atmosphäre dieser Kirche nicht auf sich wirken lassen.

St. Cosmas und Damian in Bödefeld
Panasonic LUMIX DC-S5 · 16–35 mm · f/5.6 · 33 mm · 1,3 s · ISO 100

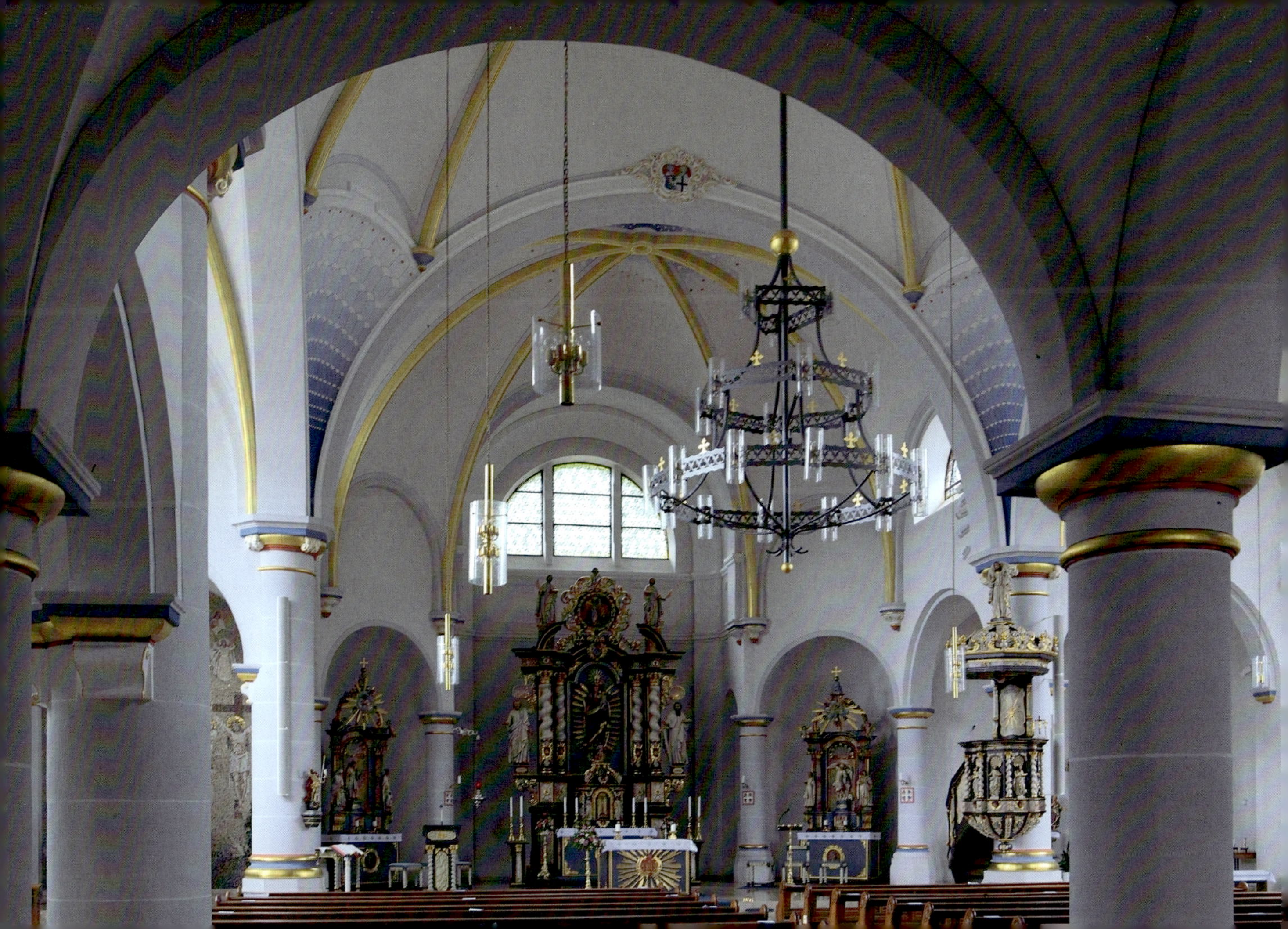

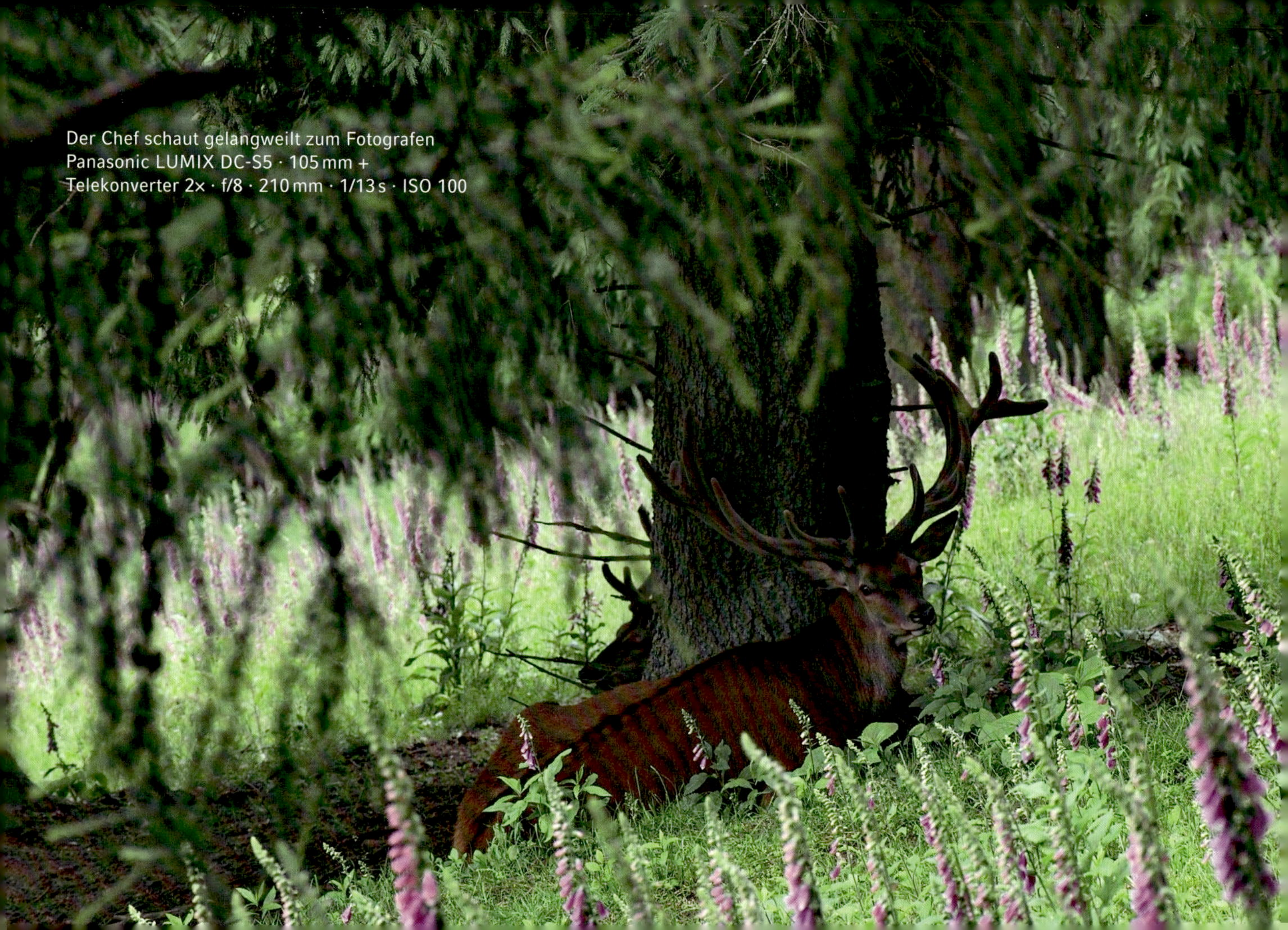

Der Chef schaut gelangweilt zum Fotografen
Panasonic LUMIX DC-S5 · 105 mm +
Telekonverter 2× · f/8 · 210 mm · 1/13 s · ISO 100

2 ROTWILDGEHEGE BÖDEFELD

Beste Jahreszeit: ganzjährig
Bester Zeitpunkt: ganztägig
Anfahrt: »57392 Schmallenberg, Hunaustraße 49« ins Navi eingeben.
Parken: 51.235787, 8.393965 (es gibt leider nur wenige Parkplätze)
Location: 51.236958, 8.391066
Weg: Vom Parkplatz folgen Sie der Beschilderung Rotwildgehege. Es geht bergauf. Sie werden die Hirsche und Hirschkühe tagsüber nicht an der Futterstelle finden. Gehen Sie deshalb am Gatterzaun entlang. Meist liegen die Rothirsche unter einer Fichte und machen eine Pause.
Ausstattung: evtl. ein Stativ, Teleobjektiv

Parken

Location

Das Wildgehege liegt direkt am Hollenpfad.

Im ersten Moment werden Sie enttäuscht sein, wenn Sie am Wildgehege ankommen. Es sind weder Hirsche noch Hirschkühe zu sehen. Die Futterstellen liegen verlassen da. Die Tiere werden im Sommer am Abend und im Winter am späten Nachmittag gefüttert.

Wenn Sie die Hirsche in aller Ruhe fotografieren wollen, gehen Sie am Zaun des Wildgeheges entlang. Nachmittags werden sich nur wenige Besucher zum Gehege begeben. In der Regel sind Sie dort oben allein. Meist pausieren die Hirsche unter einer Fichte in der Nähe des Zaunes. Ein gelangweilter Blick geht zum Fotografen, als wollten sie damit zum Ausdruck bringen, dass sie schon wieder jemand fotografieren will. Sie lassen sich durch nichts aus der Ruhe bringen.

Für Kinder ist unten am Parkplatz auch gesorgt. Dort befindet sich der Spielplatz Walkenmühle, wo sich die Kleinen austoben können und die Eltern ihnen dabei zuschauen können.

Parken

Location 1

Location 2

③ OHLENBACH

Beste Jahreszeit: ganzjährig
Bester Zeitpunkt: Sonnenuntergang
Anfahrt: »57392 Schmallenberg, Ohlenbach 10« ins Navi eingeben.
Parken: oberhalb vom Hotel Waldhaus: 51.171825, 8.431944
Location 1: 51.171863, 8.432020
Location 2: 51.172172, 8.441179
Weg: Vom Parkplatz oberhalb des Hotels Waldhaus gehen Sie am Hotel vorbei und stoßen kurz hinter dem Hotel auf eine Ruhebank. Sie wandern weiter bis zum Abzweig und folgen dem Hinweis Hubertusstein. Von dort wandern Sie mit dem Wanderzeichen »W1« den Berg hinauf und gelangen zu den Fotopunkten. Für diese Strecke benötigen Sie etwa 15 bis 20 Minuten.
Ausstattung: evtl. ein Stativ, Weitwinkel-Zoom

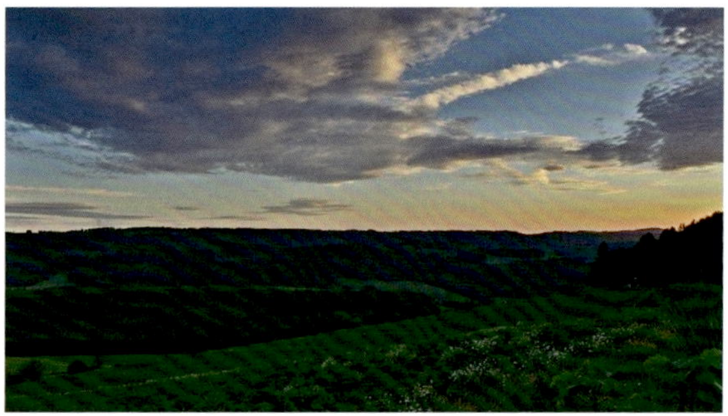

Abenddämmerung in Ohlenbach
Panasonic LUMIX DC-S5 · 24–70 mm · f/18 · 30 mm · 1/10 s · –1 EV, ISO 100

Dämmerung in der Nähe der Rehhecke
Panasonic LUMIX DC-S5 · 24–70 mm · f/18 · 26 mm · 1/13 s · –0,7 EV · ISO 100

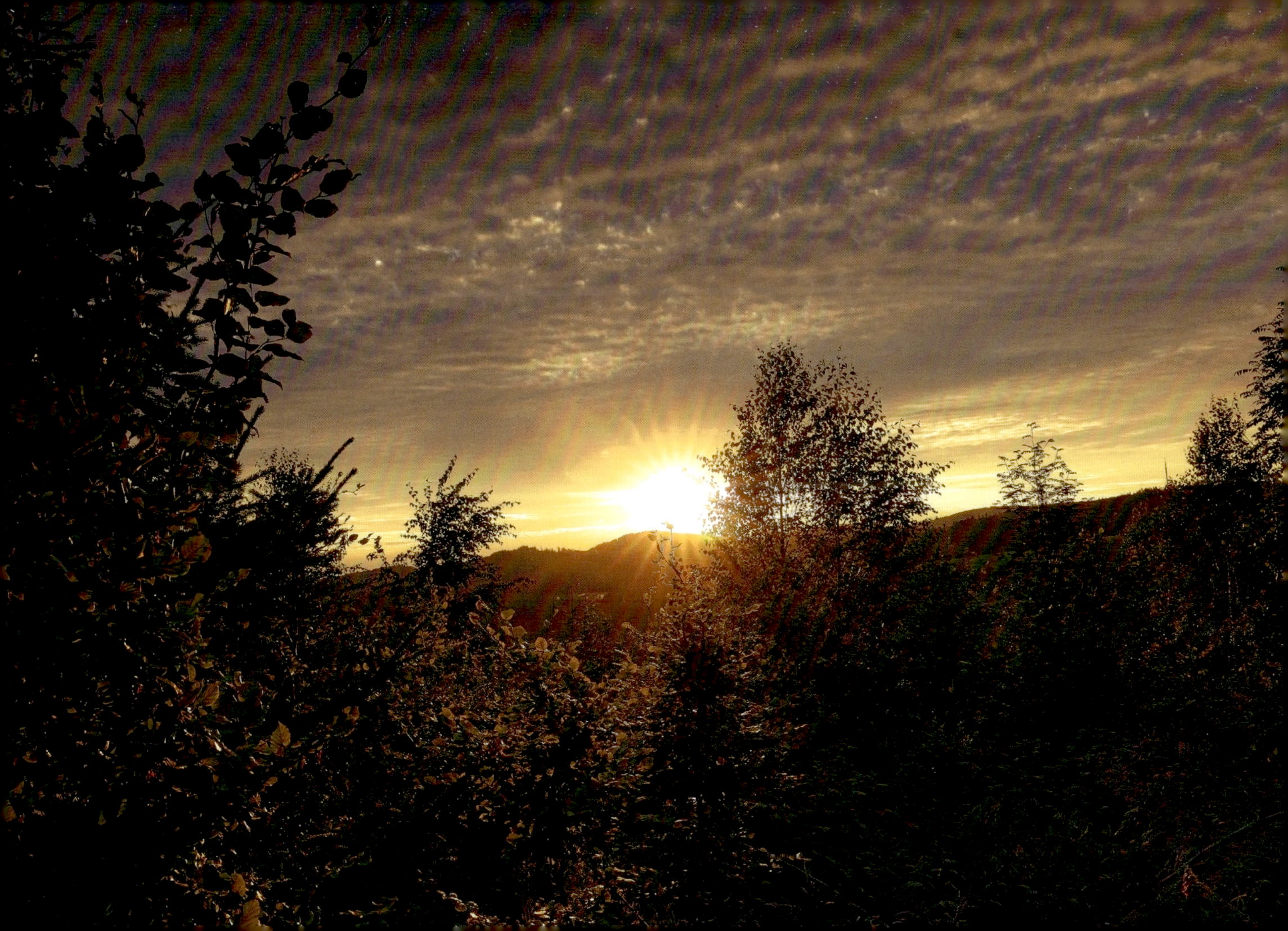

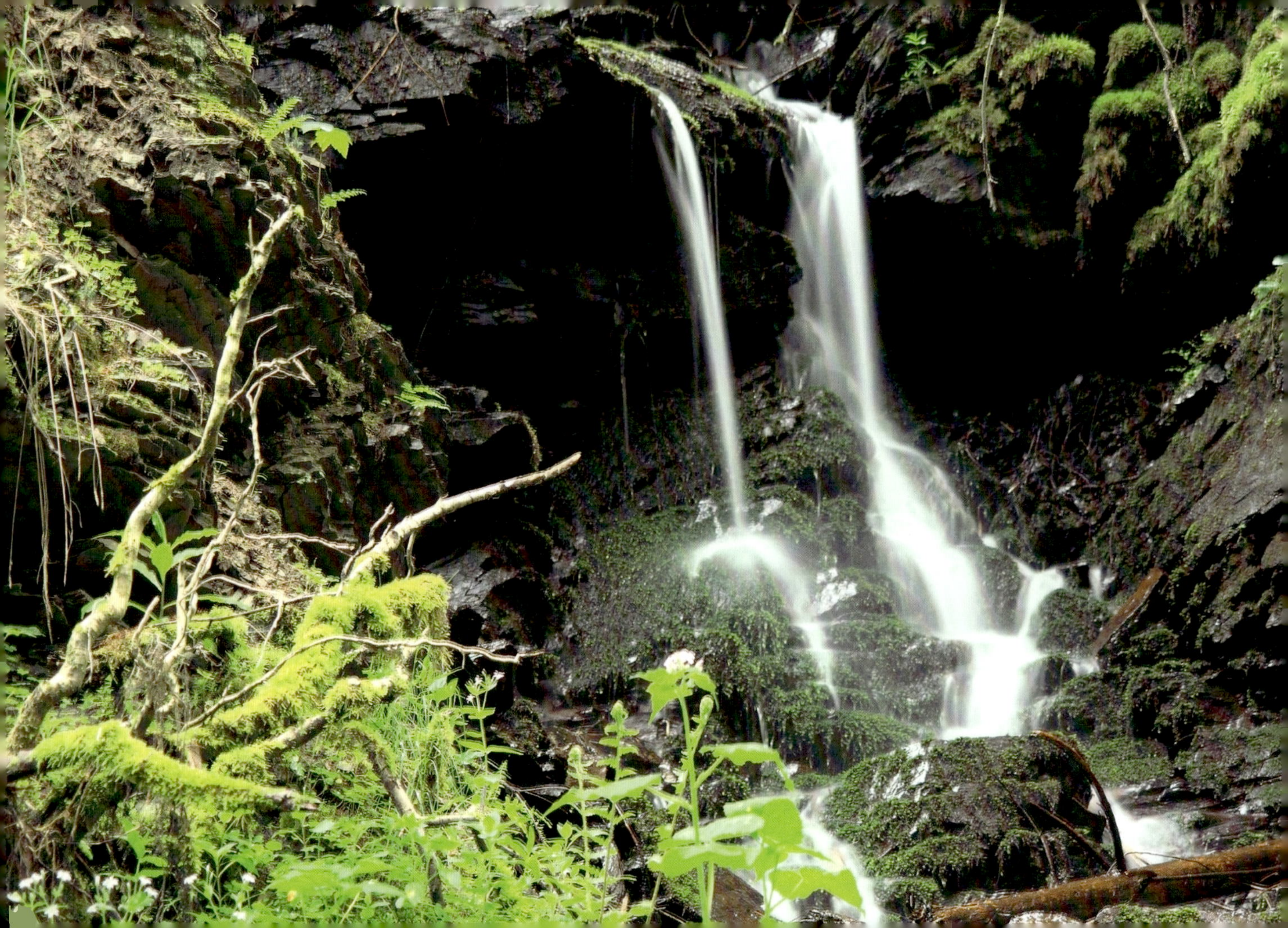

4 WESTFELD, LENNEGRUND

Beste Jahreszeit: ganzjährig
Bester Zeitpunkt: ganztägig
Anfahrt: »57392 Schmallenberg, Dorfstraße 24« ins Navi eingeben.
Parken: 51.156820, 8.431723
Location 1: 51.150045, 8.443535
Location 2: 51.151172, 8.432383

Weg: Vom Parkplatz aus folgen Sie der Dorfstraße in Richtung Westfeld und biegen nach etwa 100 m links steil bergauf ab. Hier finden Sie das Wanderzeichen »W4« vor, dem Sie in den Lennegrund folgen. Die Lenne hat in diesem Wiesental sehr viel Platz und mäandert durch die Wiesen. Die ersten Kaskaden finden Sie recht bald hinter dem Start nach etwa 20 Minuten links auf der Wiese. Im weiteren Verlauf geht es durch Wald bis zum kleinen Wasserfall. Diesen finden Sie, wenn Sie die Lenne am Punkt 51.150045, 8.443535 überqueren und direkt dahinter nach rechts weglos in den Wald einbiegen. Sie folgen der Lenne bis zum Wasserfall. Leider war am Wasserfall eine Ortsbestimmung mit dem Handy nicht möglich.

Ausstattung: Stativ, Weitwinkel-Zoom, ND-Filter

Parken

Location 1

Location 2

Kleiner Wasserfall im Lennegrund
Olympus OMD E-M1 MIII · 12-40 mm · f/2.8 · 40 mm · 2,5 s · ISO 200

Parken

Location 1

Location 2

Location 3

5 KAHLER ASTEN-STEIG

Beste Jahreszeit: ganzjährig
Bester Zeitpunkt: ganztägig
Anfahrt: »57392 Schmallenberg, Dorfstraße 24« ins Navi eingeben.
Parken: 51.179679, 8.489715
Location 1 (Bärenschlucht): 51.176071, 8.475553
Location 2 (Hoher Knochen): 51.167261, 8.463796 und 51.163974, 8.546444
Location 3 (Hömberg): 51.157911, 8.443184
Weg: Vom Parkplatz folgen Sie dem weißen liegenden »R« auf schwarzem Grund. Dieses Zeichen begleitet Sie auf dem gesamten Weg. Der Rundweg ist 16,5 km lang und dauert ca. 5 Stunden. Er gehört zu den Rothaarsteigspuren und bietet unterwegs sehr viele Fotomotive.
Ausstattung: evtl. ein Stativ, Weitwinkel-Zoom

Diese Rothaarsteigspur kann man mit den Worten »urige Pfade«, »herrliche Aussichten« und »bunte Wälder im Herbst« umschreiben. Wenn Sie diese Worte in Bilder umsetzen wollen, sollten Sie sich auf diesen Weg begeben. Von der Rothaarsteigspur können Sie bleibende Erinnerung an das Sauerland als Land der tausend Berge mit nach Hause nehmen. Die Fotos von dieser Tour werden bei Ihnen zu Hause an den Wohnzimmerwänden eindrucksvoll zur Geltung kommen. Vielleicht denken Sie auch unterwegs schon einmal über eine kleine Diashow über Ihre Wanderung im Sauerland nach. Unterlegen Sie die Fotos mit entspannender Musik. Meine Frau und ich sehen uns diese Diashows gerne an langen Winterabenden an.

WEGEN DER LÄNGE DES WEGES BIETEN SICH ZWEI VARIANTEN AN:

1. VARIANTE

(Hömberg und Aussichten am Hohen Knochen)

Anfahrt: »57392 Schmallenberg, Hoher Knochen 1« ins Navi eingeben.

Parken: vor dem Hotelkomplex, 51.161005, 8.449167

Weg: Zum Fotopunkt Hömberg folgen Sie dem Wanderzeichen für die Rothaarsteigspur Richtung Westfeld und sind in wenigen Minuten am Fotopunkt. Die Aussicht vom Hohen Knochen erreichen Sie ebenfalls mit dem Wanderzeichen für die Rothaarsteigspur. Allerdings benötigen Sie dafür mehr Zeit, weil es steil bergauf geht. Folgen Sie dem Wanderzeichen »A4«, gelangen Sie auf einen aussichtsreichen Rundweg, der weite Blicke in die Landschaft bietet.

2. VARIANTE

(Bärenschlucht)

Anfahrt: »59955 Winterberg, Astenturm 1« ins Navi eingeben.

Parken: am Kahlen Asten, 51.179206, 8.490785 oder 51.179615, 8.489684

Weg: Vom Kahlen Asten folgen Sie der Rothaarsteigspur in Richtung Jagdhütten. Das Wanderzeichen bringt Sie bergab zur Bärenschlucht. Der Rückweg erfolgt auf dem Hinweg. Den Weg können Sie in etwa 20 Minuten bewältigen. Zurück dauert es vielleicht etwas länger, da es moderat bergauf geht.

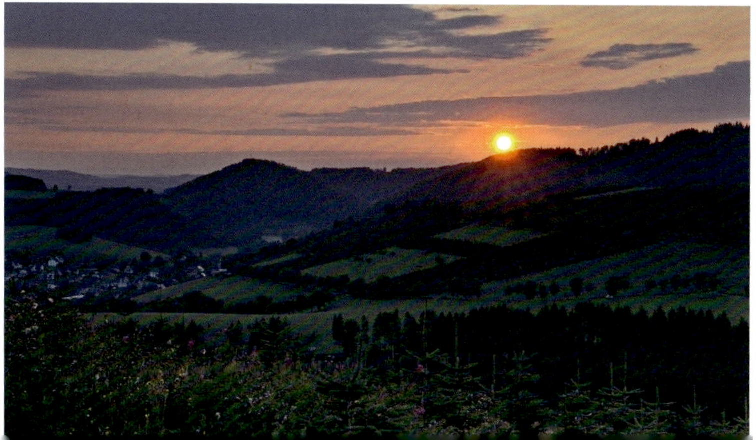

Abends am Hömberg
Panasonic LUMIX DC-S5 · 24–70 mm · f/20 · 62 mm · 2.5 s · –0,7 EV · ISO 100

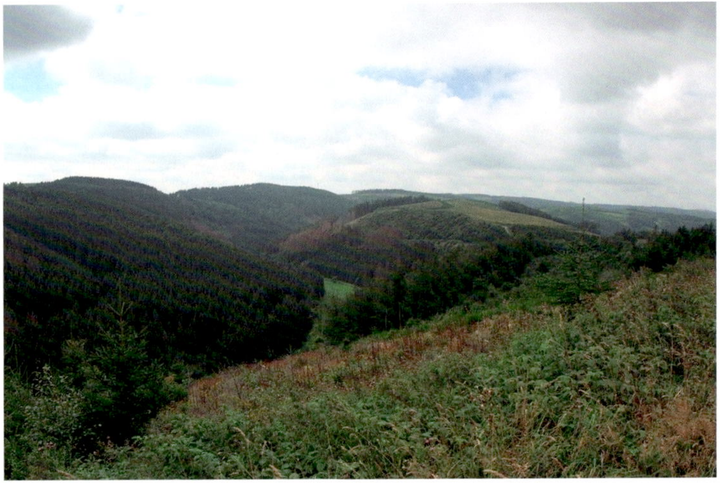

Am vorderen Hohen Knochen
Olympus OMD E-M1 MIII · 12–100 mm · f/5.6 ·
12 mm · 1/200 s · ISO 200

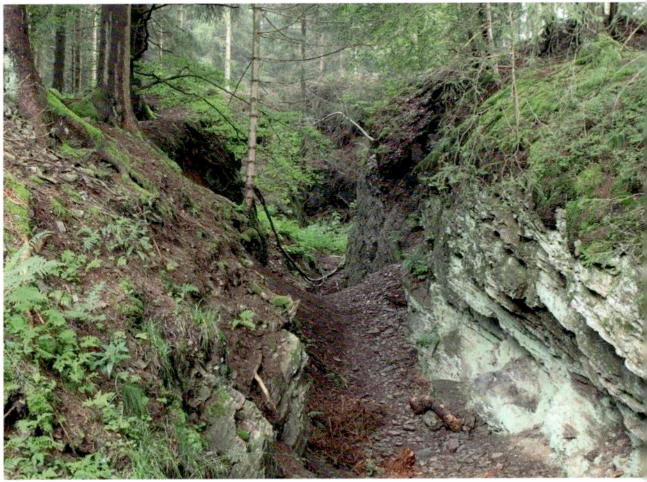

»Durch diese hohle Gasse muss er kommen«
Olympus OMD E-M1 MIII · 12–100 mm · f/5.6 ·
19 mm · 1/2 s · ISO 200

6 ANTONIUSSTEIG

Beste Jahreszeit: ganzjährig

Bester Zeitpunkt: ganztägig, auch für Sonnenuntergangsfotos geeignet

Anfahrt: »57392 Schmallenberg, Winterberger Straße 15« ins Navi eingeben.

Parken: Wanderportal Westfeld 51.161169, 8.418148

Location 1 (Kalte Kirche, Naturschutzgebiet): 51.157572, 8.405964

Location 2 (Sommerseite – Naturschutzgebiet): 51.155984, 8.404256

Location 3 (Aussichtspunkt Hebel): 51.154965, 8.408533

Location 4 (Aussichtspunkt Ennest): 51.150681, 8.423828

Weg: Vom Wanderportal in Westfeld folgen Sie dem Wanderzeichen »W3«. Der Weg ist sehr gut ausgeschildert. Von Döpps Scheune führt ein Weg hinauf zum Hebel, einem weiteren Aussichtspunkt mit weiten Blicken ins Sauerland. Den Aussichtspunkt Ennest können Sie auch mit dem Pkw ansteuern. Fahren Sie zum Wanderparkplatz Ennest (51.145782, 8.424869) und gehen Sie 800 m leicht bergauf zum Aussichtspunkt und zum Soldatengrab.

Ausstattung: evtl. ein Stativ, Weitwinkel-Zoom

Parken

Location 1

Location 2

Location 3

Der Weg bietet einen Landschaftsmix aus Wiesen, Wäldern, Heideflächen und weiten Blicken ins Sauerland. Es handelt sich um einen Premiumwanderweg von 10 km Länge. Wenn Sie die Eindrücke von dieser Landschaft fotografisch umsetzen wollen, sollten Sie den Fotorucksack packen und vom Parkplatz dem Wanderzeichen »W3« folgen. An Döpps Scheune können Sie eine Pause einlegen und Ihre Verpflegung aus dem Rucksack genießen. An dieser Scheune zweigt ein uriger Pfad ab, der hinauf zum Hebel führt. Genießen Sie auf dem Hebel die Aussicht auf einem bequemen Waldsofa.
Den Fotopunkt Ennest können Sie leicht mit

Location 4

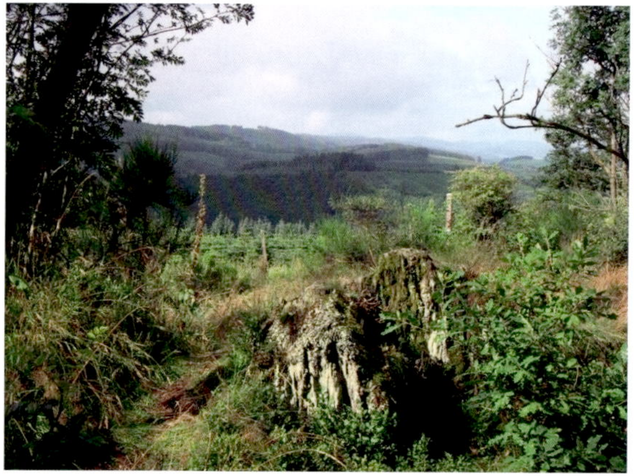

Blick ins Schmallenberger Sauerland im NSG Kalte Kirche
Olympus OMD E-M1 MIII · 12–40 mm · f/13 · 24 mm · 1/30 s · ISO 200

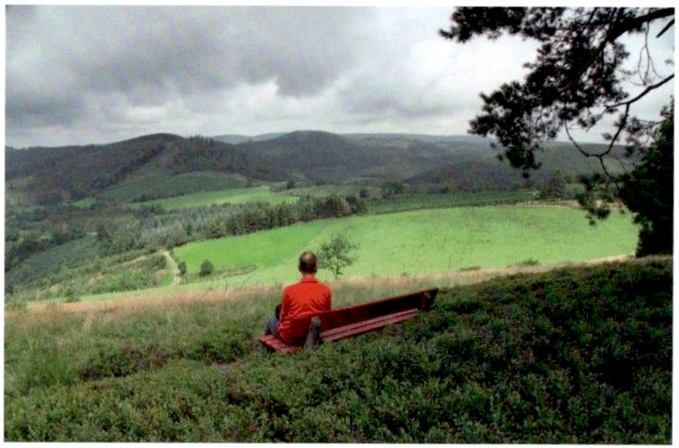

Ruhepause auf dem Weg zum NSG Sommerseite
Olympus OMD E-M1 MIII · 12–40 mm · f/13 · 24 mm · 1/30 s · ISO 200

dem Auto erreichen. Fahren Sie ab dem Albrechtsplatz die kurvenreiche B480 hinab. In einer Linkskurve wird rechts der Wanderparkplatz Ennest angezeigt. Vom Parkplatz gehen Sie etwa 800 m bergauf zum Fotopunkt.

TIPP
Zu Hause können Sie diese Eindrücke beispielsweise in einem Fotobuch für lange Winterabende verarbeiten. Sie sollten auch über Wandbilder Ihrer Fotos nachdenken oder die Bilder zu einer Diashow »verfilmen«. Unterlegen Sie die Fotos mit schöner Musik, dann steht einem gemütlichen Abend nichts mehr im Weg. Schauen Sie im Netz einmal nach »*Slideshow Creator*«. Das Programm kann kostenlos heruntergeladen werden.

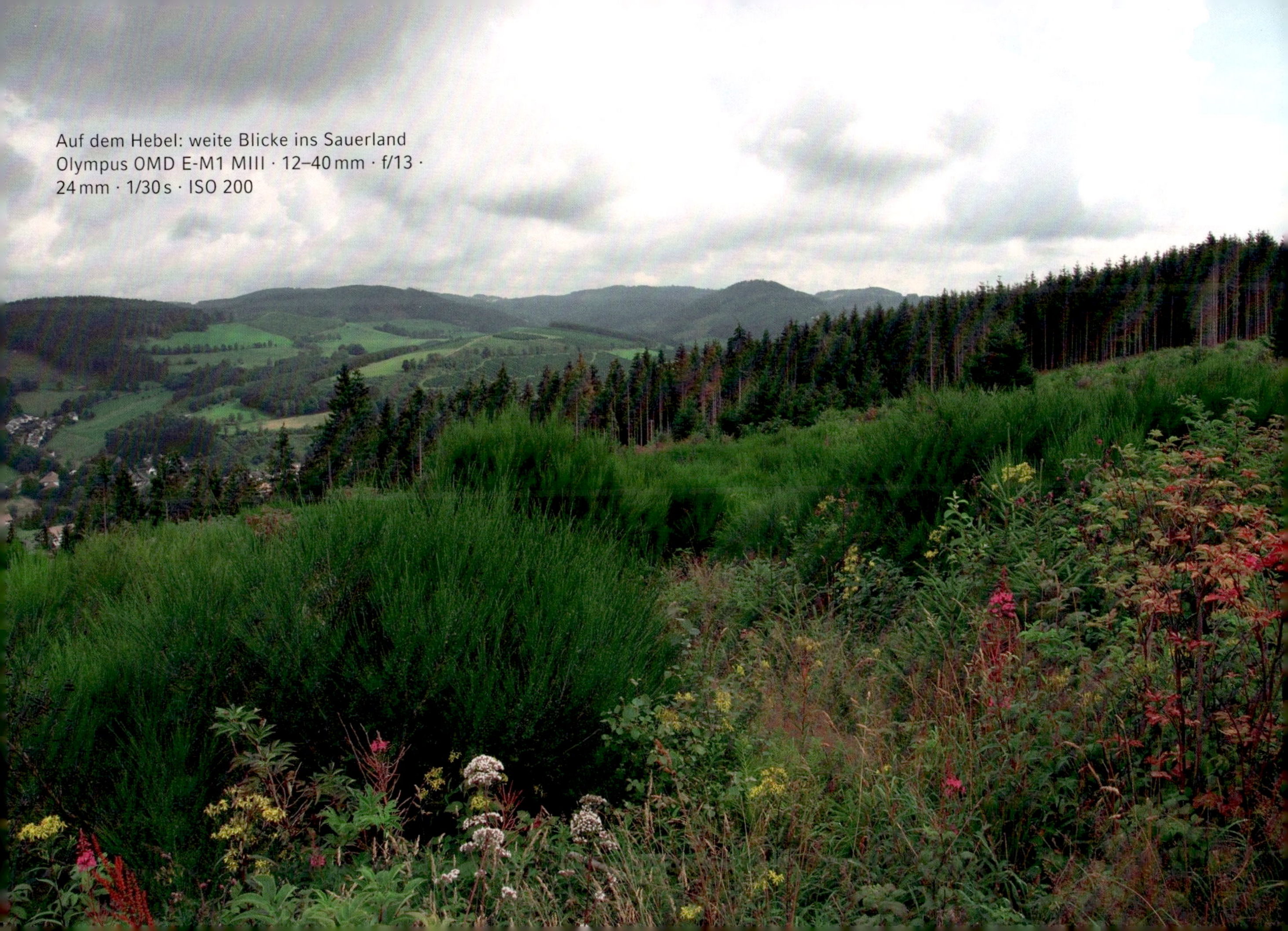

Auf dem Hebel: weite Blicke ins Sauerland
Olympus OMD E-M1 MIII · 12–40 mm · f/13 ·
24 mm · 1/30 s · ISO 200

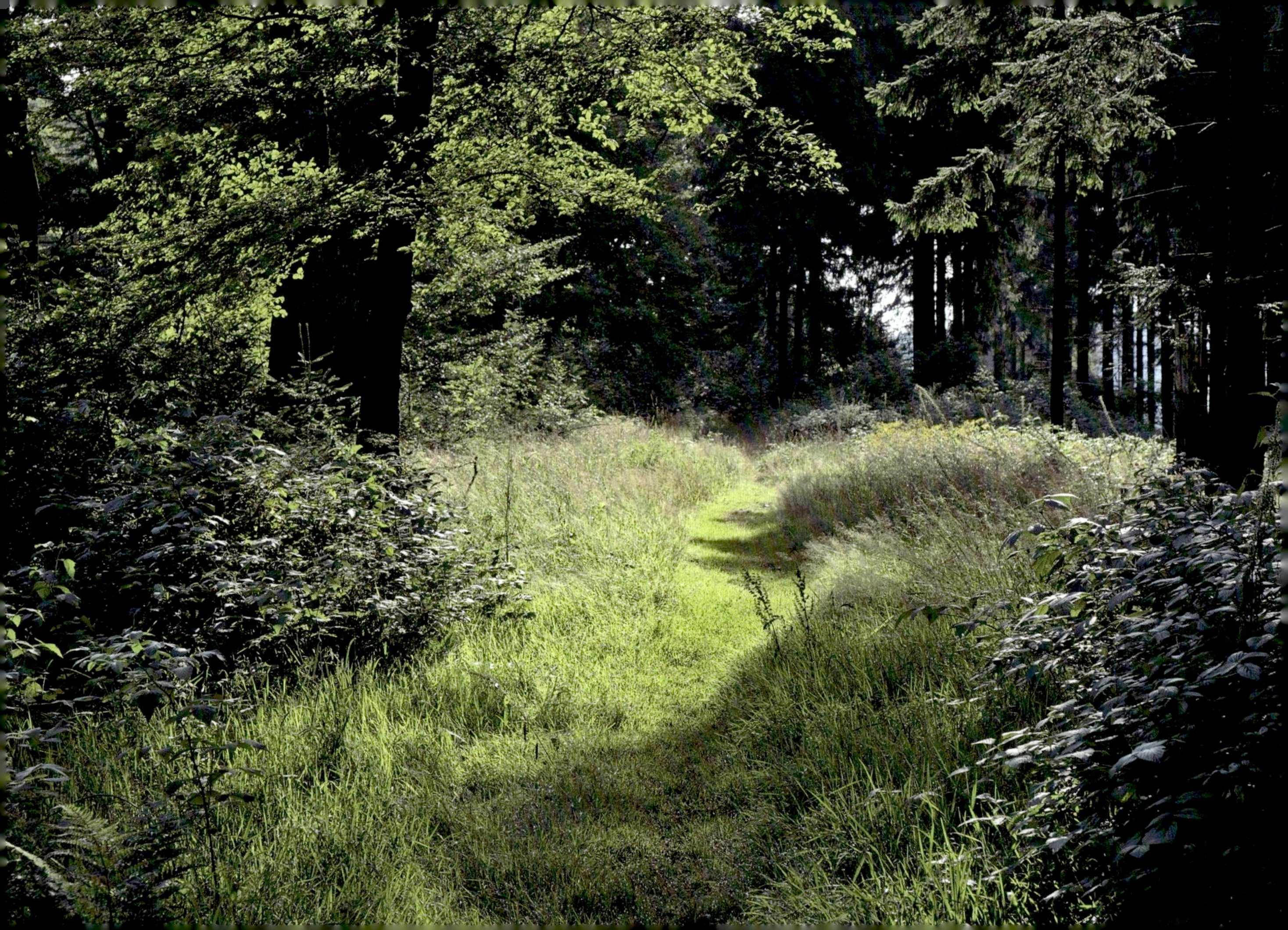

7 SCHWEDENSTEIG-HEIDENSTRASSE

Beste Jahreszeit: ganzjährig
Bester Zeitpunkt: ganztägig, auch für Sonnenuntergangs- und -aufgangsfotos geeignet
Anfahrt: »57392 Schmallenberg, Winterberger Straße 15« ins Navi eingeben.
Parken: Wanderportal Westfeld, 51.161169, 8.418148
Location 1.1 und 1.2 (Wesenberg): 51.171193, 8.418988 und 51.169894, 8.414945
Location 2 (Hudewald): 51.169713, 8.422630
Location 3 (Rehhecke): 51.170343, 8.427636
Location 4 (Schöne Aussicht): 51.174867, 8.443658
Weg: Vom Wanderportal in Westfeld folgen Sie dem Wanderzeichen »W1«. Der Weg ist ausgezeichnet markiert, sodass ein Verlaufen nicht möglich ist. Der 15 km lange Rundweg Schwedensteig-Heidenstraße wurde mit dem Wandersiegel ausgezeichnet. Wenn Sie auf historischem Grund durch Wälder, über Bergeshöhen mit freien Aussichten wandern wollen, sind Sie auf dem Schwedensteig-Heidenstraße richtig. Die Fotopunkte sind leider nur fußläufig zu erreichen, sind aber die Mühe wert.
Ausstattung: evtl. ein Stativ, Weitwinkel-Zoom

Parken

Location 1.1

Location 1.2

Location 2

Auf dem Wesenberg geht es auf schmalem Pfad durch tiefen Wald
Olympus OMD E-M1 MIII · 12–40 mm · f/5.6 · 40 mm · 1/80 s · ISO 200

Einst zogen Napoleons Truppen, Pilger und Handelsleute auf der Heidenstraße mühsam mit ihren Karren und ihrem Gepäck durch das Sauerland. Die Heidenstraße, daher kommt der

Location 3

Location 4

Name »Schwedensteig-Heidenstraße«, war im frühen Mittelalter die Verbindung zwischen den großen Handelsstädten Köln, Kassel und Leipzig. So kann man heute noch in Altastenberg alte Wallanlagen am Wegesrand erkennen, die zur Absicherung dieser Straße dienten.

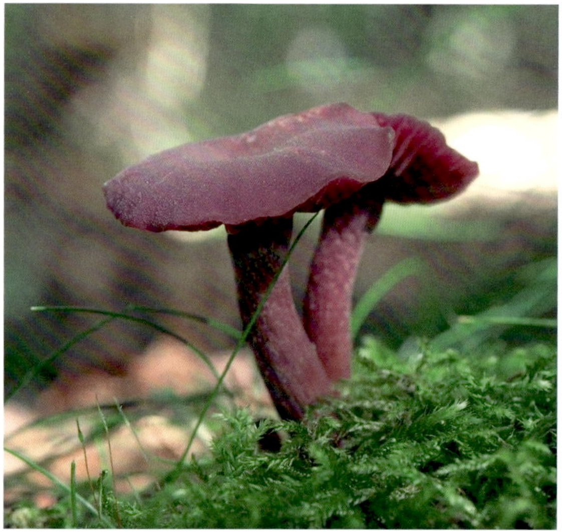

Roter Lackpilz im Hudewald Olympus OMD E-M1 MIII · 12–40 mm · f/5.6 · 38 mm · 1/8 s · ISO 200

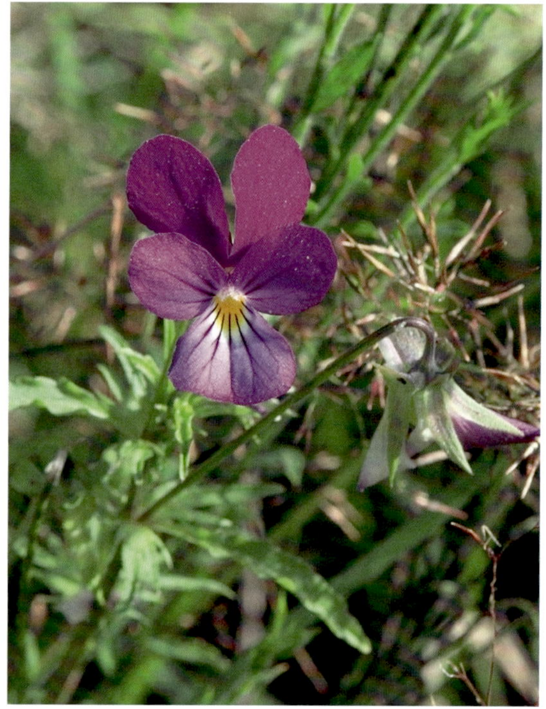

Hornveilchen an der Rehhecke Olympus OMD E-M1 MIII · 12–40 mm · f/8 · 40 mm · 1/60 s · ISO 200

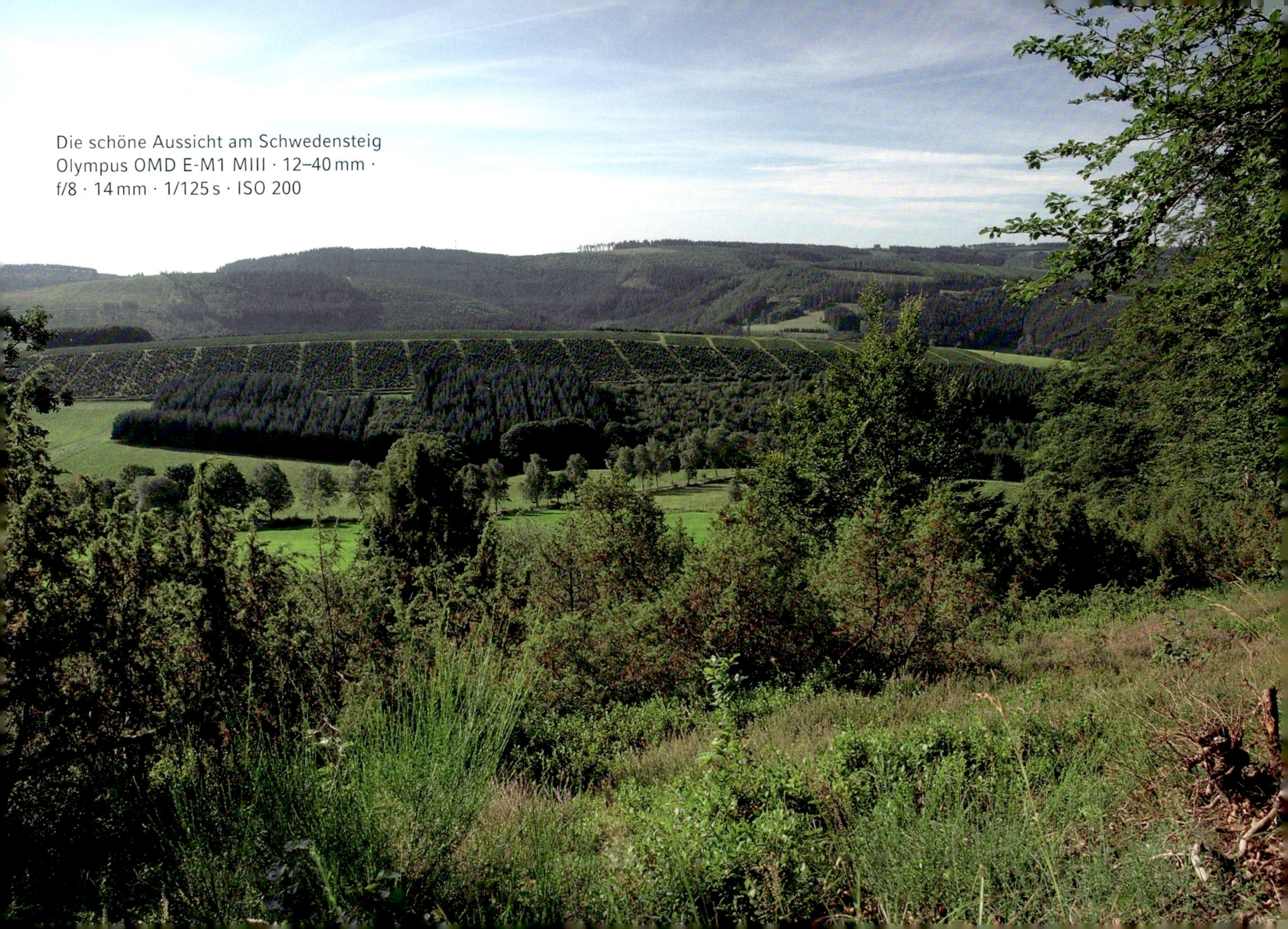

Die schöne Aussicht am Schwedensteig
Olympus OMD E-M1 MIII · 12–40 mm · f/8 · 14 mm · 1/125 s · ISO 200

Parken

Location 1

Location 2

Location 3

8 OBERKIRCHEN HEXENPLATZ

Beste Jahreszeit: ganzjährig
Bester Zeitpunkt: ganztägig
Anfahrt: »57392 Schmallenberg, Almert« ins Navi eingeben und auf dem Wanderparkplatz parken.
Parken: Wanderparkplatz in Almert, 51.150202, 8.359576
Location 1 (Verhörplatz mit Tiertafel): 51.147349, 8.374189
Location 2 (Hexenkessel mit Dokumenten): 51.145616, 8.370472
Location 3 (Kaskade zwischen Hexenkessel und Verhörplatz): 51.145516, 8.370634
Weg: Vom Wanderparkplatz folgen Sie dem Wanderzeichen »A6« bergauf. Dieses Wanderzeichen führt direkt zum Hexenplatz.
Ausstattung: Stativ, Weitwinkel-Zoom, ND-Filter

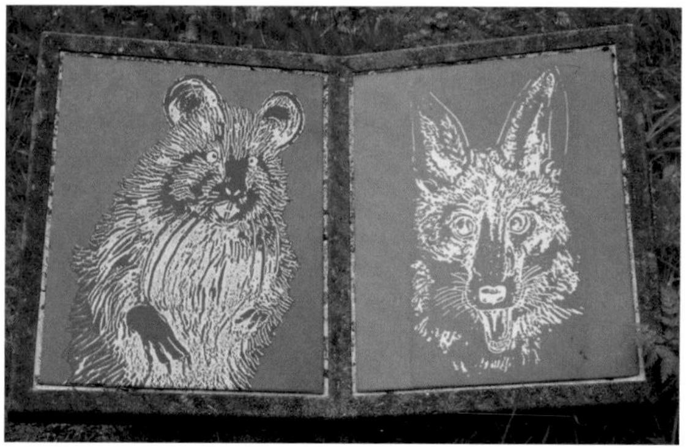

Ein Zauberbild des Hexenplatzes
Olympus OMD E-M1 MIII · 12–40 mm · f/2.8 · 25 mm · 1/50 s · ISO 200

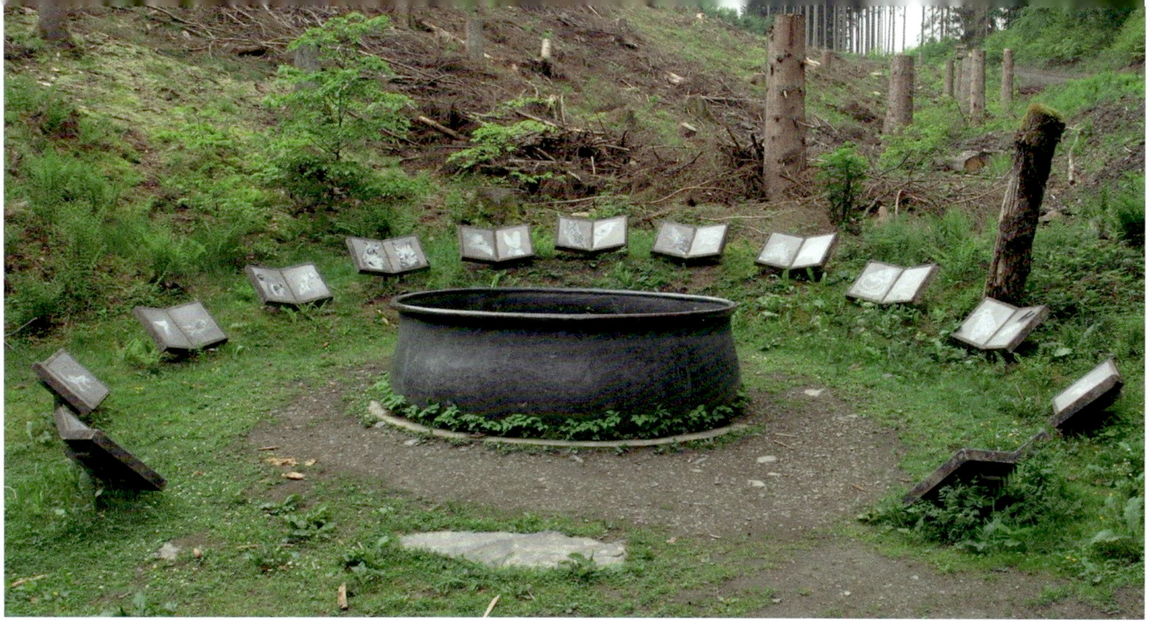

Ein Zauberbild des Hexenplatzes Olympus OMD E-M1 MIII · 12–40 mm · f/2.8 · 25 mm · 1/50 s · ISO 200

Der Hexenplatz hat leider viel von seiner ursprünglichen Magie eingebüßt. Um die Tafeln wurden die Fichten gefällt, sodass der Platz frei liegt. Die Düsternis und das Geheimnisvolle von diesem Ort sind verschwunden.

Die Künstlerin Lili Fischer hat den Hexenkessel mit aufgeklappten Zauberbüchern umgeben. Ihre Arbeit gibt Zeugnis vom Mythos »Hexe« und versetzt Wanderer in eine Welt der Märchen und Magie. Gleichzeitig macht er jedoch auch auf die reale grausame Verfolgung von Menschen während der Zeit der Hexenprozesse aufmerksam: Auf der anderen Seite der Talsenke befindet sich der »Verhörplatz«, auf dem einst vermeintliche Hexen zum Tode verurteilt wurden.

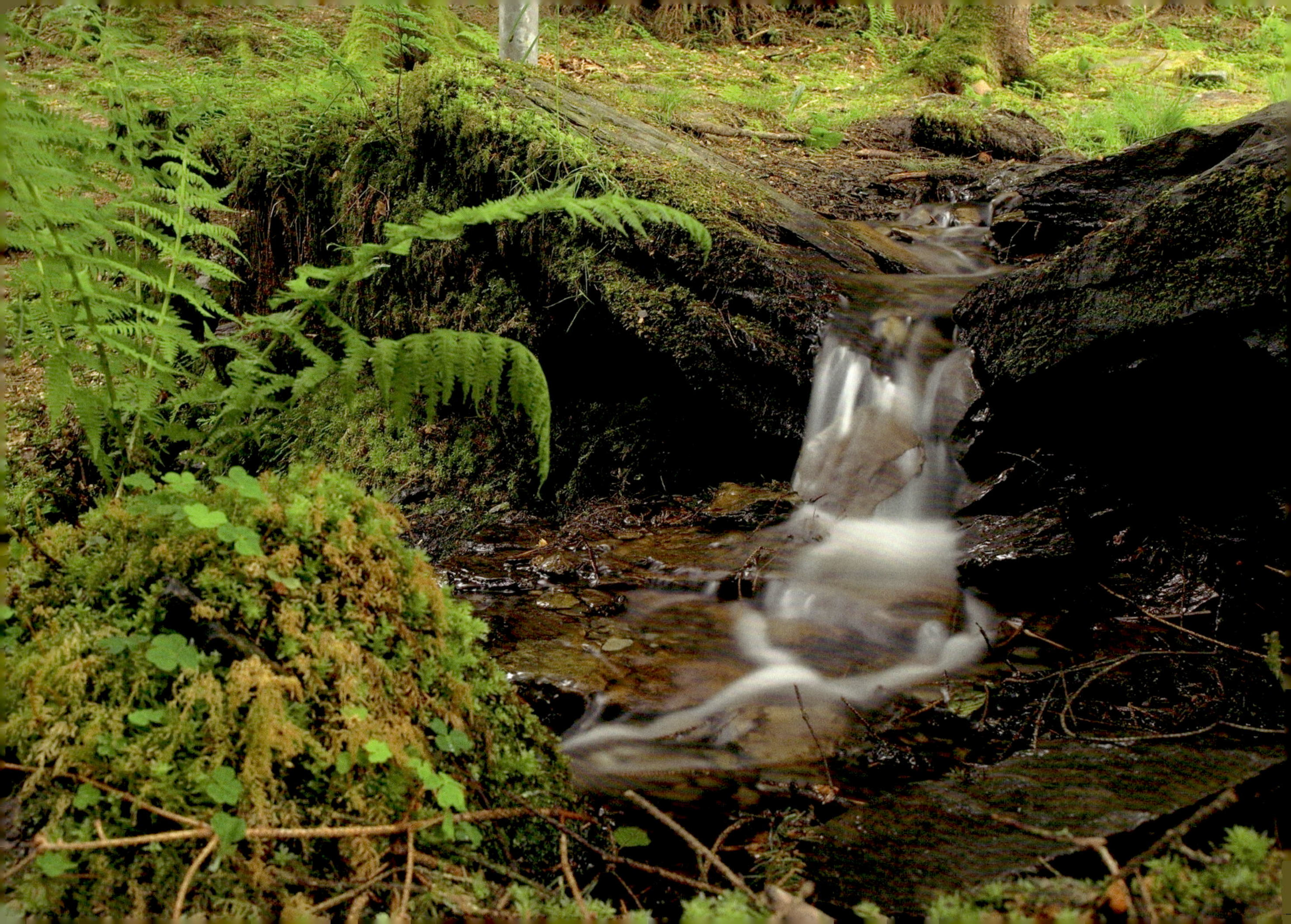

9 HEXENKESSEL

Beste Jahreszeit: ganzjährig
Bester Zeitpunkt: ganztägig
Anfahrt: »57392 Schmallenberg, Almert« ins Navi eingeben und auf dem Wanderparkplatz parken.
Parken: Wanderparkplatz in Almert: 51.150202, 8.359576
Location 1 (Verhörplatz mit Tiertafel): 51.147349, 8.374189
Location 2 (Hexenkessel mit Dokumenten): 51.145616, 8.370472
Location 3 (Rehhecke): 51.170343, 8.427636
Location 4 (Kaskade zwischen Hexenkessel und Verhörplatz): 51.145516, 8.370634
Weg: Vom Wanderparkplatz folgen Sie dem Wanderzeichen »A6« bergauf. Dieses Wanderzeichen führt direkt zum Hexenplatz.
Ausstattung: Stativ, Weitwinkel-Zoom, ND-Filter

Parken

Location 1

Location 2

Location 3

Kaskade zwischen Hexenplatz und Hexenkessel
Olympus OMD E-M1 MIII · 12–40 mm · f/5.6 · 16 mm · 15 s · ISO 200

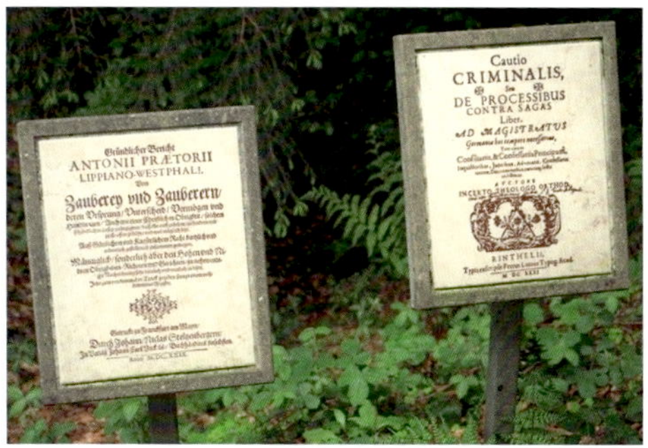

Zwei der Dokumente vom Hexenkessel
Olympus OMD E-M1 MIII · 12–40 mm · f/2.8 · 12 mm · 1/25 s · ISO 200

Parken

Location 1

Location 2

10 HARTMECKETAL

Beste Jahreszeit: ganzjährig
Bester Zeitpunkt: ganztägig
Anfahrt: »57392 Schmallenberg, Schützenstraße 27« ins Navi eingeben.
Parken: an der Schützenhalle: 51.159126, 8.377075. Alternativ können Sie Ihr Auto an der Sparkasse abstellen. Allerdings sind hier nur wenige Parkplätze vorhanden.
Location 1 (Fotopunkt an der Hartmecke): 51.143445, 8.381443
Location 2 (Herrmannsteich in Oberkirchen): 51.153641, 8.378982
Weg: Vom Parkplatz folgen Sie der Schützenstraße bis zur Lüttmecke und dann dieser Straße an der Hartmecke entlang bis zur SGV-Hütte. Der Rückweg erfolgt auf dem Hinweg. Parken Sie an der Sparkasse, gehen Sie über die Brücke am Gasthof Schütte rechts vorbei zur Lüttmecke.
Ausstattung: Stativ, Weitwinkel-Zoom, ND-Filter

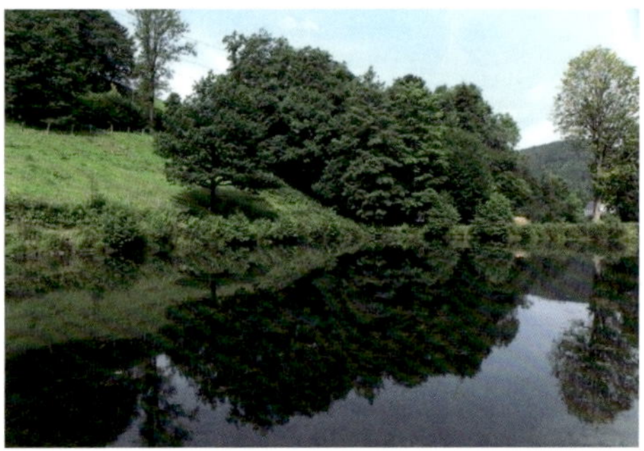

Am lauschigen Herrmannsteich in Oberkirchen
Panasonic LUMIX DC-S5 · 24–70 mm · f/5.6 · 24 mm · 1/125 s · ISO 100

Die Hartmecke
Panasonic LUMIX DC-S5 · 24–70 mm · f/2.8 · 38 mm · 1 s · ND 64 · ISO 100

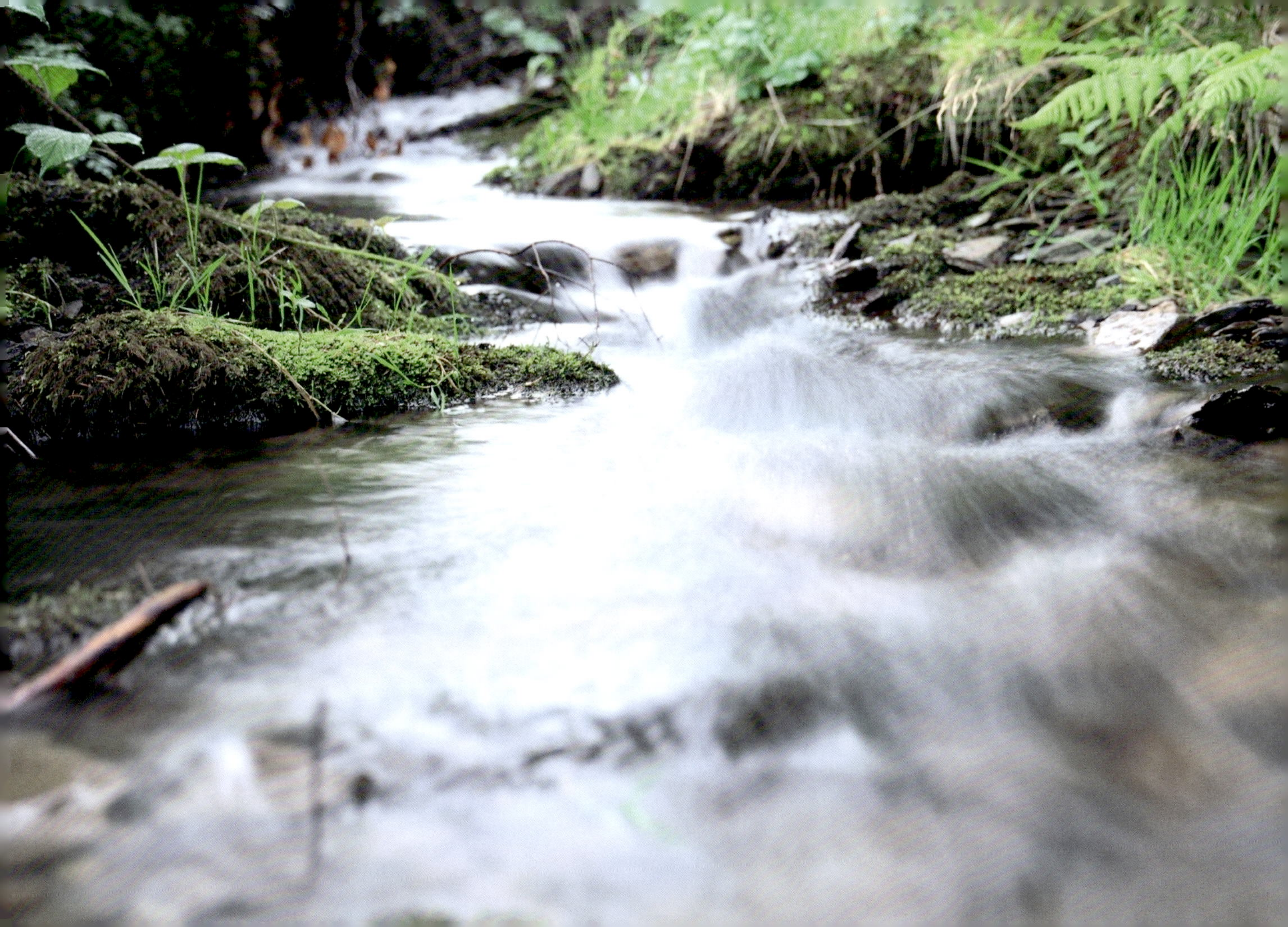

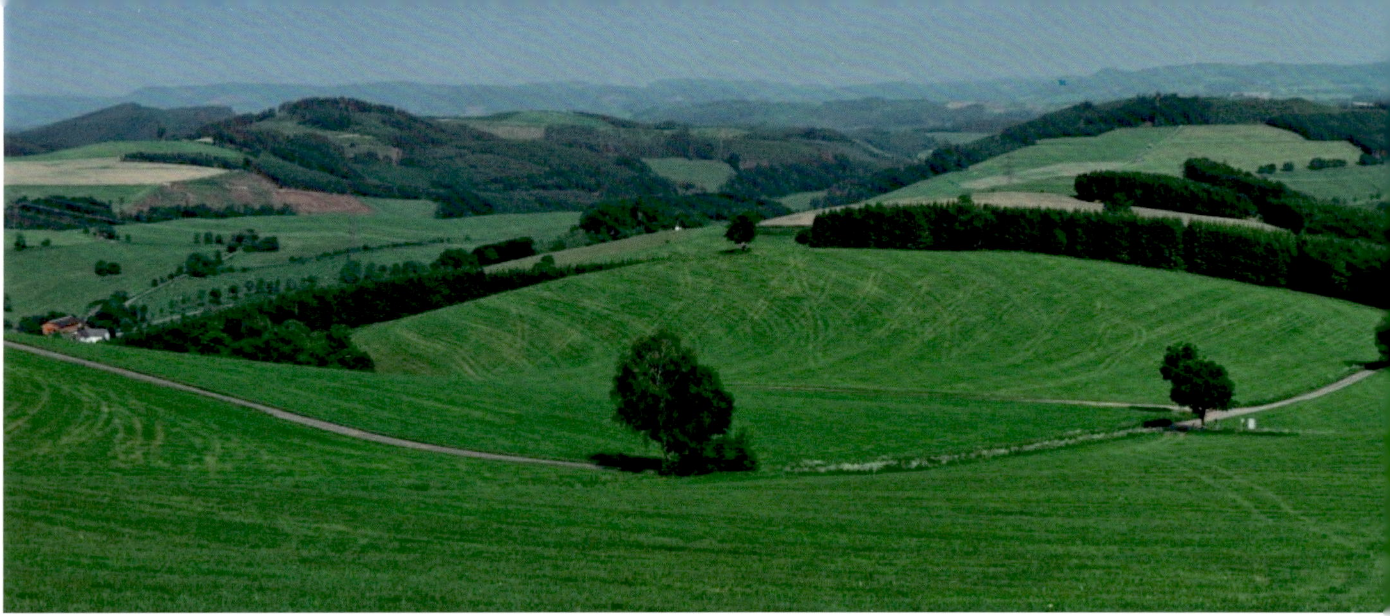

Parken

⑪ OBERHENNEBORN

Beste Jahreszeit: ganzjährig
Bester Zeitpunkt: ganztägig
Anfahrt: »57392 Schmallenberg, Todesbruch 1« ins Navi eingeben.
Parken: 51.228481, 8.296538
Location: Fotoroute in Oberhenneborn, 51.228778, 8.296333
Mehr Informationen zu dieser Fotowanderung finden Sie unter:
https://bit.ly/3mOO2JV/ (oder googlen Sie nach »Fotowanderung Oberhenneborn«)
Ausstattung: Stativ, Weitwinkel-Zoom, ND-Filter

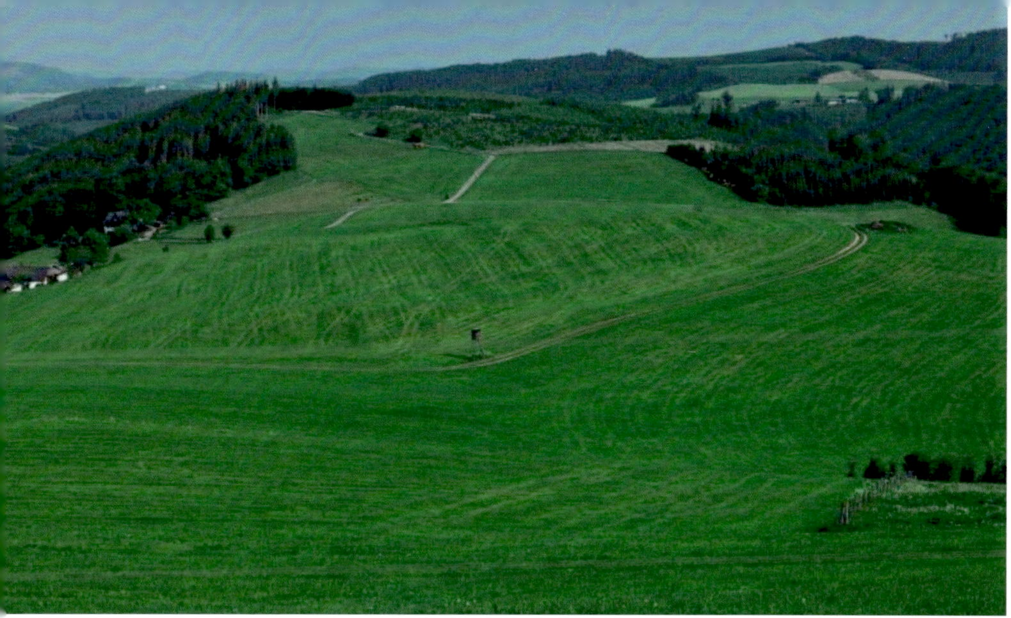

Panoramablick Am Hömberg – Foto aus fünf Fotos zusammengesetzt
Panasonic LUMIX DC-S5 · 24–70 mm · f/11 · 61 mm · 1/40 s · ISO 100

Location

Auf der Route finden Sie 11 Stationen vor, anhand derer verschiedene Aspekte der Fotografie besprochen werden. Als fortgeschrittener Landschaftsfotograf werden Sie einige Stationen übergehen können, weil Sie diese Aspekte schon berücksichtigen. Andere Aspekte werden für Sie neu sein.

Die Strecke ist insgesamt 9 km lang und dauert zwischen drei und vier Stunden. Die lange Zeit rührt daher, dass Sie viel Zeit mit dem Fotografieren der Motive verwenden. Höhepunkt der Tour wird der Panoramablick Am Hömberg sein. Ich kann Ihnen diese Fototour nur ans Herz legen.

TIPP

Achten Sie bei einem Panoramafoto darauf, dass sich die Fotos überlappen. Lassen Sie ausreichend Platz nach oben, unten und rechts und links, denn beim Zusammensetzen der einzelnen Fotos braucht die Software »Puffer« zur Ausrichtung. Denken Sie auch daran, im Hochkantformat zu fotografieren, um an den Nahtstellen das Panoramas keine Verzeichnungen zu riskieren. Mehr zum Thema lesen Sie auf Seite 70.

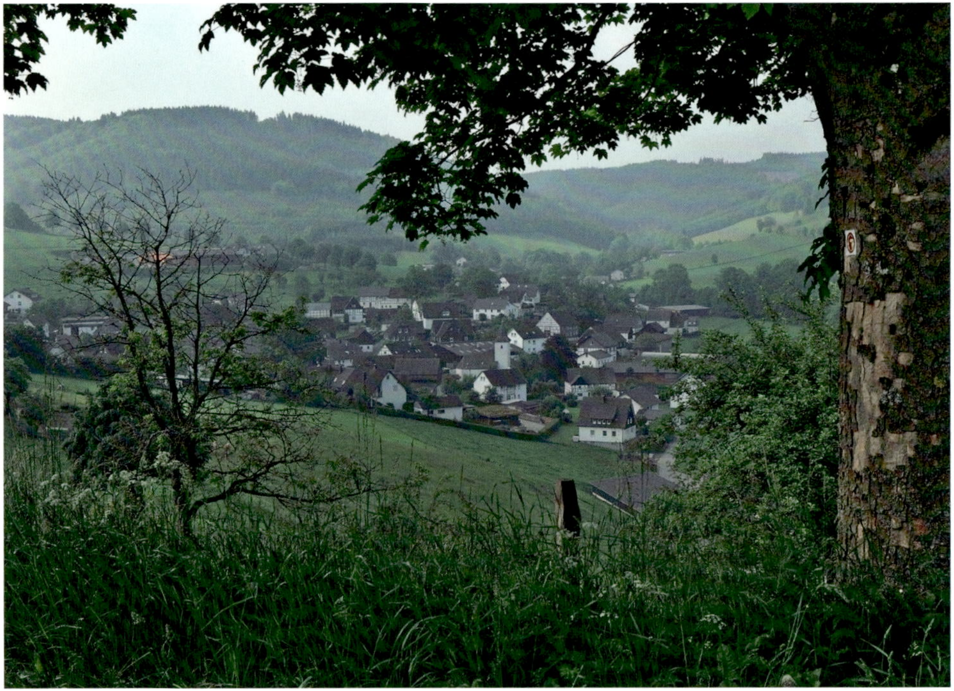

Wie setzt man den Blick auf Oberhenneborn fotografisch um?
Panasonic LUMIX DC-S5 · 24–70 mm · f/13 · 47 mm · 1/13 s · ISO 100

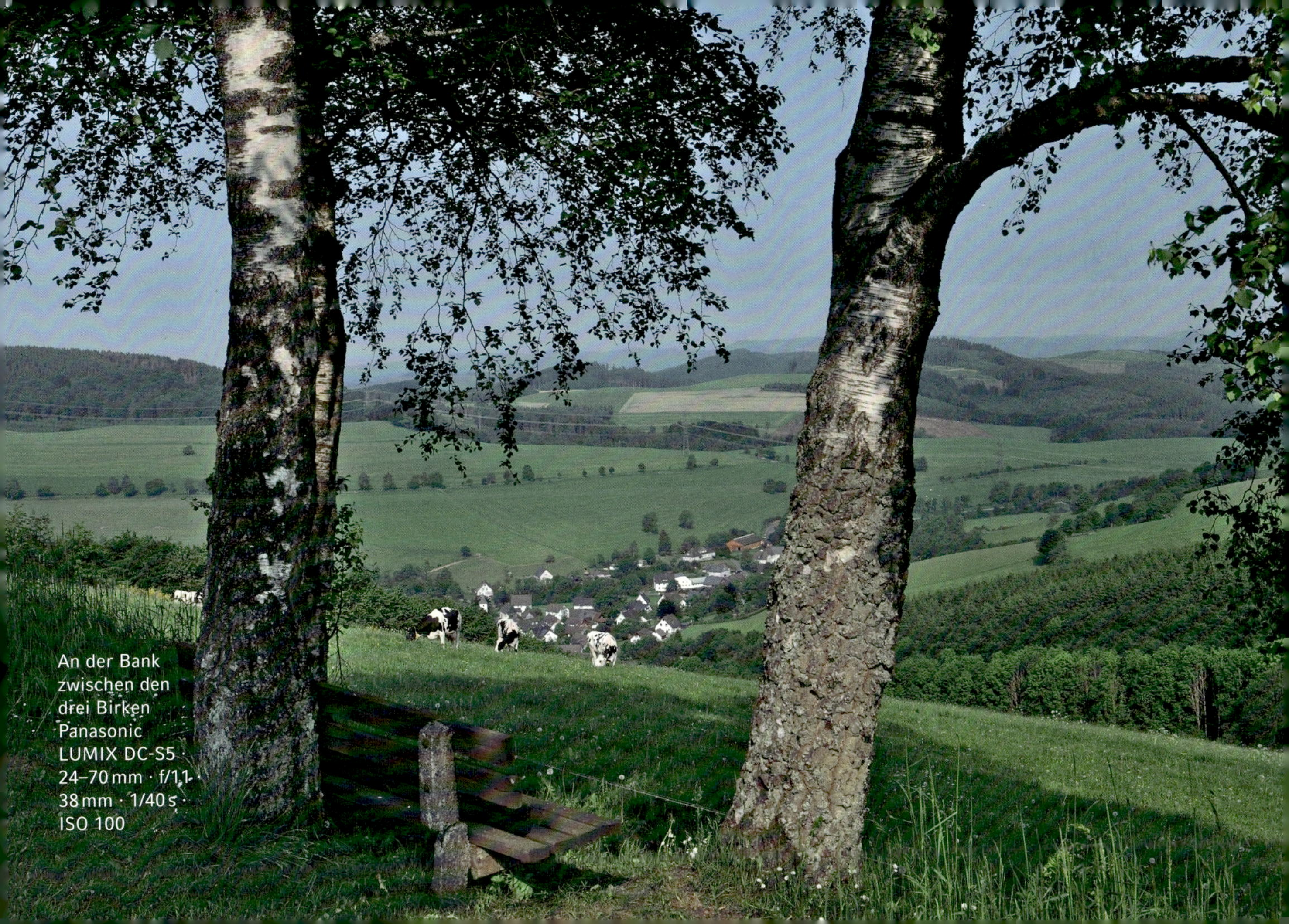

An der Bank zwischen den drei Birken
Panasonic LUMIX DC-S5 · 24–70 mm · f/11 · 38 mm · 1/40 s · ISO 100

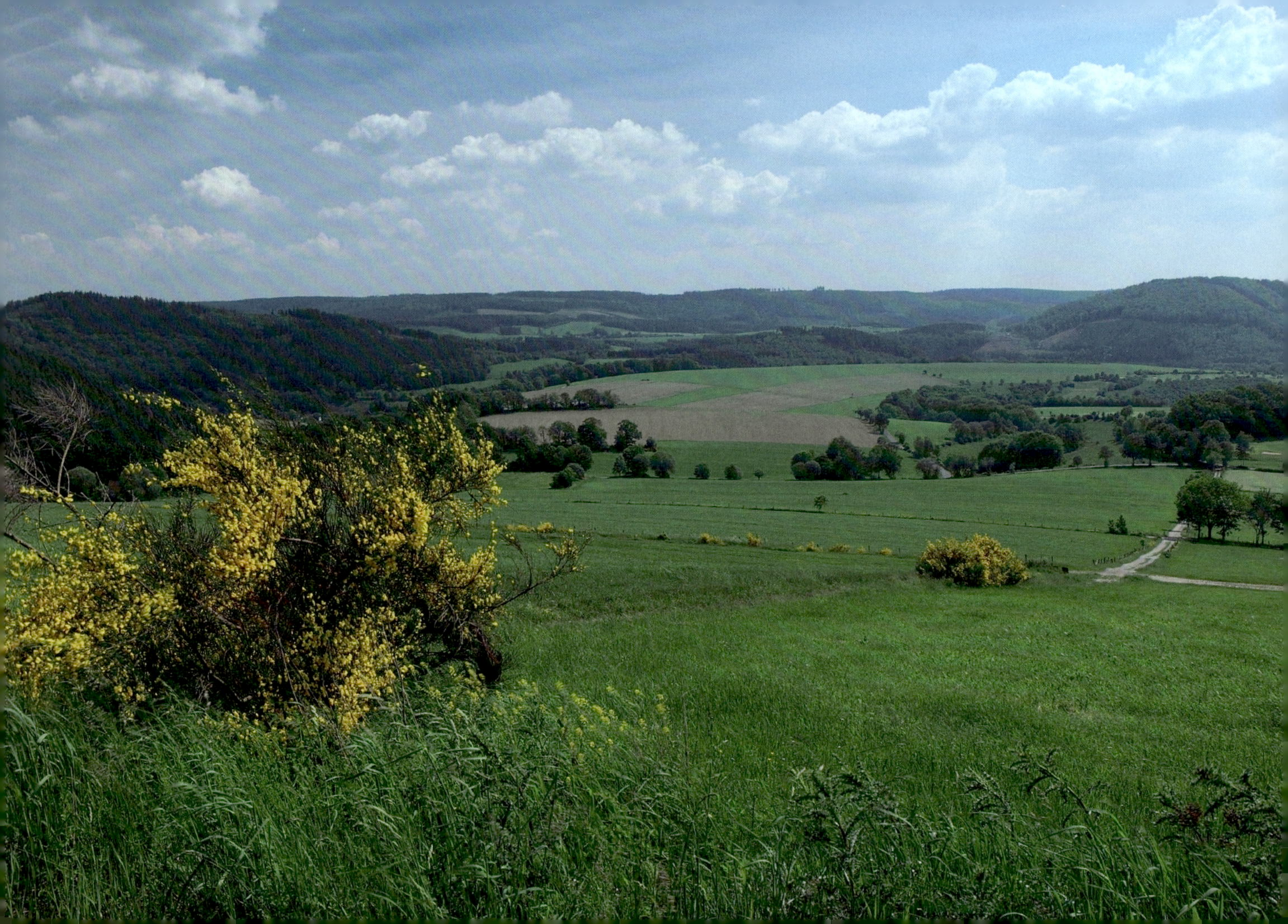

12 HOLTHAUSEN

Beste Jahreszeit: ganzjährig
Bester Zeitpunkt: ganztägig
Anfahrt: »57392 Schmallenberg, Mittelstraße« ins Navi eingeben.
Parken: Wanderparkplatz Lüttmecke: 51.179315, 8.347109
Location: Startpunkt der Tour: 51.182282, 8.337550
Weg: Vom Wanderparkplatz folgen Sie den Wanderzeichen »A6« und »H1« bergauf. Oben am Waldrand angekommen ergeben sich herrliche Aussichten auf Holthausen und weite Blicke in die Landschaft. Es sind nur einige hundert Meter bis nach oben.
Ausstattung: evtl. ein Stativ, Weitwinkel-Zoom

Parken

Location

Oberhalb von Holthausen im Schmallenberger Sauerland geht der Blick weit ins Land. Der Ginster blüht und verzaubert die Aussicht durch seine gelben Sprenkel, die sich überall am Wegesrand zeigen. Um Schmallenberg herum ist die Landschaft offen geblieben, weil es hier viele Bauernhöfe gibt, die noch bewirtschaftet werden. Das Hawerland, das aus den Orten Harbecke, Werpe, Fleckenberg etc. besteht, bietet ebenfalls weite Blicke in die Landschaft. Die Motivsuche für Landschaftsfotos wird hier also leicht fallen.

Oberhalb von Holthausen
Panasonic DC-S5 · 24–70 mm · f/11 · 26 mm · 1/50 s · ISO 100

Parken

Location

13 WORMBACH

Beste Jahreszeit: ganzjährig
Bester Zeitpunkt: Sonnenuntergang
Anfahrt: »57392 Schmallenberg, Alt-Wormbach 4« ins Navi eingeben.
Parken: direkt vor der Pfarrkirche: 51.167741, 8.257851
Location: Pfarrkirche St. Peter und Paul und der alte Friedhof an der Pfarrkirche: 51.1673255, 8.2570504
Weg: Vom Parkplatz vor der Kirche aus folgen Sie dem Weg über den Friedhof zur Kirche.
Ausstattung: evtl. ein Stativ, lichtstarkes Weitwinkel-Zoom

In Wormbach bietet sich die Pfarrkirche St. Peter und Paul für eine Besichtigung an. Sie ist eine der Urpfarreien im Sauerland und ein besonderer Seelenort. Es handelt sich um eine spätromanische Hallenkirche, die u. a. mit Tierkreiszeichen ausgemalt ist. Für diese Ausmalung ist die Kirche berühmt. In der Apsis findet sich eine Darstellung des »Jüngsten Gerichts«. Die barocke Ausstattung aus dem 18. Jahrhundert fügt sich harmonisch in das Innere aus romanischer Zeit ein. Der die Pfarrkirche umgebende Friedhof ist mit einheitlichen Kreuzen ausgestattet.

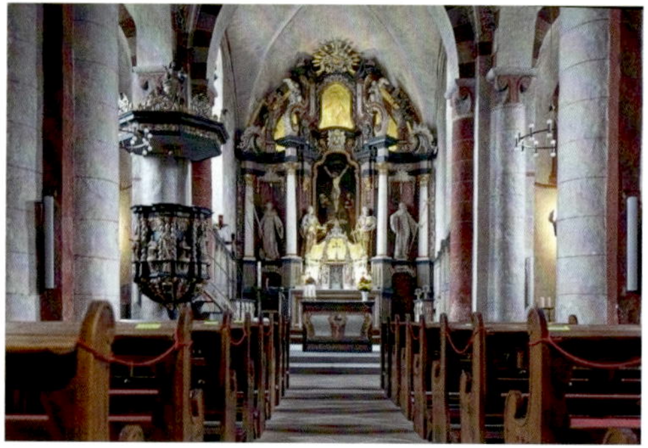

Die Kirche in Wormbach
Panasonic LUMIX DC-S5 · 24–70 mm · f/2.8 · 24 mm · 1,6 s · ISO 100

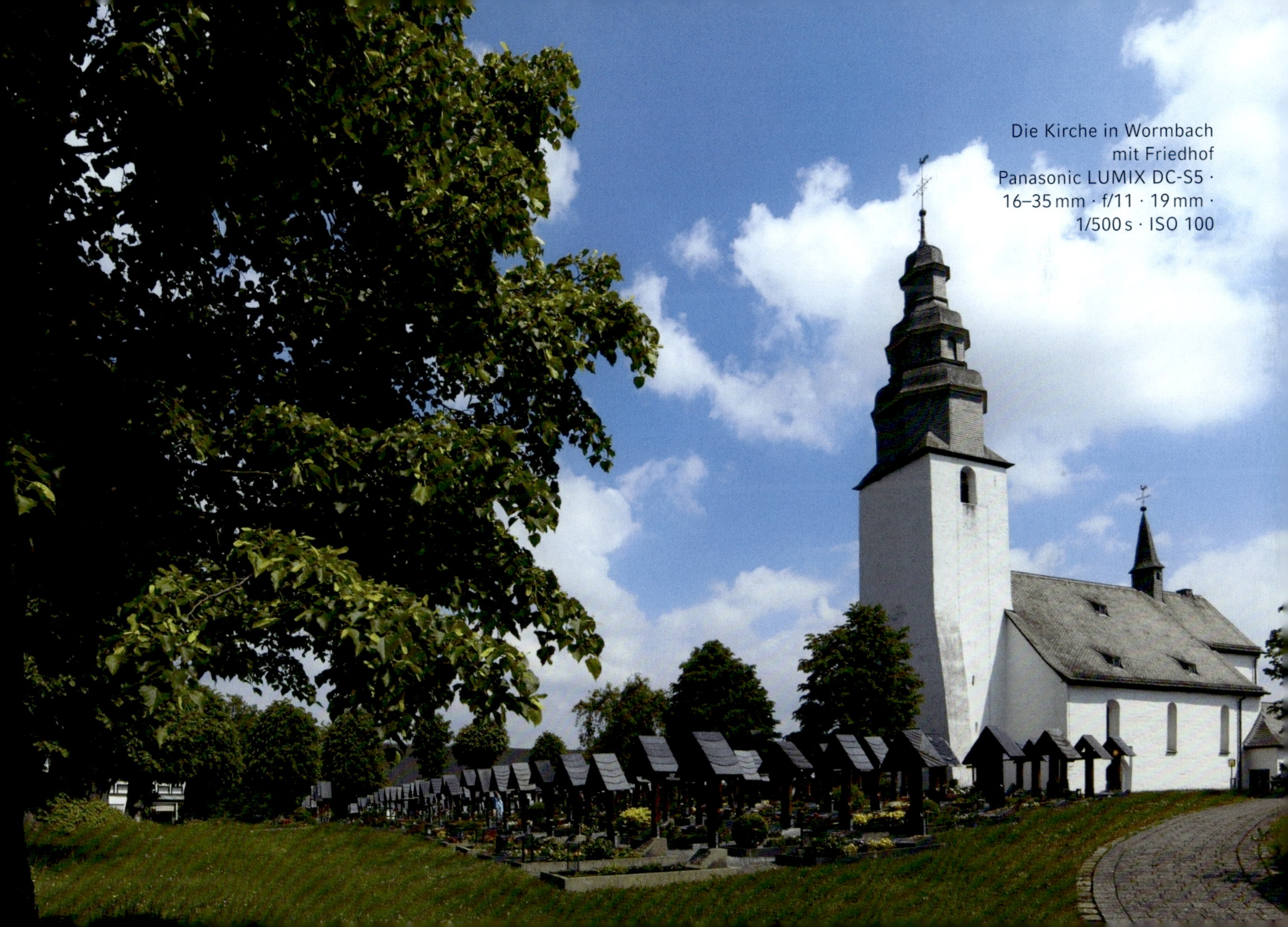

Die Kirche in Wormbach
mit Friedhof
Panasonic LUMIX DC-S5 ·
16–35 mm · f/11 · 19 mm ·
1/500 s · ISO 100

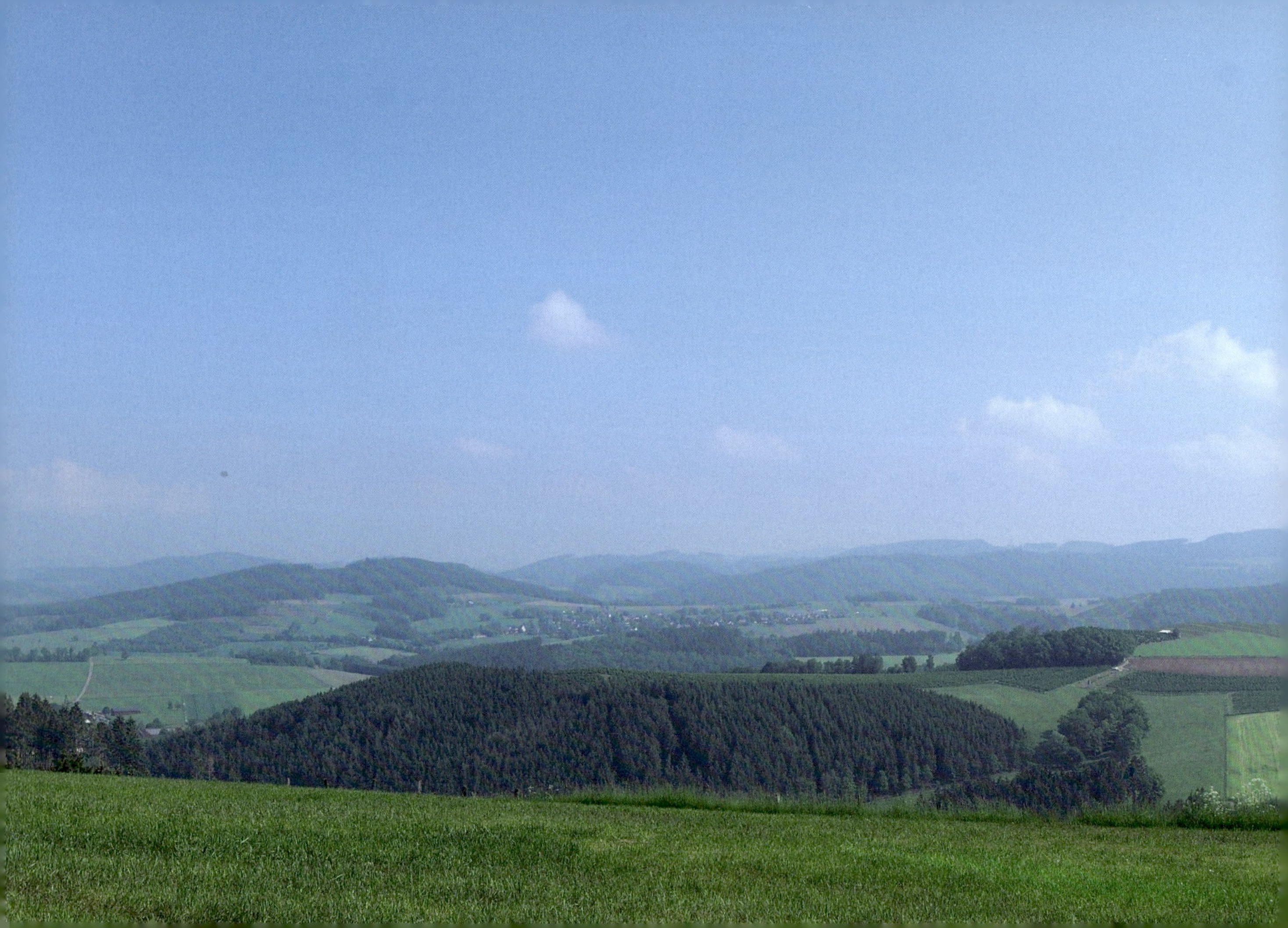

14 WERPE

Beste Jahreszeit: ganzjährig
Bester Zeitpunkt: Sonnenaufgang und Sonnenuntergang
Anfahrt: »57392 Schmallenberg, Am Brande« ins Navi eingeben. 51.151243, 8.245073
Parken: 51.152073, 8.228768
Location 1: 51.149646, 8.227772
Location 2: 51.150479, 8.238291
Weg: Sie starten vom Wanderparkplatz mit dem Wanderzeichen »A1«. Es handelt sich um einen Rundweg.
Ausstattung: evtl. ein Stativ, Weitwinkel-Zoom

Parken

Location 1

Location 2

Sie können oberhalb von Werpe schon direkt am Anfahrtspunkt bei der Scheune parken und von dort die kleine Rundtour mit den schönen Aussichten starten. Wenn Sie Ihr Auto lieber auf dem Wanderparkplatz stehen lassen wollen, müssen Sie dem Sträßchen weiter bergauf folgen. Es sind etwa 1,5 km zu fahren. Dann starten Sie von dort den 2,3 km langen Rundweg mit dem Wanderzeichen »A1«. Beispielhaft habe ich unter dem Punkt Location vier Fotopunkte aufgelistet. Sie werden aber sicher noch mehr finden.

Oberhalb von Werpe: Blick ins Schmallenberger Sauerland
Panasonic LUMIX DC-S5 · 16–35 mm · f/11 · 35 mm · 1/80 s · ISO 100

Parken

Location 1

Location 2

⑮ RUND UM DEN BEERENBERG

Beste Jahreszeit: ganzjährig
Bester Zeitpunkt: ganztägig
Anfahrt: »57392 Schmallenberg, Am Brande« ins Navi eingeben.
Parken: direkt an der Scheune: 51.151243, 8.245073
Location 1: 51.150478, 8.245691
Location 2: 51.149628, 8.245742
Weg: Sie überqueren die Straße, die von Werpe nach Harbecke führt, und folgen dann dem Wanderzeichen »E1«. Es handelt sich um einen Rundweg um den Beerenberg. Schon am Anfang blicken Sie auf die Saalhauser Berge und auf den unten im Tal liegenden Weiler Harbecke.
Ausstattung: evtl. ein Stativ, Weitwinkel-Zoom

Aussicht am Beerenberg
Panasonic LUMIX DC-S5 · 16–35 mm · f/11 · 35 mm · 1/60 s · ISO 100

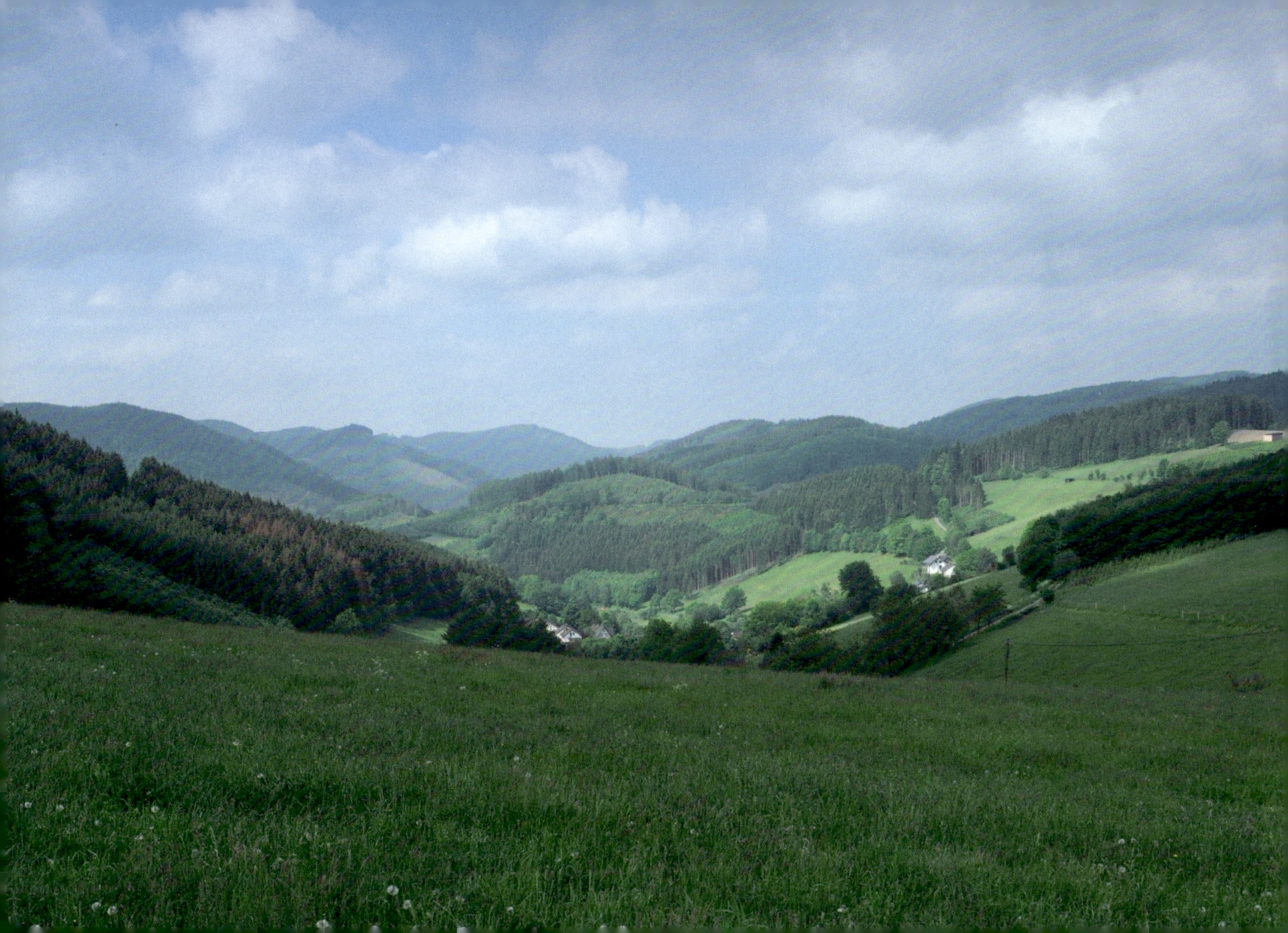

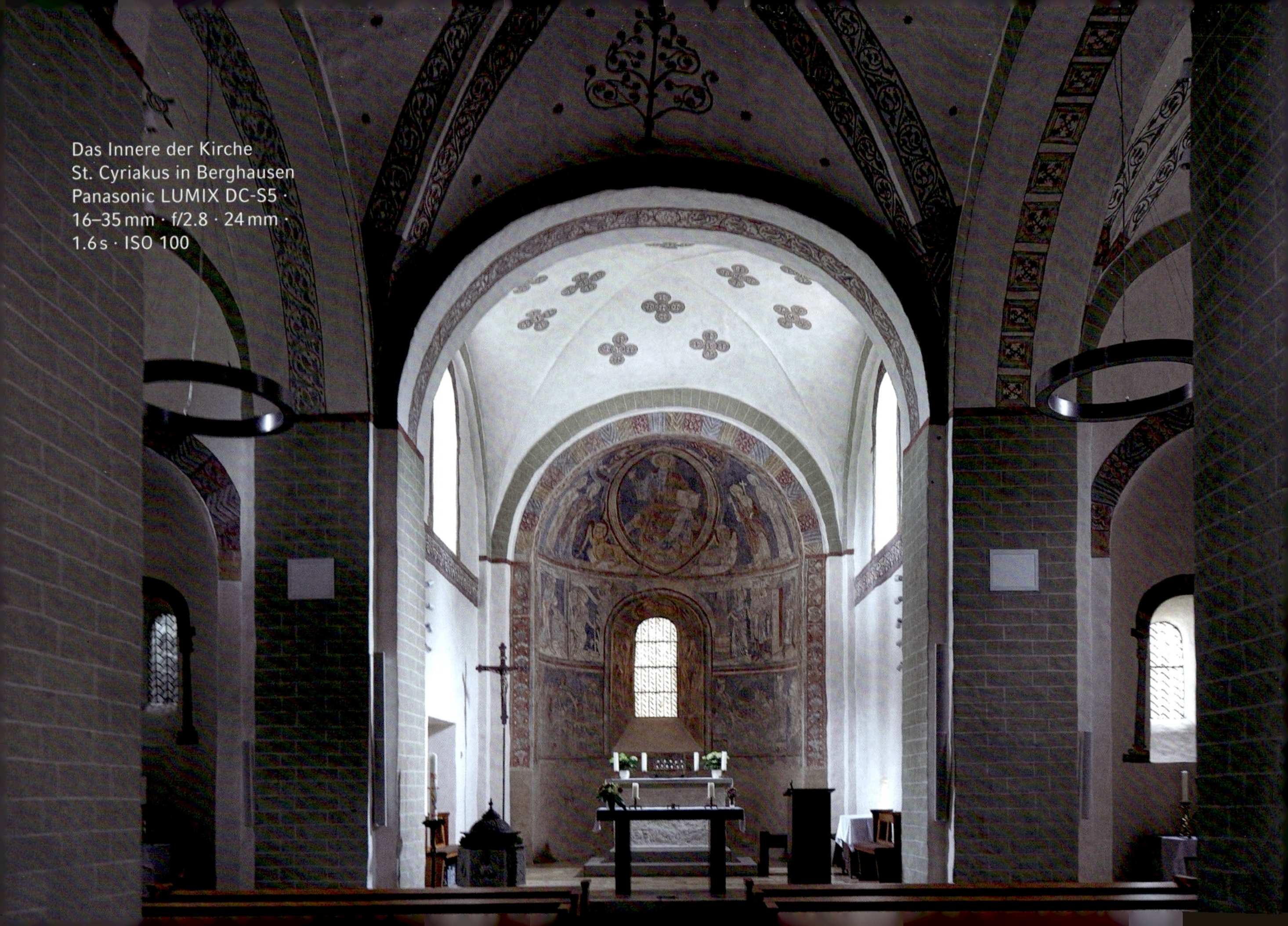

Das Innere der Kirche
St. Cyriakus in Berghausen
Panasonic LUMIX DC-S5 ·
16–35 mm · f/2.8 · 24 mm ·
1.6 s · ISO 100

16 BERGHAUSEN

Beste Jahreszeit: ganzjährig
Bester Zeitpunkt: ganztägig
Anfahrt: »57392 Schmallenberg, Berghausen 8« ins Navi eingeben.
Parken: 51.185602, 8.244159
Location: 51.185841, 8.244353
Weg: Der Parkplatz befindet sich unterhalb der Kirche am Rande einer Auffahrt. Sie gehen die Auffahrt hoch und befinden sich direkt vor der Kirche.
Ausstattung: evtl. ein Stativ, Weitwinkel-Zoom

Parken

Location

Die römisch-katholische Pfarrkirche St. Cyriakus ist ein denkmalgeschütztes Kirchengebäude der Stadt Schmallenberg im Ortsteil Berghausen. Das Gebäude wurde etwa um 1200 bis 1220 im romanischen Stil erbaut und ist eine der ältesten erhaltenen Kirchen im Hochsauerlandkreis. Vor allem aber ist es das Bild des erhöhten Herrn Jesus Christus oben in der Apsis, das den Raum beherrscht. Die romanische Ausmalung des Kirchenschiffes überrascht durch Harmonie und Vollständigkeit. Diese Apsismalerei gehört zu den besterhaltenen in Deutschland. Verweilen Sie eine Zeit lang in der Kirche und genießen Sie die Wirkung dieser Kirche. Sie ist einen Besuch wert.

TIPP

Für eine Fotografie des Altarraumes dieser Kirche benutzen Sie ein möglichst weitwinkliges und sehr lichtstarkes Objektiv. Die Kirche ist bei trübem Wetter sehr dunkel und die Fresken hinter dem Altar kommen nur dann sehr schön zur Geltung, wenn etwas Licht in den Altarraum fällt.

Parken

Location 1

Location 2

Location 3

17 GRAFSCHAFT

Beste Jahreszeit: ganzjährig
Bester Zeitpunkt: ganztägig
Anfahrt: »57392 Schmallenberg, Schulstraße 20« ins Navi eingeben.
Parken: an der Schützenhalle, 51.147418, 8.325367
Location 1 (Fachwerkhaus auf Bild rechts): 51.146619, 8.326287
Location 2 (Mühlenplatz): 51.146137, 8.329389
Location 3 (Mühlenteich): 51.136245, 8.323370
Location 4 (Klostergelände): 51.143898, 8.323432
Weg: Vom Parkplatz gehen Sie die gepflasterte Straße hinunter bis zum Fachwerkhaus.
Weg zum Klostergelände: Das Kloster erreichen Sie, indem Sie von der Hauptstraße in die Annostraße einbiegen und durch den Torbogen nach links zu den Parkplätzen fahren.
Ausstattung: evtl. ein Stativ, Weitwinkel-Zoom

Neben dem fotogenen Kloster hat Grafschaft auch einige sehenswerte alte Fachwerkhäuser zu bieten. In der Nähe vom Gasthof »Heimes« an der Hauptstraße werden Sie einige alte Fachwerkhäuser vorfinden.

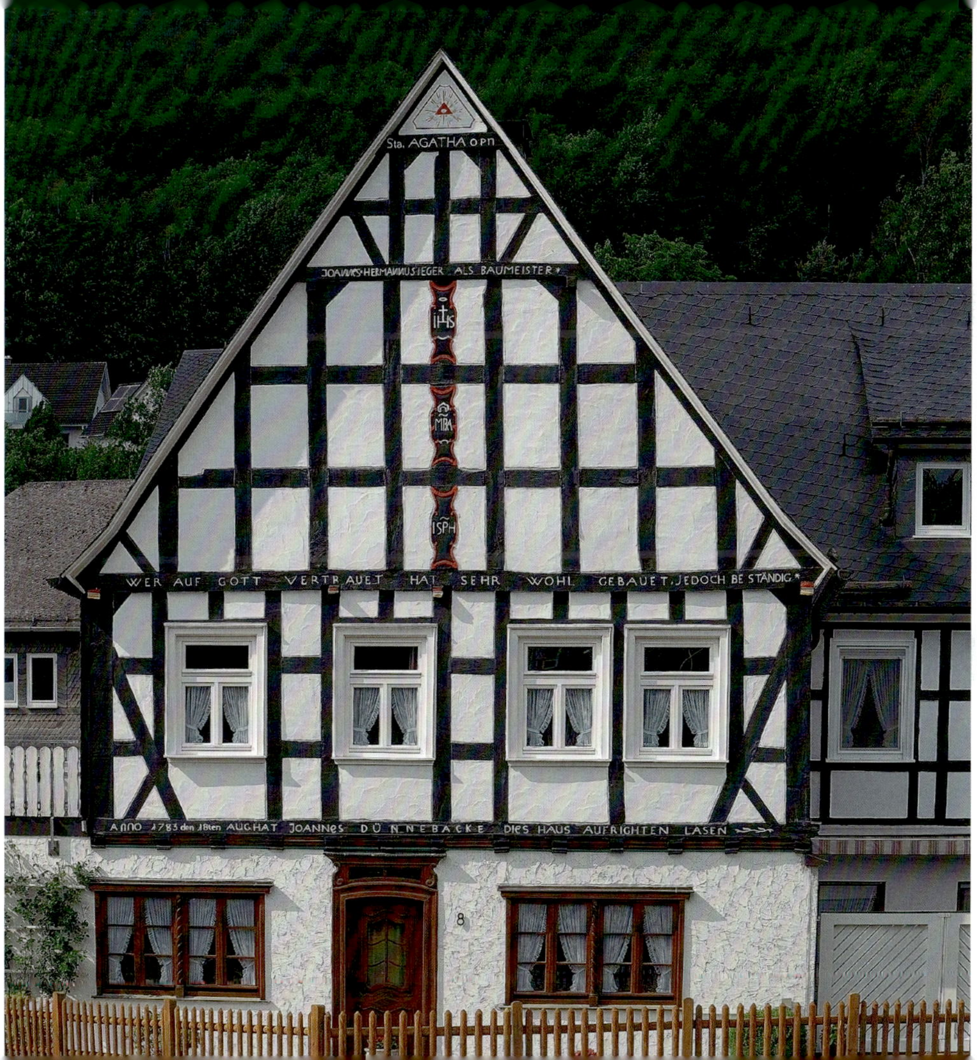

Location 4

Ein altes und gepflegtes Fachwerkhaus aus dem Jahre 1783
Panasonic LUMIX DC-S5 · 24–70 mm · f/7.1 · 49 mm · 1/100 s · ISO 100

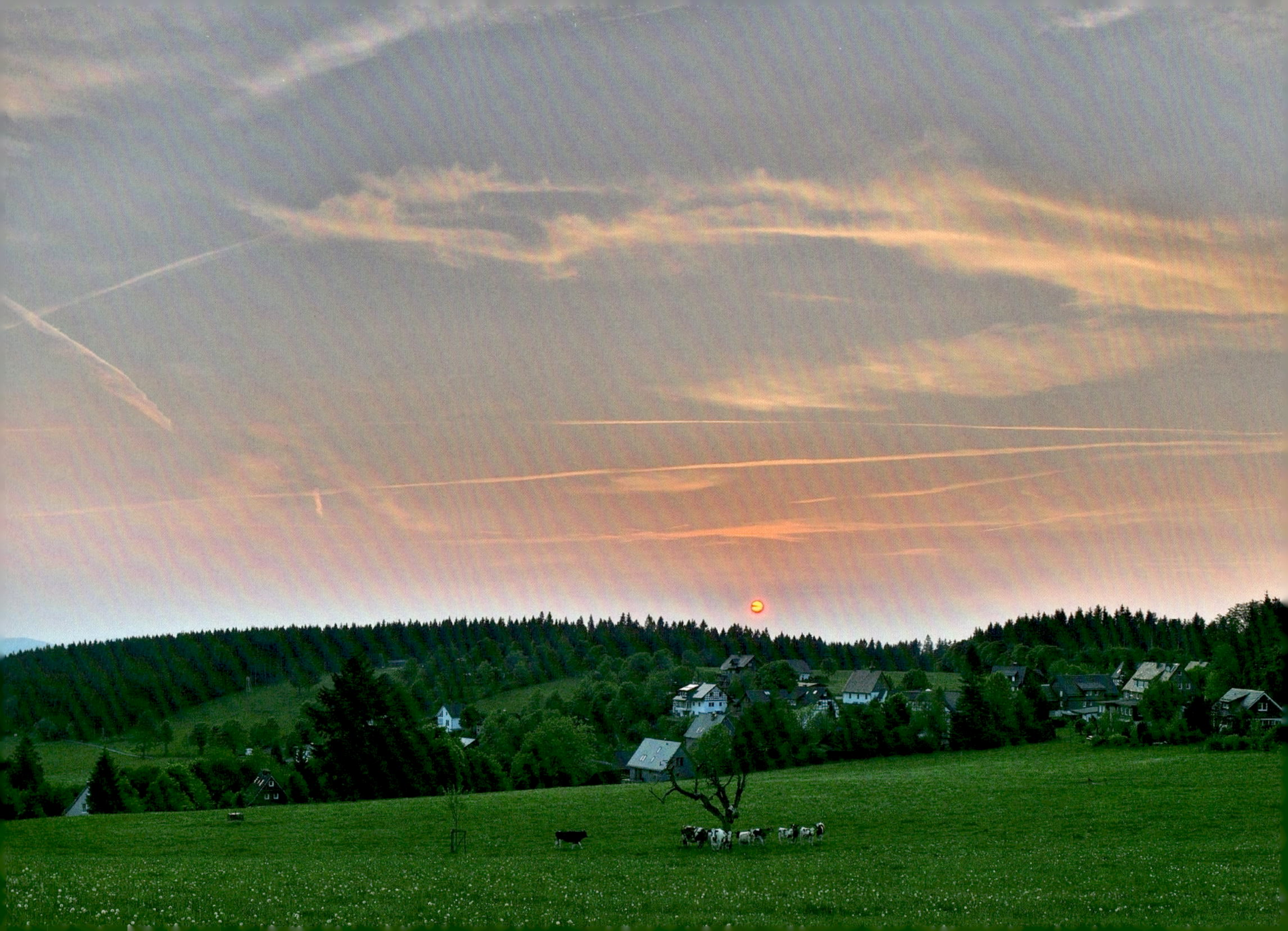

18 SCHANZE

Beste Jahreszeit: ganzjährig
Bester Zeitpunkt: ganztägig, Sonnenuntergang
Anfahrt: »57392 Schmallenberg, Schanze« ins Navi eingeben.
Parken: 51.131555, 8.373705
Location 1 (Skulptur »Krummstab«): 51.128420, 8.379598
Location 2 (Portal des Kyrillpfades): 51.129231, 8.378383
Location 3 (Fotopunkt für Sonnenuntergang): 51.128251, 8.377161
Weg: Vom Parkplatz gehen Sie zurück zur Straße, die nach Schanze führt. Sie gehen bergauf in Richtung Wald. Für ein Sonnenuntergangsfoto biegen Sie hinter der Weide rechts auf den Wiesenpfad ein. Ein großes »Durchfahrt verboten«-Schild mit der Inschrift »Zecken« warnt Sie vor den Plagegeistern. Sie gehen den Pfad bis zum Fotopunkt weiter. Der Weg bis zum Fotopunkt nimmt etwa 7–10 Minuten in Anspruch.Zurück auf dem Hauptweg folgen Sie weiter dem Skulpturenweg bis zum Eingangsportal des Kyrillpfades. Auch im Jahr 2021 kann man auf diesem Pfad noch die Verwüstungen, die Kyrill angerichtet hat, erkennen. Wenn Sie den Kyrillpfad am anderen Ende verlassen, treffen Sie wieder auf den Hauptweg und auf dem Rückweg auf die Skulptur »Krummstab«.
Ausstattung: evtl. ein Stativ, Weitwinkel-Zoom

Parken

Location 1

Location 2

Location 3

Sonnenuntergang in Schanze
Panasonic LUMIX DC-S5 · 24–70 mm · f/6.3 · 50 mm · 1/60 s · ISO 100

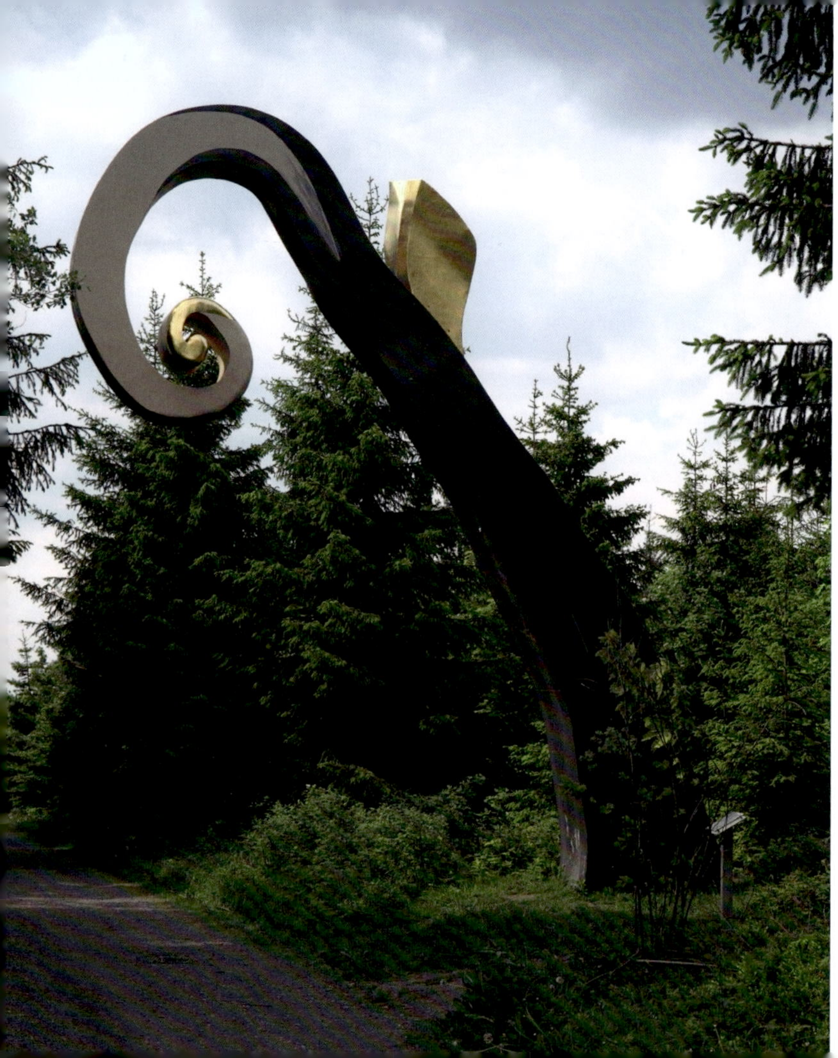

»Der Krummstab ist eine weit sichtbare Landmarke auf dem geraden Weg vom katholischen Sauerland hin zur Grenze des protestantischen Wittgensteiner Landes. Er ist das Symbol des 1072 von Anno II. an die Benediktiner, Abtei Kloster Grafschaft, verliehenen Stabes, der als Mahnung zur Fürsorge, doch mehr im Laufe der Geschichte zum Zeichen der Macht wurde.«

»Eine allzu große Macht stürzt durch ihre eigene Masse.« Dieses Zitat von Luther wurde vom Künstler Heinrich Brummack, der diese Skulptur geschaffen hat, an den Krummstab geschrieben.

Skulptur »Krummstab«
Panasonic LUMIX DC-S5 · 24–70 mm ·
f/6.3 · 50 mm · 1/60 s · ISO 100

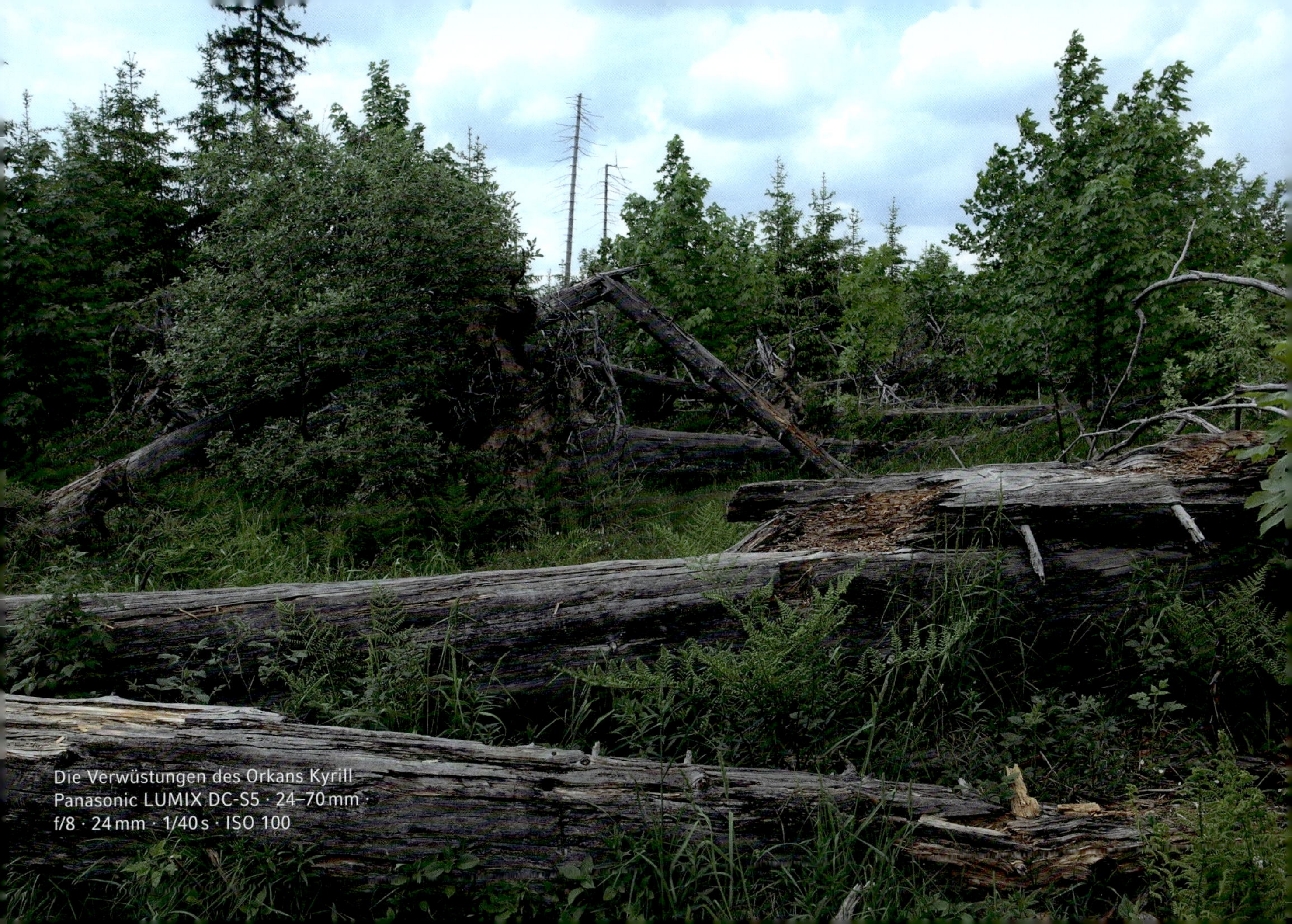

Die Verwüstungen des Orkans Kyrill
Panasonic LUMIX DC-S5 · 24–70 mm ·
f/8 · 24 mm · 1/40 s · ISO 100

Parken

Location 1

Location 2

19 JAGDHAUS

Beste Jahreszeit: ganzjährig
Bester Zeitpunkt: Sonnenaufgang und -untergang
Anfahrt: »57392 Schmallenberg, Jagdhauser Straße 10« ins Navi eingeben.
Parken: Wanderportal Jagdhaus: 51.103441, 8.283282
Location 1 (Sonnenuntergang): 51.103473, 8.269057
Location 2 (Sonnenaufgang): 51.109954, 8.280655
Weg: Gehen Sie zunächst zur Hubertuskapelle in Jagdhaus und folgen von dort aus dem Wanderzeichen des Rothaarsteiges – weißes liegendes »R« auf rotem Grund – bis zur Lücke im Wald. In der Jagdsaison kann es manchmal auch laut knallen. Dann war ein Jäger dafür verantwortlich. Für ein Foto vom Sonnenaufgang fahren Sie mit dem Auto zum Parkplatz des Wanderportals und gehen von dort zurück zum Schäferhof. Vom Schäferhof folgen Sie dem Wanderzeichen des Rothaarsteiges bis zum Fotopunkt. Sie können auch versuchen, auf dem Parkplatz des Schäferhofs zu parken. Vielleicht hat der Hotelier ja nichts dagegen.
Ausstattung: evtl. ein Stativ, Weitwinkel-Zoom, evtl. Teleobjektiv (falls Sie zur »Wisent-Welt« weiterfahren)

Im Schmallenberger Sauerland steigen die Berge Richtung Osten an und erreichen auf dem Kahlen Asten Richtung Osten den höchsten Punkt. Deshalb ist es schwierig, geeignete Fotopunkte für einen schönen Sonnenaufgang zu finden. Hier bietet sich Jagdhaus an, weil der Ort hoch liegt und Fotostandorte liefert. Da das Schmallenberger Sauerland in den

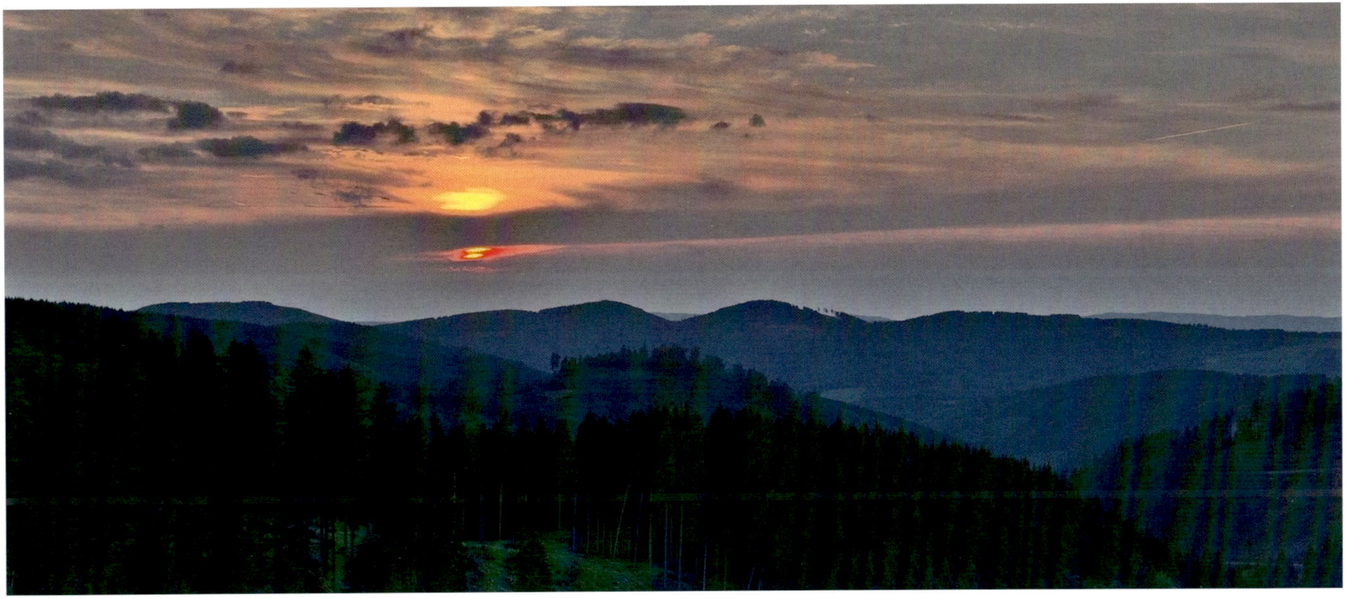

Tälern von Bächen durchzogen ist, bilden sich nach kalten Nächten oft Nebelschwaden, die dann gegen Morgen aufsteigen. Geht bei klarem Himmel die Sonne mit aufsteigendem Nebel auf, haben Sie alle Zutaten für ein perfektes Foto zusammen. Den besten Zeitpunkt für ein Sonnenaufgangsfoto bietet der Morgen eines schönen Tages, wenn es am Tag zuvor kräftig geregnet hat.

Von Jagdhaus führt die K42 weiter zur »Wisent-Welt«, wo Sie die Wisente bewundern und fotografieren können. Wisente könnten Ihnen auch in der Umgebung des Albrechtsplatzes und in Jagdhaus in freier Wildbahn begegnen.

Sonnenuntergang am Rothaarsteig in Jagdhaus
Panasonic LUMIX DC-S5 · 24–70 mm · f/8 · 44 mm · 1/4 s · ISO 100

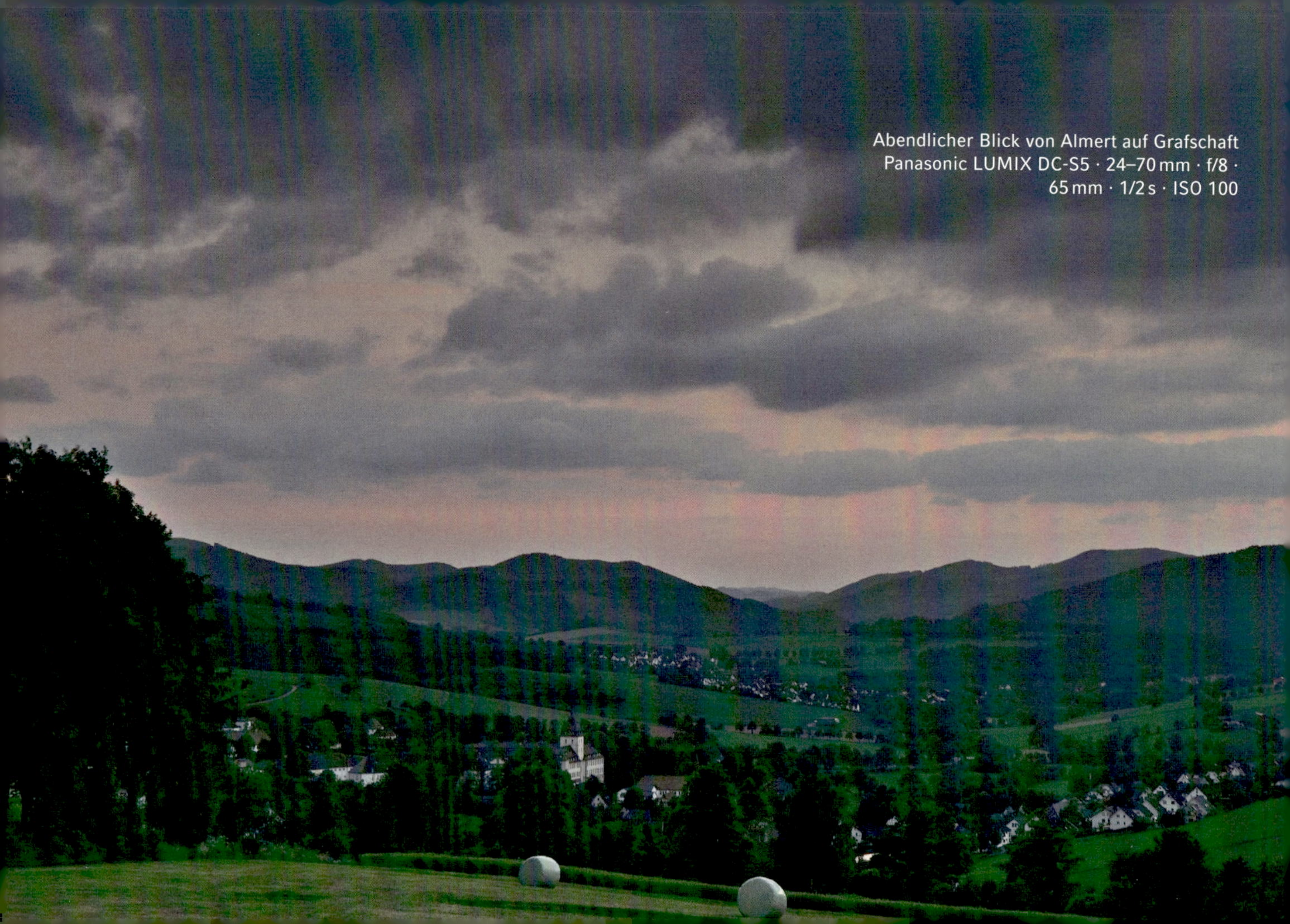

Abendlicher Blick von Almert auf Grafschaft
Panasonic LUMIX DC-S5 · 24–70 mm · f/8 ·
65 mm · 1/2 s · ISO 100

20 ALMERT

Beste Jahreszeit: ganzjährig
Bester Zeitpunkt: Sonnenuntergang und Sonnenaufgang
Anfahrt: »57392 Schmallenberg, Almert« ins Navi eingeben.
Parken: Wanderparkplatz in Almert: 51.150202, 8.359576
Location 1 (Sonnenuntergang): 51.151732, 8.358636
Location 2 (Grafschaft vom Blinker): 51.148909, 8.345022
Weg: Vom Wanderparkplatz überqueren Sie die Straße, die von Grafschaft nach Oberkirchen führt. Sie folgen dem asphaltierten Weg und biegen beim ersten Abzweig nach links ab. Dort befindet sich der Fotopunkt für den Sonnenuntergang. Wenn Sie diesen Weg weitergehen, gelangen Sie zum Blinker, von wo Sie einen schönen Blick auf Grafschaft und das Kloster haben.
Ausstattung: Stativ, Weitwinkel-Zoom, ND-Filter

Parken

Location 1

Location 2

Direkt am Wanderparkplatz liegt der kleine Weiler Almert mit seinen wenigen Häusern. Fachwerkhäuser und eine kleine Kapelle lassen den Ort ein wenig verträumt daher kommen. Von hier oben lassen sich sowohl Fotos von Sonnenaufgängen wie auch von Sonnenuntergängen machen. Hier umfängt Sie eine himmlische Ruhe. Genießen Sie die Stille und bannen Sie Ihre Fotos in aller Ruhe auf den Chip. Oft erleben Sie hier am Morgen eine Nebellage, die Ihre Fotos spannender macht.

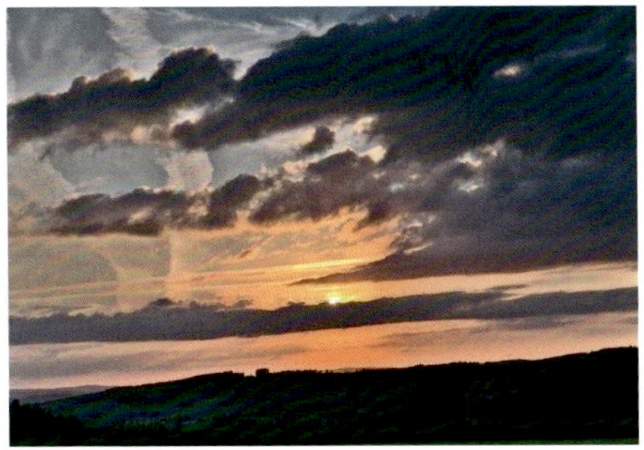

Sonnenuntergang auf der Almert
Panasonic LUMIX DC-S5 · 24–70 mm · f/8 · 63 mm · 1/80 s · ISO 100

INDEX

A

Affinity Photo 113
Akku
  Ersatz- 75
  im Winter warmhalten 75
Albrechtsplatz 168, 171
Almert 225
Altastenberg, Bergwiesenpfad 160
Alte Apotheke 19
Altes Backhaus 88
Altes Rathaus 22
Am Hömberg 203
Anfahrt 8
Antoniussteig 189
Apsismalerei 215
Arnsberg 67
Ausgangspunkte für Touren 9
Aussichtspunkte
  Biggetalsperre 119
  Burg Rappelstein 172
  Buscheid 115
  Hohe Bracht 115
  Holthausen 207
  Jagdhaus 222
  Nordhelle 109
  Oesterberge 88
  Sauerlandblick 95
  Schwedensteig 195
  Steinbruch in Eisborn 56
  Wanderparkplatz Faulebutter 93
  Werpe 211
Aussichtstürme
  Ebberg 56
  Hohe Bracht 115
  Jübergturm 43
  Robert-Kolb-Turm 109
  Schomberg 72, 74

B

Balve
  Bärlauch 49
  Binolen 45
  Blick auf 52
  Eisborn 56
  Rundweg A0 50, 52
  Sieben Jungfrauen 46
Bärenschlucht. *Siehe* Kahler Asten: Steig
Bärlauch 49
Beerenberg, rund um den 212
Belichtungszeit verlängern m. ND-Filter 120
Berghausen 215
Biggetalsperre 119
Bildkomposition
  bei Blumenfotos 111
  bei Landschaftsfotos 115
  bei Sonnenuntergang 30
  Drittelregel 66

Blumen fotografieren
am Breiten Hagen 110
am Kreuzbergweg 137
Bödefeld 178
Rotwildgehege 181
Bodensee 138
Bokeh 41
Borkenkäfer 51, 91, 106, 109, 115
Bracht-Herschede 87
Breiter Hagen
Bärlauchblüte am 112
Blumen fotografieren 110
Bruchhauser Steine 145
Burg Klusenstein 45
Burg Rappelstein 172

D

DampfLandLeute-Museum (Eslohe) 84
Die Homert rund um Eslohe (Tour 2) 77–227
Dormecke 83
Drittelregel 66
Dynamikunterschiede 107

E

Ebbegebirge (Tour 3) 97–227
Eslohe 84

F

Fachwerkhäuser 84, 217
Faulebutter 92
Feldstein. *Siehe* Bruchhauser Steine
Felsenmeer Hemer 42
Fichtenwald 106
Fischer, Lili. *Siehe* Hexenplatz
Foto-Stacking 113
Fotowanderung 202
Freizeitanlage »Schlade« 143
Fröndenberg, Kiebitzwiesen 60, 63, 64
Frühjahr 55, 56, 100, 110, 160
Füchse 33
in Hemer-Riemke 33

G

Gänse 60
Gasthof »Heimes« 216
Gleitschirmflieger 88
GND-Filter 164
Goldstein. *Siehe* Bruchhauser Steine
Grafschaft 216
Fachwerkhäuser 216
Kloster 216
Graureiher 31, 63
Grevenbrück
Breiter Hagen 110
Grevenstein 80, 82
Grönebach 143

H

Hartmecketal 200
HDR-Fotos 107
Heidenstraße. *Siehe* Schwedensteig-Heidenstraße
Helicon Focus (Stacking-Software) 113
Hemer
Felsenmeer 42
Landesgartenschau 43
-Riemke, Klärteich 31, 34, 36, 39, 40
Herbst 34, 36, 39, 40, 42, 45, 46, 56, 67, 91, 103, 104, 126, 186
intensivere Farben nach Regen 36
Herrmannsteich (Oberkirchen) 200

Herveler Bruch 100
Hesborner Weg 141
Hexenkessel 199
Hexenplatz. *Siehe* Oberkirchen
Hintergrund scharf/unscharf 40
Hirsche. *Siehe* Rotwild
Hohe Bracht 115
Hoheleye 171
Hoher Knochen. *Siehe* Kahler Asten: Steig
Holthausen 207
Hömberg. *Siehe* Kahler Asten: Steig
Homert 4, 6, 16, 51, 52, 69, 77, 78, 79, 80, 93
  Blick in die 90
Hönnetal 16, 24, 45, 46, 71, 72, 74
Hotel »Der Schöne Asten« 160
Hotel »Oversum« 138
Hugin (Panorama-Software) 70

J

Jagdhaus 222
Jubach, Kaskade am 120
Jubachtalsperre 120
Jübergturm 43

K

Kahler Asten 157
  Sonnenuntergang 158
  Steig 186
Kapellen
  Nothelfer-Kapelle 82
  St. Antonius Isingheim 84
  St. Isidor Niedereslohe 84
  St. Jakobus Bremscheid 84
Karten
  Tour 1 17
  Tour 2 79
  Tour 3 98
  Tour 4 124
  Tour 5 155
  Tour 6 177
Kaskade
  am Hexenplatz 199
  am Jubach 120
  im Lennegrund 185
  im Schluchtenpfad 138
Kiebitze 60
Kiebitzwiesen. *Siehe* Fröndenberg: Kiebitzwiesen
Kirchen
  St. Cäcilien 89
  St. Cosmas und Damian 178
  St. Cyriakus 215
  St. Peter und Paul (Wormbach) 208
  St. Peter und Paul (Eslohe) 84
Kleiber 31
Kloster Grafschaft 178, 216
Kondenswasserbildung b. Kälte vermeiden 75
Kreuzbergweg 137
Kyrill (Orkan) 4, 6, 51, 52, 219, 221
Kyrillpfad. *Siehe* Wanderwege: Kyrillpfad

L

Lambertusplatz 143
Landesgartenschau Hemer 43
Landhaus Riemke 34
Landschaftsfotografie, Wanderweg für 203
Langewiese 168
Langzeitbelichtung 117, 138
Laubwald 34
Lennegrund 185
Lenneplätze 167
Listertalsperre 116
Luisenhütte Wocklum 59

M

Märzenbecher 2, 3, 9, 17, 54, 55, 97, 98, 100, 101
im Herveler Bruch 100
Menden 19, 22
Asbeck 24, 27, 28
Molbeckeweg 126
Moore
Wilde Wiese 103
Ebbemoore 133

N

ND-Filter 11, 117, 120, 162, 185, 196, 199, 200, 202, 225
Nebel 36, 71
Nordenau, Burg Rappelstein 172
Nordhelle
Aussichten an der 109
Ebbemoore an der 103
Nördliches Sauerland (Tour 1) 15–227
Nothelfer-Kapelle 82

O

Oberhenneborn 202
Oberkirchen 196, 200
Obersalway 95
Objektiv beschlägt 75
Öffentliche Verkehrsmittel 8
Ohlenbach 182
Orlebachtal 59

P

Panoramafotografie 203
Tipps 70
Panoramafotos 68, 83, 94, 204
Perspektivkorrektur 20
Pilze 34, 41
Plettenberg-Ohle 55
Poenigeturm 19
Polfilter gegen Reflexionen 32

R

Renautal 162
Renauwiese 162
Ringelnatter 104
Rothaargebirge Nord (Tour) 123–227
Rothaargebirge Süd (Tour) 149
Rothaarsteigspur. *Siehe* Kahler Asten: Steig
Rotwild
Bödefeld 181
Ebbemoore a.d. Nordhelle 103
Hemer-Riemke 33
Wildwald Voßwinkel 67
Ruipes-Ropes-Hütte 143
Rundweg A0 50, 51, 52

S

Sauerlandblick 95
SauerlandCard 8
Sauerländer Höhenflug. *Siehe* Wanderwege: Sauerländer Höhenflug
Teiche am 104
Sauerländische Nachtigall 87
Schanze 219
Schloss Brünninghausen 55
Schluchtenpfad 138
Schmallenberger Sauerland 6, 87, 175, 176, 207, 211, 222
Schmallenberger Sauerland (Tour) 175
Schmantelrundweg 129, 130–133
im Winter 134

Schwarzstorch 103
Schwarzwild. *Siehe* Wildschweine
in Hemer-Riemke 33
Schwedensteig-Heidenstraße 193
Sieben Jungfrauen 45, 46
Silberreiher 63
Skulptur »Krummstab« 220
Sommer 39, 42, 103, 104, 160
Sonnenaufgang 50, 60, 71, 72, 74, 87, 92, 95, 129, 130, 132, 133, 137, 141, 158, 160, 168, 171, 211, 222, 225
fotografieren 164
Sonnenuntergang 24, 26, 28, 50, 56, 59, 64, 71, 72, 74, 87, 158, 160, 167, 168, 171, 182, 211, 219, 225
Bildkomposition bei 30
fotografieren 164
Sorpesee 77
Spechte 31
Spielplatz Walkenmühle 181
St. Cäcilien (Kirche) 89
St. Cosmas und Damian (Kirche) 178
St. Cyriakus (Kirche) 215
Sternenfotografie 152, 153, 154, 155, 156
St. Peter und Paul (Kirche) 84, 208
Stürzende Linien korrigieren 20
Sundern-Hövel 68

T

Talsperren
Biggetalsperre 119
Jubachtalsperre 120
Listertalsperre 116
Teufelsturm 19
Tierkreiszeichen. *Siehe* St. Peter und Paul (Kirche)
Touren
1, Nördliches Sauerland 15–227
2, Die Homert rund um Eschenlohe 77
3, Ebbegebirge 97
4, Rothaargebirge Nord 123
5, Rothaargebirge Süd 149
6, Schmallenberger Sauerland 175
Anfahrt 8
Ausgangspunkte für 9
Tropfsteinhöhlen 77

V

Veltins-Brauerei 80
Vincenzkirche 19
Vögel 31
Falke 145
fotografieren. *Siehe* Vogelfotografie
Gänse 60
Graureiher 31, 63
Kiebitze 60
Kleiber 31
Schwarzstorch 103
Silberreiher 63
Spechte 31
Uhu 145
Vogelfotografie 33, 145

W

Waldroute
in Binolen 45
Premiumwanderweg 16
Wanderparkplätze
Almert 196, 199, 225
Am Birnbaum 55
Birkenbrauk 95
Ennest 189

Gasthof Rademacher, beim 92
Grevenstein, am Schützenhaus 80
Lüttmecke 207
Oesterberge 88
Wanderwege
Antoniussteig 189
Beerenberg, rund um den 212
G1 80
Kyrillpfad 219
Rothaarsteig 168, 223
Sauerländer Höhenflug 95, 103, 162
Schwedensteig-Heidenstraße 193
Wasserfall. *Siehe* Kaskade
Wasseroberfläche glätten. *Siehe* Langzeitbelichtung
Weihnachtsbaumkultur 171
Wenholthausen-Oesterberge 88
Werpe 211
Westfeld, Lennegrund 185
Wildewiese 71, 72, 74
von Faulebutter nach 92
Wilde Wiese (Moor) 103
Wildschweine 67
Wildwald Voßwinkel 67
Winter 56, 60, 74, 134
Objektiv beschlägt 74
Winterberg
Altastenberg, Bergwiesenpfad 160
Kahler Asten 157
Kreuzbergweg 137
Molbeckeweg 126
Schluchtenpfad 138
Schmantelrundweg 130, 132, 133, 134
Wisent-Welt 222
Wörden 91
Wormbach 208

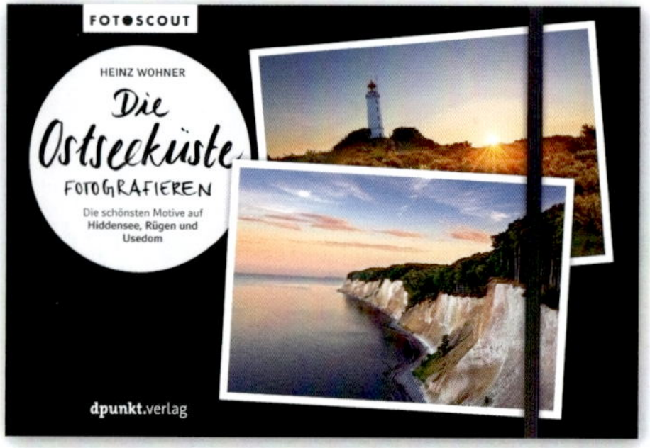

2021
264 Seiten, Broschur
€ 24,90 (D)

ISBN:

Print	*978-3-86490-840-8*
PDF	*978-3-96910-314-2*
ePub	*978-3-96910-315-9*
mobi	*978-3-96910-316-6*

Dieser Fotoscout führt mit vielen Bildbeispielen nicht nur zu den bekannten Highlights, der Kreideküste Rügens mit ihren herrlichen Buchenwäldern, dem Hochland des Dornbuschs auf Hiddensee mit dem in einer üppig wuchernden Ginsterlandschaft thronenden Leuchtturm, oder den Stränden Usedoms mit ihren Seebrücken und Fischerbooten, sondern auch zu versteckten Kleinoden im Hinterland der Inseln, wie dem stillen Mümmelkensee und dem Lieper Winkel, den Feuersteinfeldern und der Teufelsschlucht, oder zu alten Bäumen und verträumten Alleen.

Zu jedem Foto-Spot gibt es genaue Ortsbeschreibungen mit Koordinatenangaben, Empfehlungen für die besten Aufnahmestandorte, Tages- und Jahreszeiten, um zur richtigen Zeit im besten Licht an der richtigen Stelle stehen zu können.

Auf *dpunkt.de* auch als Bundle (Print & E-Book) erhältlich.

Heinz Wohner

Die Ostseeküste fotografieren

Die schönsten Motive auf Hiddensee, Rügen und Usedom

Jetzt bestellen unter www.dpunkt.de

dpunkt.verlag